Bankia confidencial

Bankia confidencial

Crónica secreta del auge
y caída de Bankia

NICOLÁS MENÉNDEZ SARRIÉS

EDICIONES DEUSTO

© Centro Libros PAPF, S. L. U., 2015
Deusto es un sello editorial de Centro Libros PAPF, S. L. U.
Grupo Planeta
Av. Diagonal, 662-664
08034 Barcelona

www.planetadelibros.com

Diseño de cubierta: microbiogentleman.com
Imagen de cubierta: © Christopher T Stein - Getty Images

ISBN: 978-84-234-2177-0
Depósito legal: B. 21.046-2015
Primera edición: octubre de 2015
Preimpresión: Medium Preimpressió
Impreso por Romanyà Valls, S. A.

Impreso en España - *Printed in Spain*

Un Monte de aplausos el Cielo corona,
pues ese es objeto de gozos y glorias
a quien hacen salva las bélicas trompas.
Por el Monte en quien logran
alivios, socorros y misericordias,
fervor que solloza,
Piedad y María sus júbilos forman
en himnos y voces la dicha que gozan
alivios, socorros y misericordias.

Villancico sobre el Monte
de Piedad de Madrid, 1728

A Rosa, por estar ahí. Por todo.
A mis padres, porque nada hubiera sido posible sin vosotros.

Sumario

Introducción

Este reportaje en forma de libro es el producto de una casualidad, una necesidad y una obsesión.

El 9 de mayo de 2012 me reunía en el despacho de Arsenio Escolar, director de *20minutos*, junto a la que por entonces era mi jefa, Ana Bedia, y dos de mis compañeros redactores (David Fernández y David Yagüe). Aunque desde mucho tiempo atrás la economía ya era mi principal objeto de interés como periodista, no hacía demasiados meses que de forma más o menos oficiosa me encargaba de una parte sustancial de la información económica en el periódico. No teníamos sección de «Economía» como tal, pero era frecuente que, si había algún asunto que tuviera que ver con esta disciplina, me encargara yo del mismo. Aquella reunión la organizaba Arsenio para darnos unas directrices: quería que le diéramos de inmediato la máxima prioridad en nuestras investigaciones al ya por entonces llamado *caso Bankia*.

Aunque yo ya publicaba desde hacía meses información económica casi a diario, lo cierto es que mi trabajo más frecuente por aquel entonces no estaba relacionado con el sector bancario en concreto, sino más con la macroeconomía y la economía política. La crisis de deuda en Grecia (a partir del verano de 2011 se impusieron pérdidas a los acreedores, lo que desató el pánico) había afectado a las primas de riesgo y a la rentabilidad de los bonos del Tesoro español y de otros países de la periferia europea, por lo que la atención mediática estaba como nunca dirigida a los mercados internacionales, a las autoridades comunitarias y al propio Gobierno. Precisamente, el periodo de cambio de poder en España supuso un cierto terremoto de nueva desconfianza hacia el país, después de que se lanzaran durante meses mensajes desde el partido liderado por Mariano Rajoy sobre un posible ocultamiento de deuda por parte de la anterior administración socialista. Las sospechas sobre un posible falseamiento de las cuentas públicas españolas (algo que, curiosamente, se ha demostrado cierto en la Comunitat Valenciana) suponía todo un golpe para nuestra ya de por sí maltrecha reputación como país. Todas estas maniobras partidistas y electoralistas no hicieron sino aumentar las dudas respecto a las cuentas públicas en su conjunto, y no solo dispararon la prima de riesgo del bono español, sino de toda la deuda emitida también por las entidades privadas, incluidos los bancos y las cajas. Durante unos meses, todos los ojos, y no precisamente optimistas, miraban hacia España.

El cumplimiento de los objetivos del déficit público y el anuncio y negación posterior de los recortes de gasto concentraban buena parte de la atención de la prensa por entonces, y el sector financiero, en la práctica en un estado casi de parálisis, no era la principal de las prioridades, aunque sí uno de los asuntos de fondo más importantes. Durante meses se cerraron los mercados internacionales para España. Nadie podía emitir nada, ni siquiera las entidades más sólidas. En ese contexto, BFA-Bankia, una entidad débil ya de por sí y con una alta dependencia del crédito mayorista, era el foco de gran parte de las dudas. Pero la salida a bolsa en el verano de 2011 había sido, en apariencia, una operación exitosa: la antigua caja lograba captar capital privado por encima del mínimo necesario y, en teoría, cumplía con holgura los requerimientos de solvencia para afrontar la crisis.

Pero el escenario en la segunda mitad de 2011 siguió empeorando, y, en apenas unos meses, la Autoridad Bancaria Europea (EBA) obligó a sanear todas las carteras de deuda pública en euros en poder de la banca. Este cambio regulatorio obligó a BFA-Bankia, una de las entidades más renqueantes, a generar más capital nuevo. Por si fuera poco, el cambio de Gobierno y el posterior nombramiento de Luis de Guindos como ministro de Economía suponían la aprobación de un revolucionario decreto de saneamiento para el sector financiero. El decreto conocido como «Guindos I» obligó al conjunto del sistema bancario a provisionar más de 60.000 millones de euros de sus carteras inmobiliarias (créditos promotores, viviendas adjudicadas, etc.). Todos los ojos de los desconfiados inversores, entonces ya sí, apuntaban a Bankia. ¿Cuántos activos tóxicos tenía en su balance? ¿Estaban reconocidas todas las pérdidas? ¿Necesitaba un rescate público? ¿Cuánto dinero público iba a precisar? La nueva situación obligaba al banco a buscar la manera de tranquilizar los mercados, y durante los primeros cuatro meses del año no se dedicó prácticamente a otra cosa. Y entonces, a finales de abril, Bankia presentaba las cuentas anuales referentes a 2011. Según dichas cuentas, la entidad lograba registrar unos beneficios de 305 millones de euros, pero las cuentas se presentaban sin informe de auditoría. Algo extraño, poco frecuente e irregular. ¿Qué pasaba en la entidad? ¿Qué pasaba con sus cuentas?

En una semana se había desatado el pánico de inversores y depositantes alrededor de la entidad, que se encaminaba, ahora ya sí, a velocidad de crucero hacia un rescate público. Pocos dudaban de que ése sería, de una u otra forma, el desenlace. La acción del banco se desplomaba, acelerada por la dimisión del hasta entonces presidente, Rodrigo Rato, que dio paso a José Ignacio Goirigolzarri, mientras se propagaba toda una retahíla interminable de rumores, medias verdades y supuestas filtraciones.

¿Nacionalizarían Bankia? ¿Sólo afectaría a su matriz, Banco Financiero y de Ahorros? ¿Cuánto dinero público se emplearía en el rescate? ¿Qué ocurriría con los depositantes? ¿Y los accionistas?

«Quiero que le deis a este tema la máxima prioridad —nos dijo Arsenio—. Creo que va a ser uno de los asuntos económicos clave no sólo de estos meses, sino incluso de los próximos meses, y estoy convencido de que será una oportunidad profesional decisiva para vosotros», añadió. Entre otras cosas, nos demandaba lo que se supone que ha de hacer un periodista que quisiera informar sobre un asunto de máxima actualidad: que nos moviéramos todo lo posible para conseguir fuentes interesantes, que entabláramos contactos con consejeros, con antiguos empleados, con exdirectivos, con analistas..., en definitiva, con todo aquel que pudiera aportar información de interés público sobre el banco y las antiguas cajas que lo formaron. La casualidad quiso que yo, como periodista de información económica de mi periódico de entonces, comenzara a investigar sobre Bankia.

Las siguientes semanas y los siguientes meses fueron una carrera por conseguir, dentro de nuestras posibilidades (*20minutos* no tiene, a priori, la potencia investigadora de cabeceras como *El País* o *El Mundo*), temas exclusivos o interesantes sobre el caso. Por aquel entonces era especialmente complicado conseguir ninguna fuente, ya que todo eran recelos, secretos y medias verdades. Las autoridades (Ministerio de Economía, Banco de España, etc.) se limitaban a repetir lo mismo que decían sus notas de prensa; los antiguos gestores y administradores se negaban en redondo a hacer ninguna declaración a la espera de que escampara el chaparrón, y los nuevos banqueros al mando tan sólo insistían en que todo iba a salir bien, que les dejáramos hacer, que ya veríamos qué bien. Incluso los representantes sindicales o propios empleados, que en otras ocasiones suelen ser fuentes de información sustanciosa y más proclives a hablar, se mantenían en un silencio casi total.

BFA-Bankia, tras semanas de bailes de cifras sobre posibles «agujeros» en la entidad y multimillonarias necesidades de dinero público, reformulaba las cuentas de 2011 que se habían presentado sin el preceptivo informe de auditoría. Del beneficio de 305 millones de euros informado previamente se pasaba a unas pérdidas de 2.900 millones, tras lo cual la entidad anunció que necesitaría una inyección de dinero público de más de 19.000 millones de euros. Eso era el mayor rescate público de la historia de España y todo un problema para las por entonces cuestionadas cuentas del Estado, que se veía abocado a pedir a su vez el auxilio financiero a Europa. ¿Por qué eran necesarios tantos miles de millones? ¿Había un «agujero» financiero en Bankia, como publicaban algunos medios? ¿Se había ocultado la verdadera situación de la entidad a los inversores? Todo era confusión. La situación de práctico bloqueo informativo se mantuvo durante varias semanas (con las puntuales excepciones de informaciones exclusivas de grandes del periodismo financiero como Jesús Cacho, Casimiro García-Abadillo e Iñigo de Barrón, entre otros). Tanto era así, que en ocasiones resultaba más fiable la información que llegaba desde instancias europeas —más acostumbradas a hablar sin importar cuál sea la circunstancia— que la que se pudiera conseguir en España a través de fuentes oficiales.

Pero el desplome del valor de Bankia en la Bolsa no había dejado indiferente ni a los accionistas afectados, ni a la sociedad civil, ni a un partido político (UPyD) que, con la bandera de la regeneración democrática e institucional, se adelantó al resto y presentó, como acusación popular, una querella ante la Audiencia Nacional por presuntos delitos de estafa y falseamiento de las cuentas, entre otros. Le siguieron otros colectivos, como la plataforma ciudadana 15MpaRato (nacida al calor del movimiento 15-M y financiada a través de *crowdfunding*) y asociaciones de accionistas, preferentistas y clientes afectados. La querella planteaba la imputación de todos los consejos de administración, al completo, de Bankia y su matriz, BFA. La gravedad del asunto llevó al juez Fernando Andreu a aceptar la causa (que al momento de publicar este libro aún no se había cerrado) e imputar al ya expresidente de Bankia, Rodrigo Rato, y a otros 32 consejeros, entre los que se contaban representantes del Partido Popular (PP), del Partido Socialista Obrero Español (PSOE), de Izquierda Unida (IU), de los dos principales sindicatos (UGT y CCOO) y de la patronal. Los querellantes no sólo plantearon la causa como una búsqueda de los responsables del agujero, sino también como una enmienda a la totalidad del sistema institucional español, que se demostraba así, según estos, como un nido de podredumbre que había que desinfectar.

Con la apertura judicial del *caso Bankia* la verdad es que, desde un punto de vista periodístico, el flujo de información respecto al caso Bankia se multiplicó exponencialmente. No es raro: las partes que representaban a la acusación solicitaron miles de hojas de documentos internos del Banco Financiero y de

Ahorros (BFA), de Bankia, del Banco de España (BdE) y de la Comisión Nacional del Mercado de Valores (CNMV), así como declaraciones de imputados y testigos, pruebas periciales..., en suma, cientos de documentos internos, confidenciales y secretos pasaron a estar en manos de las innumerables partes personadas en la causa. Demasiada información jugosa en demasiadas manos como para que no se acabara repartiendo. Todo lo contrario a como era antes. Toda esa documentación, como algunos sospechábamos (y quizá otros intuían), comenzaba a filtrarse a los medios, gota a gota, día a día, ampliando el conocimiento (y, la mayoría de las veces, la indignación) de la opinión pública respecto al escándalo de las preferentes, la salida a bolsa, las remuneraciones de consejeros y directivos, sus compras particulares con tarjetas de la entidad o la contratación de asesores externos, entre otros asuntos.

Así, se iba dibujando una especie de historia «oficial» de lo que ocurrió en Bankia. Una historia «oficial» que, en esencia, se resumía en que la caída de Bankia fue herencia directa de los problemas de las cajas de ahorros (Caja Madrid, Bancaja y cinco más) que a su vez fueron gestionadas de forma inepta, cuando no delictiva, debido a que había políticos, enchufados y sindicalistas en sus consejos de administración. Su falta de profesionalidad y conocimiento del sector, así como su codicia, les llevaron a fomentar el mero crecimiento de las entidades (Caja Madrid, Bancaja, etc.) sin asentar unas bases sólidas, y su dependencia directa del poder político les impulsó a financiar todo tipo de proyectos megalómanos sin la más mínima prudencia bancaria, lo que acabó por llenar sus balances de activos tóxicos que acabaron de pudrirse en BFA-Bankia, otro proyecto que no fue sino una escapada hacia delante con tal de ocultar el verdadero deterioro de las cajas integrantes. Esta versión se complementaría con la actitud cómplice de instituciones —también politizadas— como el Banco de España, la Comisión Nacional del Mercado de Valores o el Ministerio de Economía, que también habrían colaborado a la hora de engañar a los clientes e inversores (que acudieron a la salida a bolsa) con tal de posponer el reconocimiento de la ruinosa verdad.

Como toda leyenda, ésta tiene su parte de verdad. Es verdad que en esta historia hay codicia, hay ineptitud y hay una cierta negación de la realidad. Y es verdad que, posiblemente, los juzgados acaben condenando a más de una persona por su actuación en Bankia y en las cajas que la formaron. Pero no es toda la verdad. O, por lo menos, no es la verdad que a mí personalmente me convence después de más de tres años investigando el caso. Mi trabajo en el día a día del *caso Bankia* me mostraba una realidad que no encajaba, siquiera parcialmente, con la verdad imperante. Es por esto que hace algo más de dos años me decidí a profundizar en la investigación, con la única misión de entender qué pasó realmente y de acercarme lo más posible a la verdad. O por lo menos a una verdad que a mí me convenza. Una necesidad y una obsesión me empujaron así a acometer la misión de tratar de explicar qué ocurrió en realidad en Bankia.

Para elaborar este libro he accedido y consultado cientos —miles— de documentos internos de Bankia, de Caja Madrid, del Banco de España o de la CNMV. He rastreado también en libros de Historia, en hemerotecas y en *papers* e investigaciones académicas de lo más variopintas. He destinado tiempo y recursos también a olfatear en el Registro Mercantil, a escuchar todas las declaraciones judiciales y testificales de quienes han ido pasando por la Audiencia Nacional, y he mantenido conversaciones con toda clase de personas relacionadas, directa o indirectamente, con la entidad. Ése es precisamente el mayor valor de este libro: para poder contar lo que a continuación relato he mantenido más de un centenar de entrevistas con unas cincuenta personas que, de una forma u otra, han conocido de primera mano asuntos sobre lo que ocurría en Bankia. Con tan buena y tan variada materia prima, mi trabajo ha sido mucho más fácil, y ha consistido sobre todo en analizar y contrastar lo que me han ido contando unos y otros.

Se trata de un caso muy sensible y con varias causas judiciales aún abiertas, no sólo su salida a bolsa, sino también las causas separadas de las llamadas tarjetas *black*, las indemnizaciones millonarias a antiguos altos directivos y el caso de la compra del City National Bank of Florida (CNBF), causa esta última aún en fase de instrucción y por la que el expresidente de Caja Madrid, Miguel Blesa, acabó con sus huesos en prisión (provisional) y que supuso el final de la carrera del juez que decidió encarcelarle, Elpidio José Silva, condenado posteriormente por prevaricación. Y es por esa vigencia del caso que buena parte de mis fuentes optaron por hablar conmigo únicamente bajo la condición de un estricto anonimato. No les culpo, algunas de estas personas han violado contratos y cláusulas de confidencialidad, o incluso la ley, por atreverse a contarme sus experiencias y sus recuerdos relacionados con el caso. Son banqueros, consejeros, empleados de la caja, políticos, funcionarios europeos de alto nivel e inspectores, entre otros. El sector financiero es un mundo en el que el secreto no es sólo una preferencia, sino una obligación. Plantear un libro como éste en estos momentos, sin fuentes no identificadas, simplemente, es imposible. Es obvio que cualquier testimonio tiene un valor mayor cuando se identifica y se puede atribuir, pero creo que el hecho de que varias de las fuentes sean anónimas no le resta ni un ápice de realidad al reportaje. Bien al contrario, ya que considero que el testimonio de estas personas es completamente imprescindible para ayudar a entender bien qué ocurrió en Bankia.

No pretendo tener la verdad absoluta, y es posible que mis análisis estén equivocados o que a algunos no acabe de gustarles mi versión de lo que ocurrió en Caja Madrid, Bancaja, BFA y Bankia. Lo asumo: es imposible gustar a todos, y menos con un tema tan sensible y sobre el que se ha publicado tanto. Lo que sí que puedo asegurarles es que lo he escrito con la mayor ilusión, y con la firme voluntad de acercarme, con honestidad y sin prejuicios, lo más posible a la verdad.

Madrid, abril de 2015

1

La intervención

La noche en que le iban a forzar a dimitir de la presidencia de Bankia para que la entidad pudiera recibir una millonaria inyección de dinero público, Rodrigo Rato se reunía por segunda vez durante ese fin de semana con el ministro de Economía, Luis de Guindos, y los tres principales banqueros españoles. Fue entonces, tras esa reunión del 6 de mayo de 2012 en el Ministerio de Economía, rodeado de quien fuera su antiguo secretario de Estado, de Emilio Botín (Banco Santander), Francisco González (BBVA) e Isidro Fainé (Caixabank), cuando comprendió por fin que precisamente él era el problema. No se trataba de unos cientos de millones más o menos, ni de si el rescate económico que necesitaba la entidad habría de ser en forma de capital público, bonos convertibles o algún otro tipo de compleja ayuda financiera. No. El obstáculo para salvar a Bankia era él y todo lo que representaba. Así que se tendría que ir.

Rato había llegado a las nueve de la noche a la reunión, una cena informal y secreta en el despacho del flamante titular de la cartera de Economía —apenas llevaba cinco meses en el puesto— en su sede del paseo de la Castellana, con la intención de seguir debatiendo sobre las grandes cifras del plan de saneamiento que él y su equipo habían presentado ese pasado viernes 4 de mayo ante la urgencia de las autoridades (Banco de España y Ministerio de Economía). Ese mismo viernes, Bankia había presentado ante la Comisión Nacional del Mercado de Valores (CNMV) sus cuentas anuales referentes al ejercicio 2011, y lo había hecho sin el preceptivo informe de auditoría. Un hecho de verdad poco habitual, y más aún en un sector tan regulado como el financiero. Había habido problemas con la firma auditora Deloitte aunque, tal y como había informado el todavía presidente al Consejo de Administración, estaban a punto de solucionarse. La presentación de unas cuentas sin el visto bueno del auditor, aun a pesar de reflejar 305 millones de euros de resultado positivo, dejaban a la entidad, y por lo tanto a su máximo ejecutivo, en una inusual posición de fragilidad.

Ese fin de semana, De Guindos ya había convocado, telefoneándoles uno a uno, una primera reunión con los cuatro principales banqueros. No habría ningún representante del Banco de España. La tradición dice que el Gobierno y el supervisor financiero se reúnen como mínimo una vez cada quince días, pero en esta ocasión no estaban invitados. «El viernes a las 21.00 horas en mi despacho.» Sin actas ni documentos oficiales, el encuentro se celebraba, en teoría, para darles a conocer más detalles sobre su intención ya anunciada de aprobar un segundo decreto de saneamiento del sistema financiero, que daría continuidad al impulsado en febrero. Creía el ministro que el primer decreto no había sido lo bastante realista (pesimista) respecto a las posibles pérdidas latentes y no reconocidas aún en las carteras inmobiliarias del sistema financiero. En su opinión habría que ir más allá para aflorarlas todas, y habría, por tanto, que provisionar[1] y sanear tanto los activos tóxicos como los sanos. Los grandes banqueros también traían sus propios temas en agenda, como eran el de que consideraban un injusto tratamiento el que sufrían los bancos españoles por los activos ponderados por riesgo (aquellos que han de ser calificados con algún tipo de riesgo) y el de la posibilidad de realizar un futuro test de estrés al conjunto del sistema financiero europeo.

1. En el argot bancario, provisionar es atesorar una cantidad de dinero con la finalidad de cubrir alguna obligación futura (una pérdida contable, por ejemplo).

Rato albergaba aún la concreta esperanza de que el Gobierno se decidiera a dar luz verde por fin a un «banco malo» —siguiendo el modelo alemán— en el que cajas y bancos pudieran colocar sus activos inmobiliarios tóxicos. Era una idea que entendía que compartía el ministro De Guindos —así lo había explicitado en sus artículos de prensa antes de ser nombrado—, aunque en el discurso de investidura, y después en repetidas ocasiones, el presidente Mariano Rajoy había descartado de forma radical tal posibilidad. En seguida, la reunión derivaba hacia el tema Bankia. «En los mercados internacionales, al parecer, salía el nombre de Bankia con más frecuencia que ningún otro banco, como una entidad sistémica», recordaba el presidente de Caixabank, Isidro Fainé, en su declaración judicial sobre aquel día concreto. El encuentro duró apenas hora y media. Había que continuar y profundizar en los números, así que se celebraría una segunda reunión el domingo por la noche.

El plan que Rato había enviado a las autoridades el 4 de mayo, en esencia, suponía un «saneamiento anticipado» en el balance del banco de más de 9.600 millones, que financiaría con la inyección de un nuevo préstamo público de alrededor de 7.000 millones de euros que se sumarían a los 4.465 millones que ya había puesto el Fondo de Reestructuración Ordenada Bancaria (FROB) en 2010. El plan se completaría con la conversión en accionistas de aquellos inversores minoristas atrapados por entonces en las participaciones preferentes y con una reducción del tamaño de la entidad de más de 36.000 millones de euros por medio de desinversiones y ventas de activos. La idea pasaba por solicitar la menor cantidad posible de dinero al Estado y transformar a los preferentistas de BFA en accionistas de Bankia, «con un plan de fidelización para que no vendieran inmediatamente» sus nuevos valores y provocaran así un desplome de la acción. Además, se traspasaba el grueso de activos en poder de BFA (que era prácticamente insolvente) a Bankia, dejando a la matriz como una simple entidad tenedora de acciones, sin ficha ni actividad bancaria. En opinión de los entonces gestores de BFA-Bankia, la cuestión principal, lo que le reclamaban las autoridades, era tener un colchón de capital por si venían mal dadas, y entendían que los 7.000 millones ya cubrían cualquier posible necesidad «en un escenario superestresado». Es decir, que ese préstamo extra ya se inyectaba en la entidad sobre la hipótesis de que en los siguientes dos o tres años la economía española y europea se deteriorarían de una forma mucho más acentuada de lo que por entonces contemplaban las previsiones más pesimistas del Gobierno o del Fondo Monetario Internacional (FMI). Había algo más que rumores que anticipaban que el FMI planeaba una revisión muy a la baja del escenario para la economía española ante los cada vez más claros signos de entrada en una recesión profunda, pero, por entonces, las autoridades —al menos oficialmente— creían que el país crecería. El Banco de España, por su parte, a falta de que se llevaran a cabo algunas medidas adicionales relacionadas con una mayor profesionalización de la gestión de la entidad, estaba de acuerdo con los números que planteaban Rato y los suyos. A su principal competidor, el presidente de Caixabank, le parecía «coherente». Pero al ministro De Guindos y a algunos grandes banqueros esa cifra les sabía a demasiado poco.

Francisco González, presidente del Banco Bilbao Vizcaya Argentaria (BBVA) —aupado en su momento a la presidencia de Argentaria por el propio Rodrigo Rato, entonces ministro de Economía— era el más crítico con la situación de BFA-Bankia. Meses después, en sede judicial, reconocería que no se creía ni siquiera los beneficios que había presentado ese mismo viernes: «La contabilidad es un chicle, y todo depende de la norma, y de cómo el regulador la aplica y el administrador la percibe. Cuando veo las cuentas de Bankia entiendo que las cifras no son creíbles. El cambio de Gobierno ya anunciaba que iba a ser más exigente en las normas de cumplimiento, y repartir dividendo en marzo de 2012 no resultaba creíble». Era de todos los banqueros reunidos el que más dinero público exigía para recapitalizarla. Durante las anteriores semanas, tanto él como su homólogo en el Banco Santander, Emilio Botín, ya se habían reunido varias veces con De Guindos, preocupados por la escalada de la prima de riesgo y la cada vez mayor desconfianza sobre España. En aquellos encuentros, el ministro y los banqueros habían hablado *mucho* sobre Bankia, sin la presencia del supervisor bancario. Francisco González se mostraba realmente alarmado por las crecientes dificultades para financiarse en el exterior y por la percepción que se afianzaba en los mercados de que el sistema financiero español estaba en graves problemas; en especial, Bankia. «Estaba perjudicando mucho a la credibilidad de España. Si alguien va mal se crea una sensación negativa para todos, que estamos destinando enormes cantidades de dinero a provisionar.» Su plan ideal pasaba por ignorar de alguna forma al Banco de España y actuar de forma radical: sanear la entidad, dividirla en partes más pequeñas y venderla después al mejor postor. Había algunas partes del banco especialmente jugosas, como su posición dominante en un mercado tan decisivo como Madrid; un pescador avispado podría sacar ganancia de este río revuelto, y más si era el Estado el que saneaba antes la entidad. «Hacen falta 15.000 millones como poco», aseguraba. Para aquel entonces, De Guindos —que se enfrentaba por su parte a los crecientes rumores de un rescate total a España, al igual que había ocurrido antes en Grecia, Irlanda o Portugal— compartía el análisis de los dos grandes banqueros: Bankia tenía un déficit de capital para afrontar el futuro próximo que, en la medida en que era una entidad sistémica, contaminaba a todo el sector bancario español.

Al parecer, y por sorprendente que pueda parecer esta falta de minuciosidad, los analistas de bancos y fondos extranjeros miraban a Bankia, veían sus problemas y los extrapolaban a todo el sistema financiero español, agradando así las dudas y las cifras reales del posible rescate. Estas necesidades pendientes de cubrir, según la tesis del ministro, suponían un encarecimiento de la prima de riesgo, ya que los inversores temían que, tarde o temprano, España tendría que rescatar a su sistema financiero. La idea del ministro de Economía —y de los dos banqueros— pasaba por romper ese círculo vicioso que afectaba tanto a la deuda del Tesoro, como a la de Banco Santander y BBVA, y hacerlo con una acción impactante y radical, un cortafuegos que diera tranquilidad a los mercados.

¿Por qué esta necesidad imperiosa de recapitalizarse? No era algo caprichoso, aunque sí dependía de un considerable nivel de discrecionalidad por parte del regulador. En los bancos, el capital es, por decirlo de alguna manera, el pilar maestro de la estructura financiera. Si eres un banco, tu capital es, en esencia, el conjunto de los fondos a los que en última instancia vas a poder recurrir para afrontar pérdidas y provisiones. Es el núcleo. En la banca, que se define por ser un mercado formado por entidades superreguladas y con partidas de balance en su mayoría protegidas o garantizadas (depósitos, bonos, etc.), el capital es el recurso más valioso y, a la vez, más frágil, ya que es el que ha de soportar las pérdidas cuando vengan mal dadas. La morosidad, las depreciaciones de activos... Es el capital el instrumento que cubre estos agujeros, y, como los mercados anticipaban ya problemas más graves en el futuro, cuanto más capitalizadas estuvieran las entidades, más capacidad de resistencia tendrían en caso de turbulencias, y, por lo tanto, más tranquilidad y confianza transmitirían a esos mismos mercados. Como contraprestación a todos estos riesgos, el capital es el pasivo que más valor puede alcanzar en caso de que la coyuntura sea positiva. Las autoridades y los supervisores en todo el mundo habían permitido unas exigencias regulatorias de capital muy laxas antes del estallido de la crisis económica, pero esa política había dado un giro de 180 grados a partir de 2009. La nueva normalidad conllevaba una regulación mucho más estricta en materia de capital, y tenía sus particulares mandamientos en las nuevas normas internacionales de solvencia, conocidas como Basilea III. No sólo se exigía más capital a efectos de regulación —es decir, tener un determinado porcentaje de capital respecto al total de activos en balance—, sino que éste tenía que ser de una determinada «calidad». En el argot bancario, esto no era más que una forma de entender que, si llegasen los malos tiempos, efectivamente se pudiera recurrir a esos fondos para soportar con ellos las pérdidas. Todos los bancos sistémicos tenían que cumplir con esas exigencias, y lo tenían que hacer mejor cuanto más pronto. Y más aún España y sus entidades, que estaban en el centro de todas las miradas desde la segunda mitad de 2011. Habría que acelerar los calendarios para enviar una señal clara y calmar a los mercados, y para ello habría que «levantar» ese nuevo capital exigido como fuera.

En el corto plazo, el problema para BFA-Bankia no parecía tanto de capital como de liquidez. La dirección de la entidad —tanto como los reguladores y el mercado— era consciente de que había «un calendario de liquidez muy malo hasta junio de 2012 por culpa sobre todo de Bancaja, que tenía un montón de vencimientos de deuda en ese periodo». En Caixabank, también con sus problemas, el de la liquidez lo era menos en gran parte debido a la particular obsesión de su presidente por tener cubiertas sus posiciones en este sentido. Gracias a las distintas barras libres de dinero puestas a disposición por el Banco Central Europeo (BCE), estos problemas inmediatos estaban más o menos solucionados para el conjunto del sistema financiero español. Sin embargo, un problema puntual de liquidez, si se sostenía en el tiempo, era un potencial problema de solvencia; es decir, de falta de capital. Y si los mercados interbancarios de verdad pensaban que existían estas necesidades y cerraban el grifo de crédito a la entidad, la intuición se convertiría en una profecía autocumplida.

Tal como explicaba en enero de 2011 un exbanquero retirado en su blog personal, «en banca, la liquidez y el capital están estrechamente unidos. Los bancos mueren por falta de liquidez y tienen falta de liquidez porque los agentes piensan que no tienen capital. Por tanto, la discusión de si el sistema financiero español tiene un problema de liquidez o de solvencia es bastante artificial y muy parecida a las discusiones bizantinas sobre el sexo de los ángeles. Lo que debemos hacer es mostrar y demostrar que no tenemos problemas de capital y eso pasa por, en primer lugar, un gran ejercicio de transparencia (el Banco de España jugará aquí, una vez más, un papel clave), y, en segundo lugar, por levantar capital en aquellas entidades que lo requieran», concluía.

Lo cierto es que aunque «el plan Rato iba más allá de la solvencia mínima exigida», según el propio supervisor, la mayoría de los grandes bancos de inversión internacionales, en sus informes de análisis publicados en las semanas durante las que todos los ojos miraban a España y a Bankia, cifraban las necesidades futuras de capital del grupo bastante por encima de los cálculos de ayudas públicas que estimaban Rato y su equipo: el Deutsche

Bank, por ejemplo, creía que las necesidades de provisiones brutas de la entidad ascenderían a 11.000 millones de euros; los analistas de Bank of America Merrill Lynch elevaban sus estimaciones hasta los 15.000 millones; y los de Morgan Stanley subían la «apuesta» hasta los 20.000 millones de euros. Goldman Sachs, el primer y más influyente banco de inversión del mundo, situaba el dinero necesario entre 13.500 y 18.000 millones de euros. La cifra de necesidades de capital y la de la ayuda pública necesaria no tenían por qué coincidir, ya que una entidad puede generar, en teoría, capital de formas alternativas muy diversas (vendiendo activos, generando beneficios, con una ampliación, etc.). No eran tiempos para los ajustes finos. Nadie sabía la cantidad exacta que al final sería necesaria en Bankia, pero lo que sí sabían los bancos de inversión es que, para quedarse tranquilos, la cantidad aproximada tenía que moverse entre esas magnitudes.

En el despacho de De Guindos, durante un momento de aquella noche del 6 de enero, Francisco González y Rato se enzarzaron en una discusión: «Esa cantidad es demasiado alta y no tiene en cuenta los créditos fiscales. En Italia y Reino Unido se los han garantizado a sus bancos, ¿por qué nosotros no podemos contabilizarlos y el resto sí?», se defendió Rato. Ese argumento no le pareció válido al presidente del BBVA: «El mercado no se lo va a creer, porque para amortizar esos créditos fiscales hay que ganar mucho dinero», replicó. El resto no decía nada. Para cargarse de razón, Francisco González esgrimió los informes de la banca de inversión internacional, e insistió en que, aunque entonces los números salían ajustados, ante cualquier contratiempo Bankia estaría quebrada: «Estamos todos más o menos por ahí. Bankia claramente necesita mucho dinero, entre 15.000 y 20.000 millones, y eso tiene que pasar por la intervención de la entidad». Emilio Botín, por su parte, se mostraba algo menos beligerante, aunque también estaba de acuerdo: «Había que hacer una rapidísima capitalización de Bankia, porque estábamos a punto del rescate. Era absolutamente necesario», manifestó ante el juez Andreu, en la Audiencia Nacional. La prioridad del entonces presidente del Banco Santander no era si Rato ocuparía tal o cual puesto, o si las cajas debían quedarse con un 25 por ciento o un 20 por ciento de la participación en Bankia. La prioridad del mayor banquero del país era «actuar rápido».

El plan Rato también contemplaba el nombramiento de un nuevo consejero delegado para la entidad con el suficiente prestigio como para tranquilizar a los mercados. Por ello, el presidente de BFA-Bankia llevaba días tratando de convencer, sin éxito, al antiguo consejero delegado del BBVA, José Ignacio Goirigolzarri, *Goiri*, para que aceptara el cargo, aunque llevaba una semana ya sin siquiera ponerse al teléfono.

En el Banco de España estaban con la mosca detrás de la oreja desde que Rodrigo Rato les anunciara el fichaje, en el verano de 2011, de Francisco Verdú como consejero delegado de Bankia. No había sentado bien porque le habían nombrado sin consulta previa y porque los miembros de la Comisión Ejecutiva y la Dirección de Supervisión del BdE manejaban una lista de candidatos en la que figuraban como mucho cuatro banqueros del más alto prestigio (entre ellos Goiri, al que había tanteado el propio supervisor, y el ex consejero delegado de Bankinter, Jaime Echegoyen), pero no Verdú. Consideraban que, aunque era un buen profesional, no alcanzaba ese perfil necesario debido a su escasa experiencia en la dirección ejecutiva de un banco grande. Verdú no había sido la primera opción, ya que Bankia había intentado fichar a Goiri como su consejero delegado antes incluso de la salida a bolsa, pero éste había rechazado la oferta «entre otras cosas porque tenía un acuerdo de no competencia con el BBVA». Su anterior banco le había prohibido trabajar para la competencia por lo menos durante tres años, y, si no cumplía esa cláusula, su indemnización, entre otras cosas, se vería comprometida. En la primavera de 2011, Rato le había ofrecido ser su mano derecha, sin todos los poderes ejecutivos. La negativa de Goirigolzarri fue contundente y sin matices; y la conversación, corta.

Pese a que no era posible incorporar al banquero vasco, desde el mismo nombramiento de Francisco Verdú, y más aún desde que las cosas se empezaban a poner feas, los requerimientos y recomendaciones verbales de las autoridades para que Rato sustituyera a su consejero delegado por alguien como Goirigolzarri (específicamente él) eran constantes. Un ejecutivo del sector financiero español con décadas de experiencia reconoce que Goiri había llegado a alcanzar un estatus casi «mágico» para los mercados. Su prestigio y su retiro anticipado —en los años que más experiencia y conocimiento suele alcanzar un ejecutivo en este sector— explicaban al menos en parte estas altas expectativas respecto a su capacidad. Como ocurre con los grandes banqueros, también había algo de leyenda. A finales de 2011, el Banco de España le había hecho saber a Rodrigo Rato, por activa y por pasiva, que la llegada de un nuevo consejero delegado no tendría que suponer sólo un mero cambio de cromos. Y si el BdE dice que hay que hacer algo, se hace. El nuevo consejero delegado llegaría para ser el jefe máximo. Era el mismísimo gobernador el que tenía esta «delicada» conversación con Rato, volviendo de Frankfurt hacia finales de abril: «Has sido un buen ministro, pero no eres la persona indicada para dirigir la caja en el día a día». La retirada del exvicepresidente del Gobierno de la primera línea ejecutiva del banco era —decían— una exigencia urgente no tanto del supervisor como también de los mercados, aunque aún no se había hecho visible: el presidente de BFA-Bankia tendría que cederle todos los poderes ejecutivos y quedarse como un mero presidente institucional, encargado como mucho de la gestión de la Obra Social. Los inversores querían, según el BdE, tener la seguridad de que el primer ejecutivo de la cuarta entidad financiera española tendría lo que hay que tener para realizar todos los ajustes y activar todas las palancas necesarias para que Bankia alcanzara un ratio de beneficios respecto de sus activos acorde a su tamaño. Como reconoce un alto cargo del BBVA que conoció las negociaciones, «desde hacía meses estaba claro que iba a llegar "Goiri"; la duda estaba en el puesto que ocuparía Rato a su llegada». Un trago difícil, ya que, pese a las dificultades del momento, el prestigio del exvicepresidente del Gobierno y su peso específico en el Partido Popular se suponían aún muy grandes. Se tenía que hacer todo con tacto y sin poner en riesgo ni la reputación de Bankia como entidad, ni la estabilidad del sistema financiero en su conjunto.

Ante la insistencia del Banco de España, a finales de abril de 2012 Rato se reunía en su casa con el banquero vasco para ofrecerle una vez más el puesto de primer ejecutivo de Bankia. Y Goirigolzarri, una vez más, le decía que no.

«Es que yo quiero ser presidente», reconoció Goirigolzarri a Rato, según fuentes cercanas al entorno del exdirector gerente del FMI. El antiguo consejero delegado del BBVA, quien años atrás había abandonado su puesto de número dos en el segundo banco español ante la evidencia de que el número uno, Francisco González, no pensaba renunciar a la presidencia, tampoco renunciaba a ser presidente de una gran entidad. Tres años después, en Bankia, el banquero formado en la Universidad Comercial de Deusto veía ante sí un proyecto «muy importante», quizá el más importante de su carrera. Pero había escarmentado tras su lucha de poder en el BBVA. Si iba a regresar del multimillonario retiro del que disfrutaba en su Vizcaya natal —se había acogido en 2009 a una jubilación anticipada de más de 52 millones de euros— sería sólo a cambio del premio gordo de ser presidente con plenos poderes. Goiri, además, le daba a Rato un argumento de peso acerca del porqué pensaba que ese plan de dirigir la entidad juntos no iba a funcionar: «No puedes ni quieres acabar con las cajas de ahorros, y yo estoy en otra posición».

El plan Rato presentado al Banco de España implicaba una reducción sustancial de la participación de las cajas de ahorros en el accionariado de BFA-Bankia, aunque en modo alguno su desaparición total del mismo. Las nuevas inyecciones de capital exigidas por las autoridades dejarían en mínimos su parte del pastel y, por tanto, el futuro dividendo con el que pagar la Obra Social del banco, si bien al menos garantizaba que lo seguiría habiendo. Más valía poco que nada.

Para el que fuera director gerente del Fondo Monetario Internacional entre 2004 y 2007, su simultánea y triple condición de presidente de Caja Madrid, Banco Financiero y de Ahorros y Bankia implicaba en cierta manera un conflicto de interés, en la medida en que tenía que velar por conseguir lo más conveniente para las tres instituciones, aunque hipotéticamente esto pudiera ser incompatible. Sus planes para obtener recursos con los que reforzar la solvencia de Bankia no contemplaban en ningún caso la posibilidad de que la matriz, BFA, perdiera su participación en el banco cotizado, ya que esta salida, por su parte, dejaría a Caja Madrid y al resto de entidades de origen —accionistas únicas de BFA— sin ningún patrimonio y, por ello, sin recursos económicos para la Obra Social. Asimismo, cualquier posible recapitalización de BFA que Rato y su equipo pudieran tomar en consideración, con o sin dinero público de por medio, tenía que dar por sentado de antemano la premisa de que la caja permanecería con una participación suficiente como para garantizar que los dividendos fueran bastantes.

Todas las posibles opciones pasaban entonces porque en ningún caso las cajas perdieran el total de sus acciones. Pero, tanto el ministro De Guindos como el nuevo presidente que estaba a punto de aterrizar en el banco tenían otras prioridades. Las cajas, un elemento extraño para los mercados, eran un obstáculo y un modelo societario llamado a extinguirse.

Bankia, durante la crisis y la presidencia de Rato, se había convertido en una superviviente, en una entidad experta en ir superando los distintos baches del camino, aunque casi siempre un tanto raspada. No era poco: las cifras fundamentales publicadas venían confirmando, trimestre a trimestre, que era solvente por más que estuviera sufriendo unos innegables problemas.

Un inspector y maestro de inspectores del Banco de España, ya retirado, ve en esa actitud de patada adelante una práctica poco razonable, pero legal: «En muchas carteras, las provisiones eran claramente insuficientes, pero la norma era laxa, y por eso se lograban ajustar a ella. Además, no se trataban con dureza los créditos refinanciados, y se les permitía enmascararlos», critica. Este ir pasando las pruebas con un aprobado ajustado era algo que había llegado a desesperar al ministro Luis de Guindos, quien, desde su nombramiento, había dedicado buena parte de sus esfuerzos a desenmascarar lo que él consideraba que era una insolvencia encubierta; tenía la convicción —y así lo había hecho saber— de que la entidad era un zombi, un banco que destinaba todos sus esfuerzos y recursos a mantenerse en pie, pero cuya situación real era tan delicada que no se podía dedicar a lo que los bancos, al menos en teoría, deberían dedicarse: dar créditos.

Los números y estados contables oficiales, las auditorías y el mismo Banco de España no parecían respaldar las sospechas del ministro, ya que Bankia seguía, aun con problemas, superando los exámenes y obstáculos que se le iban presentando. Meses antes de la llegada de De Guindos al ministerio, el equipo económico del Partido Popular —que posteriormente ocuparía en su mayoría los ministerios de Economía y de Hacienda y la Oficina Económica de Moncloa— había reunido de forma confidencial a un grupo de periodistas para detallarles, ya entonces, y *off the record*, las medidas inmediatas que llevarían a cabo en cuanto alcanzaran el poder. La intervención y reestructuración del sistema financiero y la creación de un «banco malo» eran de las más inmediatas.

El presidente del Gobierno, tras su toma de posesión, recularía respecto al «banco malo», y mantendría las dudas sobre si crearlo o no durante casi seis meses. La idea del equipo de Rato, por su parte, era mantenerse vivos mientras durase el temporal aunque los años venideros fueran de malos resultados. Con estos argumentos trataban de convencer a De Guindos: «Bankia no tiene patrimonio neto negativo, puede aguantar unos años ganando poco dinero», le aseguraban. Por eso, la estrategia de sus gestores, los «cajeros», pasaba por convencer al Ministerio de Economía —el Banco de España ya estaba convencido— de que la mejor opción consistía en inyectar esos 7.000 millones de euros en forma de ampliación del préstamo que ya habían gastado del FROB, o mediante obligaciones convertibles (CoCos, en el argot bancario), y canjear todas esas participaciones preferentes y esa deuda subordinada que aún quedaban en manos de inversores por nuevas acciones de Bankia. La estrategia de los CoCos tenía una ventaja clara sobre una hipotética petición de capital puro y duro. Al menos la tenía para los que, por aquel entonces, eran accionistas de Bankia: se trataba de un instrumento financiero que se iba convirtiendo en capital (en acciones) sólo cuando era estrictamente necesario y se cumplían unos criterios definidos a priori. Es decir, y sólo como ejemplo, si en el segundo semestre de 2012 se reconocían unos 3.000 millones de euros en pérdidas, era ésa la cantidad de CoCos que se convertían en capital (y que, por tanto, diluían a los accionistas iniciales). Los otros 4.000 millones inyectados permanecían ahí latentes. Si no se afloraban nuevas pérdidas, pasado un tiempo se devolvían los CoCos, y los accionistas no sufrirían nuevas diluciones. Con la idea de los canjes de preferentes por acciones, por su parte, se mataban dos pájaros de un tiro. «No sólo es un instrumento que nos aporta capital y nos permite mejorar en solvencia, sino que damos una solución de liquidez a los preferentistas.» Al final, Caja Madrid y las otras seis cajas de la fusión inicial se quedaban tan sólo con entre un 15 y un 25 por ciento del accionariado. «Y los accionistas iniciales seguirán siéndolo.»

En cuanto al diseño del sistema de gobierno de la entidad —uno de los asuntos que tenía más contrariados a los inversores internacionales—, el plan pasaba por echar a los antiguos «cajeros» de los consejos de administración. Era algo que, en la práctica, se había logrado ya en Bankia, donde, desde la salida a bolsa, eran mayoría los independientes frente a los «dominicales» (los designados por los dueños, las cajas). El Banco Financiero y de Ahorros era otra cosa. En BFA era donde se aglutinaban aún buena parte de los antiguos administradores de las pequeñas cajas de ahorros que formaron la matriz del cuarto banco español. Al parecer no tenía sentido económico mantener un consejo de administración sin experiencia ni conocimientos financieros, así que el plan de Rato preveía reducirlo a la mínima expresión. Sólo serían miembros cinco personas: el consejero delegado de Bankia (Verdú), el vicepresidente (José Manuel Fernández Norniella), el consejero delegado de BFA (Manuel Lagares), el propio presidente Rato y el secretario. En la práctica se daba carpetazo al consejo, pero se mantenía la propiedad de las cajas.

Pero no había posibilidad real de ningún acuerdo.

Luis De Guindos, que apenas llevaba cinco meses en el puesto y ya había puesto patas arriba el sector bancario español con un decreto que le había obligado a mostrar todas sus miserias, tenía entre ceja y ceja a las cajas, algo en lo que sí coincidía con los grandes bancos, la patronal bancaria y el propio Fondo Monetario Internacional, que veía en ellas a un «animal de otra época», según palabras de un antiguo responsable del FMI. De Guindos no estaba dispuesto a rescatar con otros 7.000 millones de euros de dinero público (quizá más) al cuarto banco del país y apechugar él después con el coste político y mediático de darle todo ese dinero a uno de los más célebres símbolos del Partido Popular, por muy antiguo jefe suyo que fuera, ni por muy responsable del «milagro económico» que fuera. «No puedo darte el dinero porque eres del PP.»

El ministro estaba empezando a estar demasiado acostumbrado a que, cada vez que salía al extranjero, el principal tema —el único tema— fuera Bankia. Era desde hacía meses la comidilla constante del mercado y una de las grandes cuestiones sin resolver en la crisis que atravesaba el sector financiero español. La otra gran cuestión, aún más difícil de asumir —tanto para el Gobierno como para los socios europeos—, era el cada vez más sonoro runrún acerca de un posible rescate al país, rumor azuzado por la rebaja, mediante una sola revisión, de dos escalones en la calificación crediticia del Reino de España. Aunque estas voces cada vez eran más numerosas, para el Ministerio de Economía era preferible pensar que si se solucionaba el tema de Bankia se podría calmar al mercado respecto a todo lo demás. Es que ya no eran sólo los grandes bancos de inversión internacionales —y algunos de los grandes bancos españoles, preocupados por el efecto contagio— los que presionaban para que se tomara una decisión definitiva que calmara a los mercados. Era, virtualmente, todo el mundo quien tenía algo que decir. En cada foro multilateral al que iba a acudir durante los primeros meses del año (Ecofin, Eurogrupo, FMI, etc.), a Guindos le preguntaban «insistentemente por el sistema financiero español y, en particular, por Bankia».

El 25 de enero, en Davos (Suiza), comenzaba la oleada, con el Fondo Monetario Internacional como avanzadilla. La francesa Christine Lagarde, su directora gerente, le manifestaba la preocupación que existía alrededor del sistema financiero español y la urgencia por tomar medidas para despejarlas. Apenas veinte días después, la responsable de la misión del FMI en España, Ceyla Pazarbasioglu, reclamaba una reunión urgente con

De Guindos para hacerle llegar «la existencia de graves problemas en el grupo BFA-Bankia, donde estimaban importantes necesidades de capital». Aún se producirían dos encuentros más del FMI con el ministro: uno el 24 de febrero, en México —en plena cumbre del G-20—, en el que la propia Lagarde reclamaba una vez más «actuar con rapidez para evitar el contagio a otras entidades», a la vista del impacto negativo que había supuesto para BFA-Bankia la noticia sobre sus necesidades de capital tras la publicación del decreto de saneamiento de bancos y cajas (el Guindos I); y otro, el 19 de abril, cuando se celebraba otra reunión con Lagarde en Washington, en la que «la situación específica de BFA-Bankia fue el asunto principal». Pocos días después, el FMI era el responsable de acelerar los acontecimientos y de detonar la intervención del Ministerio de Economía en BFA y Bankia. Los responsables del FMI en España incluían de forma velada, pero sin dejar lugar a dudas, los problemas de la entidad como un asunto a resolver cuanto antes. Así, el 25 de abril ocurría algo sin apenas precedentes: se filtraba a la prensa el borrador de conclusiones, «un comunicado sorpresivo y extrañísimo», según Jerónimo Martínez Tello, director de supervisión del Banco de España, ya que apuntaba sin señalar directamente a que BFA-Bankia —nombrándola solo como la entidad «mayor» de las que estaba en problemas— tenía que reforzar su balance con urgencia y hacer cambios en su gestión.

> Un grupo de diez bancos, la mayoría de los cuales han recibido ayudas públicas y se encuentran, con diferentes grados de avance, en proceso de resolución, ha sido identificado como vulnerable. Cinco de estos bancos han sido ya adquiridos o se han fusionado con otras entidades solventes. Tres se encuentran en proceso de ser subastados y los dos restantes han remitido planes de negocio que han sido aprobados por el supervisor. Con el fin de preservar la estabilidad financiera, es esencial que estos bancos, y en particular el de mayor tamaño, tomen medidas rápidas y decisivas para fortalecer sus balances y mejorar su gestión y su gobierno corporativo.

En el Banco de España no se podían creer que desde el FMI se señalara sin nombrarlo a un banco en concreto, ya que es algo que expresamente este organismo no hace nunca. «No estábamos de acuerdo con que el FMI diera esa señal pública de alerta sobre una entidad. Al día siguiente [la agencia de calificación] Moody's nos baja dos grados el *rating* [calificación crediticia] de España», destacó Martínez Tello ante el juez Andreu. Este párrafo podía no ser casual. Diversas fuentes conocedoras de lo que ocurría aquellos días aseguran que la idea de especificar a BFA-Bankia como el problema no surgió del FMI, sino del propio Ministerio de Economía, que insistió en introducir una mención sobre la entidad porque conseguía así un detonante y una justificación para poder acelerar lo que ellos consideraban que, de una forma u otra, sería inevitable. «Me parece normal, porque es cierto que el mercado había perdido la confianza. Nadie se creía nuestras cuentas y había que buscar la forma de salir. Quizá la instrumentación no se hizo bien, y hubo falta de finura política», explica C. T., un antiguo asesor de Moncloa.

Frente a una estrategia del supervisor de ir poco a poco y sin hacer demasiado ruido, Economía apostaba por dar la imagen ante el mundo de que se iba a actuar de forma expeditiva, y lo hacía con la esperanza de que el mercado supiera reconocerlo, ya que el documento de la institución presidida por Christine Lagarde llenaba al ministerio económico de razones. El FMI no hablaba de una intervención inmediata, pero sí de tomar medidas decisivas de forma inmediata. Las reuniones con la jefa de la misión del FMI en España (Ceyla Pazarbasioglu) eran constantes, y no dudaban en transmitirle al Gobierno la preocupación por la situación del sistema financiero. El director de Política Económica del Ministerio de Economía y posterior director general del FROB, Antonio Carrascosa, reconoció en sede judicial que hubo intercambios de borradores con el FMI aquellos días, pero negó que hubiera un documento consensuado: «Una cosa es que te pasen un borrador y otra que puedas consensuar lo que va a decir el FMI», alegó. Para el Ministerio de Economía, el informe del FMI restaba en cierta manera autoridad al banco central español —aunque en el fondo no decían cosas muy distintas—, ya que «era más insistente que el Banco de España en algunos puntos», según reconoció Miguel Temboury, subsecretario de estado de Economía, quien calificó el documento de «preocupante».

Pero no sólo era el FMI. También el comisario europeo de Asuntos Económicos, Olli Rehn, urgía hasta en seis ocasiones distintas al Gobierno para que tomara decisiones radicales cuanto antes. Aunque las gotas que colmaron el vaso, las palabras mayores que lo desencadenaron y aceleraron todo, vinieron de Washington y Frankfurt. El mismísimo secretario del Tesoro de Estados Unidos, Tim Geithner, telefoneaba esos días a De Guindos para reclamarle una solución inmediata. «Pide el dinero que sea necesario. El FMI te lo va a conceder.» [2] La presión para actuar era constante, y cada día que pasaba las perspectivas eran peores. Si algo había demostrado la crisis del euro hasta entonces es que en el momento en que los mercados ponían el ojo en un país, no paraban hasta que este hincara la rodilla. Había ocurrido ya con Grecia, Irlanda y Portugal. España e Italia eran los siguientes. Desde el otro extremo de la pinza que formaban los organismos internacionales apretaba el presidente del BCE, Mario Draghi, que en dos ocasiones se reunía con el ministro de Economía para trasladarle, primero, el mensaje claro de que su decreto de saneamiento no había disipado las dudas de los mercados, y que, por lo tanto, serían necesarias más medidas, sobre todo en Bankia. El último tirón de orejas del italiano se sufría en casa, ya que la cumbre del BCE del 4 de abril se celebraba en Barcelona. «Super Mario», el banquero central italiano formado en Goldman Sachs, apretaba las tuercas al ministro para que actuara rápido. Pese a que las competencias sobre la banca eran suyas, no estaba presente en esas reuniones el gobernador del Banco de España, Miguel Ángel Fernández Ordóñez, que aquel viernes estaba en Basilea. El ministro lo tenía claro: con o sin el supervisor, había que hacer algo, y había que hacerlo ya.

La opinión pública era, por entonces, muy reacia a cualquier tipo de ayuda del contribuyente a la banca. Eso a pesar de que, en relación con el resto de países desarrollados, los recursos públicos

2. Información del diario *El País*, de 11 de mayo de 2014.

gastados en sanear a la banca habían sido comparativamente menores en España. Hasta ese momento, sólo habían requerido capital público entidades medianas como Caja Castilla-La Mancha (CCM), Novagalicia (NCG) o Catalunya Caixa (CX). BFA-Bankia sí que había recibido 4.465 millones, pero en forma más de préstamo que de capital, y como incentivo para que las cajas que la formaban se fusionaran. La ayuda se había concedido por medio de unas preferentes convertibles que obligaban a la entidad a pagar cada año un interés del 7,75 por ciento. Los bancos siempre mueven cifras de cientos de millones, cifras absurdas para cualquier contribuyente preocupado, pero lo cierto es que en comparación a los rescates dispuestos en otros países europeos durante la crisis (Dexia, AIG, Royal Bank of Scotland o Hyppo) las ayudas a la banca española hasta ese momento estaban en la banda baja dentro del ámbito internacional. Otra cosa es que la opinión pública entendiera eso de una manera tan fría y numérica mientras el sector financiero español seguía pagando los salarios más altos del Ibex 35 y se dedicaba a desahuciar a familias de sus casas cada día, o mientras cientos de miles de pequeños ahorradores se organizaban y salían a las calles a protestar porque les habían engañado vendiéndoles un producto financiero complejo cuando lo que creían haber adquirido era un simple depósito. No, no era fácil ni popular entonces justificar que ibas a meter dinero de todos para rescatar a un banco tras más de dos años de recortes en el gasto social. Los temores del Gobierno no eran infundados; a ese efecto ya de por sí negativo para su popularidad se uniría sin duda un relato que le afectaría a De Guindos en particular: que el ministro, «ex de Lehman Brothers», rescataba con el dinero de todos los españoles a su amigo Rodrigo Rato, su antiguo jefe en el Ministerio de Economía. (O, más directamente, que el Partido Popular salvaba con el dinero de todos al banco quebrado del Partido Popular.)

Por increíble que parezca, la fusión de cajas controladas por gobiernos regionales de un mismo partido se había convertido en un arma arrojadiza contra esos mismos partidos. Había ocurrido con el PSOE y el Partit dels Socialistes de Catalunya

(PSC) por los casos de CCM y CX, y con el propio PP por las cajas gallegas de NCG. Con todo esto en cuenta, el ministro tenía claro que no lo iba a permitir: si iba a llevar a cabo el mayor rescate financiero de la historia de España, lo tendría que hacer, pero sin Rato, por más oposición que encontrase. Y con más razón si disponía ya sobre la mesa de un plan B que, en el fondo, le gustaba mucho más.

No era fácil echar a Rato sin más. Tanto la contabilidad como la autoridad de supervisión bancaria decían que, en líneas generales, BFA-Bankia sí tenía problemas —problemas graves—, pero que era solvente, y que bastaría con una ayuda relativamente pequeña para seguir hacia delante en un escenario negativo. La dirección encabezada por Rato había logrado que, el 17 de abril de 2012, el Banco de España les aprobara de forma condicional el plan de saneamiento para cumplir con el Guindos I y con los requerimientos de capital adicional que exigía la Autoridad Bancaria Europea (ABE). Además, la idea del BdE, siempre preocupado por mantener el sistema al margen de perturbaciones, no era en ningún caso cesar a Rato, sino situarle como un presidente no ejecutivo. No era poco, por más que el nuevo ministro y el gobernador del BdE tuvieran de todo menos sintonía. La que era la institución pública con competencias legales para opinar y decidir sobre la solvencia del sistema financiero español —y cuya prioridad era emplear el menor dinero público posible— decía y tenía claro que ese plan, el de Rato, era a priori suficiente. Tal como informaba días después el propio MAFO (Miguel Ángel Fernández Ordóñez), mediante un correo electrónico, al ministro De Guindos,[3] el supervisor había detectado unas minusvalías latentes que en principio estaban cubiertas con la inyección de dinero público del plan aprobado: 7.700 millones divididos entre el deterioro de la participación de BFA en Bankia (3.700 millones) y 4.000 millones por la aplicación del decreto Guindos I, si bien ésta se debería cubrir en 2012. Había, además, otros 125 millones de euros en «otros deterioros» identificados en BFA y

3. Correo electrónico fechado el 17 de mayo de 2012, e incorporado a la declaración testifical de Luis de Guindos en la Audiencia Nacional.

otros 3.900 millones de euros que se habían cubierto en diciembre de 2011 «con cargo a reservas». El resto de minusvalías se cubrirían, según el plan, con la conversión de híbridos (3.173 millones) y mediante una ampliación de capital de 2.700 millones que se lograrían aportando 1.200 millones en acciones de Mapfre y 1.500 millones en liquidez.

Este aval del BdE había traído una cierta tranquilidad a BFA-Bankia, aunque la aprobación definitiva de ese programa conllevaba el visto bueno de Bruselas y el desarrollo de medidas adicionales más ambiciosas, algo que desde entonces se negociaba con el propio Banco de España y, tras autoconcederse un papel protagonista, con el Ministerio de Economía. El ministro, quien al fin y al cabo era el que tendría que poner o no el capital, había decidido a mediados de abril puentear al supervisor bancario sin armar demasiado ruido. Amparado en que «estaba en juego el dinero del contribuyente», desde entonces se dedicaba por su cuenta a exigir a los gestores de BFA-Bankia varios planes más ambiciosos en el reconocimiento de pérdidas con el fin de sanear la entidad —entonces acosada sin piedad por mercados, analistas y competidores—. El Banco de España, ante la irrupción de un De Guindos decidido a llegar hasta el final, se hacía un poco a un lado y se limitaba a revisar los planes que aquellos días debatían Bankia y las autoridades.

El fin de semana del 4 al 6 de mayo se aceleraban los acontecimientos. Ni el plan aprobado provisionalmente por el Banco de España ni las medidas adicionales propuestas el viernes (que ni siquiera hubo tiempo de revisar por parte tanto de los funcionarios del BdE ni por los del propio ministerio) parecían ser suficientes para el ministro de Economía, que exigía a Rato y su equipo ir aún más allá: De Guindos había llegado a la conclusión de que, por mucho que doliera, habría que nacionalizar la entidad (puede que con una cantidad de dinero público mayor que la que aquellos solicitaban) y de que, a la fuerza, eso conllevaría fulminar en la práctica a las cajas de ahorros. Caja Madrid, Bancaja, Caja Insular de Canarias, Caja Segovia, Caja Ávila, Caixa Laietana y Caja Rioja lo perderían prácticamente todo, así como los accionistas de la salida a bolsa.

Antonio Carrascosa,[4] a la sazón director general de Política Económica, reconocía en sede judicial que él no llegó a revisar detalladamente las propuestas de los gestores de Bankia, y que el Ministerio de Economía no era la instancia competente «para valorar o rechazar» el plan Rato. Pero lo cierto es que fue el Gobierno el que al final impuso sus condiciones. MAFO se apartaba ante la evidencia de que De Guindos imponía su vía para solucionar la crisis: «Es una vía que puede dar problemas de confianza, pero tiene su lógica. No es la vía del Banco de España». No quiere que se desvele su nombre, pero un jefe de inspección del BdE presente en las negociaciones de aquellos días matiza que «el plazo que tenía el Ministerio de Economía era escaso, y organismos como el FMI presionaban mucho. Para no ir a un rescate del país había que tomar decisiones rápidas. Me consta que el FMI sabía "un huevo" de Bankia, y que estaban muy preocupados. La información que manejaban era más o menos la misma que el BdE, pero tenían una visión más macro con un horizonte negativo para España. El problema de esta visión frente a la del Banco de España es que este último iba revisando a peor sus previsiones progresivamente, mientras que el FMI, en cierto momento, ya tenía claro que íbamos a una recesión profunda», asegura.

Rodrigo Rato, que seguía defendiendo con uñas y dientes su plan ya aprobado por el Banco de España —menos contundente, casi una patada a seguir—, comprobaba que con Luis de Guindos ya nada podía hacer. Acudía a la Moncloa a conocer la opinión del presidente del Gobierno, y lo que allí le transmitían le acababa de convencer de lo inevitable.

Y Rodrigo Rato, el que fuera vicepresidente y director gerente del FMI, Rato, el del «milagro económico» español, dimitía ese lunes 7 de mayo de 2012 a primera hora de la mañana. Rajoy había decidido en esta ocasión hacer caso a De Guindos y dejar caer

4. Declaración como testigo en la Audiencia Nacional, el día 23 de julio de 2014.

al que fuera su contrincante por la sucesión de José María Aznar en el Gobierno, allá por 2003. «Rato se fue porque no era fácil rescatar la entidad con él al mando. Además, había que cambiar la gestión y el gobierno corporativo, y con él era más complicado. Con Goiri sería todo más fácil», reconoce un portavoz no oficial de Bankia. El ministro Luis de Guindos negaría tiempo después en una declaración judicial por escrito que él hubiera forzado la dimisión de Rato ante la insistencia para una intervención rápida en Bankia por parte del FMI, el BCE y el Tesoro estadounidense. Sin embargo, años después, De Guindos sí que reconocería de forma directa en una entrevista en el programa *El Objetivo*, de laSexta, que efectivamente había sido él quien había sustituido al por entonces presidente de BFA-Bankia por el vasco José Ignacio Goirigolzarri.

Los «cajeros» votan su autodestrucción

La despedida de Rato de BFA-Bankia estaba desarrollándose de una forma que era de todo menos ortodoxa. Con la decisión ya tomada, el todavía presidente llamaba una vez más a José Ignacio Goirigolzarri, con quien no había logrado contactar desde hacía una semana —una situación tan ridícula que el primer ejecutivo de Bankia pediría unos días antes ayuda al gobernador Miguel Ángel Fernández Ordóñez para que el ex del BBVA se aviniera a hablar con él—, para confirmarle que la presidencia de la entidad era suya si la quería. «Creo que he acabado un ciclo y es mejor que llegue un profesional como tú, con tus características», le reconoció Rato. En apenas hora y media, y tras consultarlo con el ministro Luis de Guindos (que le llamó nada más recibir la oferta y que le animó a decir que sí) y con su mujer, fue Goiri quien llamó a Rato: «Asumo esta responsabilidad», le dijo. El presidente saliente enviaba poco después un comunicado a la prensa en el que anunciaba su decisión de «pasar el testigo a un nuevo gestor por estimar que es lo más conveniente para esta entidad». Ese nuevo gestor era Goirigolzarri, a quien propondría dos días después como sucesor en la presidencia de los consejos de administración tanto de BFA como de Bankia. La forma en que Rato resolvería el cambio de poder creaba un gran malestar entre los consejeros, que eran casi los últimos en enterarse (por la prensa) tanto de la renuncia de uno como de la llegada del otro. «Yo me entero por la radio», reconocía uno de los antiguos altos cargos de Caja Madrid y Bankia, con más de quince años en la entidad. «Pese a que las noticias informan de todo el mismo lunes, en una situación kafkiana, no es hasta el miércoles 9 de mayo que lo anuncia formalmente al Consejo de Administración, que es donde por ley tenía que hacerlo. Nos contó que dimitía cuando ya lo sabía todo el país. Pero fueron unas palabras muy sentidas. Dijo que lo sentía mucho y que creía que era lo mejor para el banco», recuerda este exalto cargo.

Dos consejeros (Virgilio Zapatero y José Antonio Moral Santín) manifestaron en ese consejo su intención de dimitir, aunque todos dieron un voto favorable para el nombramiento del ex del BBVA. Pese a que Goiri llegaba con el aval de Rato, algunos consejeros ya ponían en ese momento el cargo a disposición del nuevo presidente. Pero el flamante nuevo primer ejecutivo les mandaba un aparente mensaje de tranquilidad: «Cuento con el Consejo [de Administración], por lo menos hasta la reestructuración. Apelo a vuestra responsabilidad».

El mismo lunes 7 de mayo de 2012, con el terremoto ya provocado, se reunían Luis de Guindos y Miguel Ángel Fernández Ordóñez. Según el entonces gobernador del Banco de España, el primero no daba ninguna explicación sobre la dimisión de Rato. Tampoco MAFO se la pedía. «Me parece un acierto el nombramiento de "Goiri"», le dijo. La súbita dimisión del presidente, unida a los crecientes rumores difundidos por la prensa de que había un supuesto agujero contable en la entidad y la publicación en los medios de que las cuentas habían sido presentadas sin informe de auditoría desencadenaban el pánico alrededor de BFA-Bankia. Estaba al borde del colapso, y el nuevo escenario hacía más complicado que pudiera continuar por sí sola.

El pánico desatado tras el anuncio de traspaso de poderes empeoraba la situación de la entidad, así que «el BdE debía cooperar», por lo que daba su visto bueno —así se lo hizo saber MAFO a Luis de Guindos en un correo electrónico el día 9 de mayo— a que la entidad solicitara, si lo estimaba oportuno, la conversión en acciones de los 4.465 millones de euros en preferentes de BFA. Por mucho que el Banco de España remara o no en ese mismo sentido —que lo hacía—, el anuncio de la no recompra de la ayuda pública era la primera decisión ejecutiva de Goirigolzarri tras asumir su cargo, y suponía la entrada del FROB en BFA por la puerta grande y a costa de las cajas, pues sólo era cuestión de formalizar esa operación para que se convirtiera en el accionista mayoritario. Pero había que salvar el escollo que suponían los consejeros, obligados en teoría a vigilar por los intereses no sólo de BFA, sino de las cajas que les nombraron. ¿Votarían a favor de su propia desaparición?

Tras el traspaso de poderes y ya investido como presidente tanto de Bankia como de su matriz, Goirigolzarri convocaba ese mismo día 9 de mayo, a última hora, otro Consejo de Administración en BFA. En el orden del día estaban «Nombramiento» y «Otros asuntos», sin más detalles. Los consejeros «cajeros» le otorgaban los poderes ejecutivos, y, acto seguido, éste les proponía la transformación del préstamo del FROB en acciones, *recordándoles*, para que no se les ocurriera negarse, que, en ese preciso momento, la ley les obligaba a defender los intereses exclusivos de la matriz, aunque perjudicaran con ello a las cajas. Y tanto que las perjudicarían: perderían toda su participación en el accionariado y, por tanto, el control y el dividendo para su Obra Social. La propuesta podía ser del todo inaceptable, pero, como no estaban firmadas las cuentas del auditor, si se negaban no habría cuentas legales, y entonces se enfrentarían a futuras responsabilidades penales. Si no aceptaban la entrada del FROB, el auditor no firmaría las cuentas de 2011, y si no hay cuentas auditadas, hay problemas. Se generaron diversas intervenciones:

— «Que conste en acta que ésta es la primera noticia que tenemos sobre problemas con el informe de auditoría», alegaron tres consejeros (Mercedes de la Merced, Estanislao Rodríguez-Ponga y Francisco Baquero).

- «Los ejecutivos responsables han tenido conocimiento de las cuestiones planteadas por el auditor en fechas recientes», contestó Francisco Verdú, aún consejero delegado de Bankia.
- «Los miembros de la Comisión de Auditoría de BFA no han sido informados por los auditores externos de forma que mínimamente fuera posible vislumbrar el menor riesgo de que pudieran existir salvedades que pudieran dar lugar a una conversión», manifestó otro de los consejeros, Rafael García-Fuster.

Casi la totalidad del Consejo de Administración protestaba por la jugada, pero, finalmente, la propuesta de Goirigolzarri era aprobada por unanimidad. Esta autoinmolación de los «cajeros» no sólo daba al banquero vasco un poder absoluto en BFA —siempre que le apoyara el FROB, es decir, el Ministerio de Economía—, sino que se lo otorgaba de esta forma también en Bankia, entidad de la que el Banco Financiero y de Ahorros era máximo accionista. Este poder sería necesario pocos días después. La matriz de Bankia, apenas dos días después del cambio de presidente, estaba nacionalizada de facto, y tanto el supervisor como el Ministerio de Economía aseguraban que ni los depositantes ni los inversores se iban a ver perjudicados.[5]

En la vida, a veces, hay casualidades, coincidencias que a un ojo atento no pueden sino asombrar, aunque tengan explicaciones perfectamente racionales. Sólo es un ejemplo, pero dos de los mayores genios de la historia de la literatura universal —William Shakespeare y Miguel de Cervantes— murieron en días consecutivos: el 22 y el 23 de abril de 1616. ¿Cuántas posibilidades hay de que algo así pueda volver a ocurrir? En junio de 2010, apenas un año después de su jubilación anticipada, José Ignacio Goirigolzarri, uno de los banqueros más prestigiosos de España,

5. Notas de prensa del 9 de mayo de 2012, del Ministerio de Economía y del Banco de España.

comenzaba a escribir un blog personal[6] con reflexiones y análisis de la situación política y económica. Su tono sosegado no ocultaba las críticas al entramado institucional existente y lo que él consideraba el reto más urgente: «el sector financiero». En un artículo publicado en su blog el 20 de septiembre de 2010 («¿Línea dura o patada a seguir?»), Goiri explicaba lo que para él eran graves problemas en la valoración de los activos del sistema financiero; abogaba por ello por que se instaurara para los bancos y cajas españoles «una política de provisiones exigente, realista», y se mostraba más bien favorable a una línea «dura» respecto al sector, en el que cada palo aguantara su vela. Es decir, cambiar la regulación para obligar a que las entidades registraran «la pérdida de los activos a la mayor brevedad». Y continuaba: «Esto trae como consecuencia una importante afloración de pérdidas o, dicho de otro modo, pondrá de manifiesto unas grandes necesidades de capital. Para que el capital fluya, el valor de las acciones del banco debe bajar hasta un punto que respondan a la realidad. Hasta un precio al que nuevos inversores quieran entrar». Este artículo anticipaba con un notable acierto y años de antelación varios hechos posteriores: por un lado, los dos decretos aprobados por el ministro Luis de Guindos casi un año y medio después, destinados a forzar a bancos y cajas a reconocer pérdidas no contabilizadas en sus carteras del «ladrillo». Por otro lado, la política llevada a cabo por el propio Goirigolzarri a su llegada a BFA-Bankia respecto a la valoración de los activos, las provisiones y el precio de las acciones.

Efectivamente, tras su llegada a la presidencia de BFA-Bankia se llevaría a cabo el mayor reconocimiento de pérdidas contables de la historia financiera española. Como explica un antiguo alto ejecutivo de Bankia, «la tesis de "Goiri" era que si no se ponía mucho dinero en la entidad no se calmarían los mercados». Pero ese dinero del contribuyente había de estar sustentado, en teoría, en pérdidas realmente existentes, y, al menos hasta el momento de su llegada, la contabilidad oficial de Bankia y de su matriz no reflejaban, ni de lejos, algo parecido.

6. Goirigolzarri.com (todavía está en funcionamiento).

Los primeros días de Goirigolzarri en Bankia los pasaba trabajando codo con codo con empleados de Goldman Sachs que acudían en calidad de asesores del Ministerio de Economía, y «escondido del resto de directivos, sólo se reunía con el interventor general, Sergio Durá; [con] el resto, alguna reunión aislada», recuerda un antiguo alto directivo del banco. El presidente también se reunía entre el día 7 y el 9 de mayo de 2012, en «una conversación muy corta», con el socio de la auditora Deloitte, Francisco Celma. Y otra vez el día 10 de mayo. «Me comentó las salvedades que había en BFA y hablamos del futuro.» Había que conseguir unas cuentas formuladas y con informe de auditoría antes de que finalizara el plazo, el 31 de mayo. La actividad era callada pero frenética: en sólo unos días se había ido el que era la mano derecha de Rato (José Manuel Fernández Norniella, adjunto al expresidente), había relegado a su jefe de gabinete (Luis Maldonado) y despedido al entonces director de Auditoría Interna y al director financiero —paradigma de la antigua Bankia—, Ildefonso Sánchez Barcoj. Para compensar, Goiri fichaba a los que formarían el núcleo de la nueva Bankia: José (Pepe) Sevilla (su hombre de confianza, que llevaba ya unos días dentro de la entidad, «echando una mano»), Antonio Ortega y Amalia Blanco. La nueva Bankia la conformaban, prácticamente, cuatro personas. Todos eran profesionales de prestigio en el sector y personas de confianza del nuevo presidente. En especial Pepe Sevilla, que ya había sido su colaborador más cercano en el BBVA. «Siempre ha sido el alter ego de "Goiri". Cuando Francisco González echó a Goirigolzarri, ese mismo lunes le dijo a Sevilla que tenía veinticuatro horas para abandonar su puesto», recuerda un antiguo alto cargo que coincidió con ambos en el banco.

El estado de los balances, en especial el de las carteras inmobiliarias, no eran un mundo inhóspito y por descubrir para la nueva dirección. A pesar de que Goiri asegurara en sede judicial que ni él ni nadie de su equipo habían examinado ni tenido contacto previo con las cuentas de Bankia, lo cierto es que fuentes internas de Bankia y testigos de aquellos días matizan esta versión. No era ningún secreto. Pepe Sevilla, el nuevo número dos, había tenido acceso a la práctica totalidad de las cuentas de la matriz, BFA. En marzo de 2012, varias semanas antes de su nombramiento, Sevilla entró con puente de plata y por la puerta grande en el Banco Financiero y de Ahorros en representación de unos inversores extranjeros que, al parecer, estaban interesados en adquirir una participación en la entidad. Un directivo cercano a Rato asegura que «el presidente recibió el encargo de hacer un favor a un tal Pepe Sevilla que representaba a inversores que querían meter 1.000 millones de euros en BFA. ¿Quién cojones querría meter dinero en BFA? El caso es que se le dio acceso a todas las cuentas y estados contables». Así, Sevilla se reunió en varias ocasiones con los números dos de Bankia y BFA (José Manuel Fernández Norniella y Manuel Lagares) para informarse en detalle sobre activos inmobiliarios, activos en construcción, suelo..., y hasta se le dieron detalles sobre los planes de recapitalización que en abril se estaban negociando con el Banco de España. No le exigieron ningún tipo de carta de confidencialidad y se le dio «toda la información», reconoce el citado directivo. Una versión similar cuenta uno de los que entonces era responsable de inspección del Banco de España, conocedor de la situación: «Pepe Sevilla estaba analizando con un fondo de inversión las carteras de BFA-Bankia para ver si les interesaba meter entre 1.000 y 2.000 millones de euros. Es curioso, porque es conocido que Sevilla, desde que se fue del BBVA, era uno de los candidatos para entrar en Bankia». Según declararía el propio Goirigolzarri ante el juez Andreu, se trataba de un *equity swap*[7] para el que trabajaba Sevilla y que tenía la posibilidad de adquirir un 2,5 por ciento del accionariado de BFA, «una financiación con la posibilidad de comprar acciones; nada que ver con su entrada en Bankia», zanjaba el presidente.

Goiri había creado un equipo de trabajo urgente con su personal de confianza —e ignorando a los colaboradores del anterior presidente— para atender los dos asuntos más inmediatos:

7. Es un acuerdo contractual de permuta financiera mediante el cual una parte aporta un pago a través de un tipo de interés prefijado, y la otra, a través de unas acciones.

el plan de saneamiento y capitalización que le habían exigido el Ministerio de Economía y el Banco de España, tras no aprobarse el de Rato, y las cuentas de 2011, que de una vez por todas tenían que contar con un informe de auditoría. El plan de capitalización lo diseñaría un pequeño grupo de empleados de Bankia en colaboración directa con altos cargos de Economía (Antonio Carrascosa, entre otros) y Goldman Sachs. En concreto, se trabajaba al más alto nivel con los ejecutivos de dicho banco de inversión estadounidense en España, incluido su socio y máximo responsable, Olaf Díaz Pintado. ¿Qué pintaba Goldman Sachs opinando sobre las necesidades de saneamiento de una entidad casi intervenida? «La banca de inversión [Goldman Sachs] estaba todo el día por el ministerio [de Economía] proponiendo cosas. No me extrañaría que la idea de asesorar partiera de su propia iniciativa, siempre quieren asesorarte en todo», opina una antigua alto cargo del segundo Gobierno de José Luis Rodríguez Zapatero. En efecto, el banco desempeñaba de forma gratuita la tarea de asesor de Luis de Guindos y del Ministerio de Economía. Desde la propia Bankia tenían claro por qué las autoridades habían contado con ellos: era el primer banco de inversión del mundo, y, si ratificaba las cifras de Goiri, daría una gran muestra de seriedad a los mercados. «Es habitual que un gran banco de inversión sea el interlocutor del Ministerio de Economía, y también lo es que quede en la sombra, ya que ése es precisamente su gran valor», aclara un antiguo miembro de la Oficina Económica del presidente Zapatero, el cual prefiere no ser identificado. Lo mismo opina un antiguo jefe de inspección del BdE: «Entiendo que con Goldman se buscaba a un banco de inversión que hiciera un cálculo de las pérdidas. Es que en esa situación, o pones a alguien de ese nivel o vas a provocar un escándalo».

En un informe para inversores emitido el 8 de mayo, Goldman Sachs calculaba unas pérdidas totales para Bankia —«a partir de supuestos ciertamente duros»— de 19.100 millones de euros, que en su mayoría serían cubiertos por recursos propios y provisiones, de lo que resultaba un déficit de capital de 4.000 millones de euros. El banco estadounidense recomendaba además la creación inmediata de un «banco malo» como condición imprescindible para que volviera a reanimarse el mercado inmobiliario en España. La idea era en apariencia sencilla, y había funcionado en otros países: separar cuanto antes el «ladrillo» de los balances del sistema financiero, ya que «mejor que otra inyección de capital en los bancos españoles, sobre la base de otra marca teórica que el mercado volvería a dar por superada tan rápido como las anteriores, eliminar los activos inmobiliarios sería el mejor camino». Para entonces, el Gobierno ya se había comprometido a inyectar en BFA-Bankia todo el dinero que fuera suficiente y que creyera conveniente el nuevo presidente.

El viernes 11 de mayo de 2012, el Consejo de Ministros aprobaba el segundo decreto de saneamiento del sector financiero, conocido ya en el mundillo como el «Guindos II». En la misma semana que se había intervenido en BFA-Bankia, el Gobierno daba luz verde a un paquete regulatorio que a los analistas les había dado la impresión de ser «algo improvisado».[8] En esencia suponía una continuación del decreto Guindos I aprobado en febrero, ya que exigía un mayor esfuerzo en provisiones para las carteras relacionadas con el «ladrillo» y el sector inmobiliario. En este caso, las sanas: todo el suelo tendría que estar dotado a un mínimo del 52 por ciento, las promociones terminadas, al 14 por ciento, y las no terminadas, al 29 por ciento. Además, se establecía la figura de la Sociedad de Gestión Inmobiliaria, que obligaría a las entidades a traspasar allí todos sus activos adjudicados procedentes de constructoras y promotoras. La idea era incentivar así a los bancos y las cajas para que pusieran cuanto antes sus activos inmobiliarios (un auténtico monstruo que no dejaba de crecer y consumir recursos) a precio de mercado y pudieran deshacerse de los mismos. Pero estas nuevas provisiones forzadas suponían exigir un esfuerzo más al ya de por sí ahogado sector financiero. Tendrían que dotar otros 28.000 millones, que se sumaban a los más de 50.000 millones exigidos antes en el Guindos I. La enti-

8. Ver el artículo «El segundo decreto de Guindos: RDL 18/2012 de 11 de mayo», escrito por el profesor Tano Santos en el blog Nada es Gratis. http://nadaesgratis.es/santos/el-segundo-decreto-de-guindos-rdl-182012-de-11-de-mayo.

dad más directamente afectada por la medida era BFA-Bankia, ya que su cartera inmobiliaria era, en proporción, la de mayor peso entre los bancos sistémicos. Otras cajas (y quizá algún banco) no podrían afrontar por sí solas los saneamientos exigidos por los dos decretos. Eso lo sabía el sector, lo sabía el Gobierno y lo sabían los mercados, que incrementaban sus apuestas contra España y su sistema bancario.

El problema, para Bankia y para el gobierno, es que tenían encima suyo una crisis desatada tras el inesperado traspaso de poder, que provocó algo muy parecido a un pánico bancario y toda una crisis de desconfianza respecto a España y al sistema financiero en su conjunto. Entre enero y abril de 2012, cuando al parecer toda la desconfianza y todos los ojos de los inversores ya estaban puestos en la economía española, en sus cuentas y en su sector financiero, los datos del Banco de España evidenciaban una indudable, aunque moderada, salida de depósitos fuera del país: 34.084 millones de euros, de los que casi la mitad eran de inversores extranjeros que huían a guardar su dinero en un lugar más tranquilo. Incluso algún mes, como febrero, se registraban tímidos incrementos en el saldo de entradas y salidas. Pero, entre mayo y agosto, la fuga de depósitos se disparaba: 133.020 millones de euros abandonaban los bancos españoles para refugiarse en lugares, en teoría, más seguros. Para tener una referencia de su magnitud, es una cantidad equivalente al 13 por ciento del producto interior bruto español.

Tiempo después, a inicios de 2015, el ministro De Guindos reconocería en una entrevista radiofónica que 20.000 millones de aquellos depósitos salieron en concreto de Bankia, la cual, sin embargo, logró aguantar sin venirse abajo el golpe de un momento de pánico como ése. En esos días, la prima de riesgo española —el diferencial de intereses que se paga respecto al bono alemán a diez años, considerado el más seguro—, que oscilaba alrededor de los 400 puntos hasta abril, escalaba día a día desde el anuncio de rescate (acabaría mayo por encima de los 500 puntos, y julio, por encima de los 600). ¿El mercado no había entendido la firmeza y decisión de España a la hora de atajar la crisis de su entidad sistémica envuelta en problemas? Lo que interpretaba el mercado, acertadamente o no, es que el Gobierno español, que por entonces estaba también en el ojo del huracán porque sufría un déficit público muy por encima de lo tolerable, se había comprometido a inyectar todo el dinero que fuera necesario en BFA-Bankia, una entidad en la que no estaba nada claro cuánto dinero finalmente haría falta. Eso no garantizaba, a sus ojos, que no fueran necesarios más rescates a otras entidades como Caixabank, Banco Popular o Banco Sabadell, por lo que quien podría acabar teniendo un verdadero problema era el Tesoro Público español.

Los mercados se estaban cerrando cada día un poco más a España, a pesar del ejercicio de aparente firmeza llevado a cabo por el Ministerio de Economía con su intervención en BFA-Bankia. El problema de credibilidad parecía ser más de la propia España como país que de una entidad en concreto. «Bankia no era España, y arreglar Bankia no arreglaba España; el monstruo era otro, y la prueba es que todo empieza a salir peor a partir de mayo», critica un antiguo alto cargo del Ministerio de Economía durante los dos gobiernos de José María Aznar. El propio presidente del Banco Central Europeo, Mario Draghi, criticaría pocas semanas después públicamente la gestión llevada a cabo en la crisis del sector financiero español, y lamentaría que se hiciera «de la peor manera posible».

El de la prima de riesgo de la deuda española no era precisamente el problema de Goirigolzarri y los suyos. Bastante tenían con lidiar con una entidad en estado de *shock* y que se desplomaba día a día en la Bolsa ante la cada vez más intensa rumorología. Las cuentas seguían sin informe de auditoría, y se empezaban a filtrar a la prensa posibles desavenencias entre el auditor externo y la anterior dirección de BFA-Bankia por un presunto agujero patrimonial en la matriz: no se había contabilizado adecuadamente la minusvaloración de la participación accionarial de BFA en Bankia (que para la salida a bolsa se había visto obligada a aceptar un fuerte descuento del 70 por ciento, y, encima, se había visto reducida del ciento por ciento al 52 por ciento) y existía un desacuerdo sobre la contabilización como capital regulatorio de los conocidos como créditos fiscales, que en esencia son derechos a pagar menos impuestos en el futuro por pérdidas anotadas en el pasado. Ya se hablaba de un agujero de miles de millones en Bankia.[9]

Serían necesarias medidas ambiciosas para sacar el banco adelante, ya que se deterioraba día a día. En una de las reuniones entre los nuevos jefes de Bankia y el interventor, Sergio Durá, éste les planteaba una posibilidad que rondaba su cabeza desde principios de mes (pero que no había comentado con nadie del anterior equipo) y que podría contentar tanto al nuevo presidente como al auditor: «Vamos a reformular las cuentas». La ley permitía, en circunstancias excepcionales, volver a formular las cuentas si se disponía con posterioridad de nueva información referida al ejercicio contable en cuestión y no se habían aprobado las cuentas en la Junta General de Accionistas. Y éste era el caso: la aprobación del decreto Guindos I y las nuevas previsiones macroeconómicas a la baja del FMI mostraban que las inversiones inmobiliarias «habían caído drásticamente», según declaró Durá ante la Audiencia Nacional, donde también dijo: «Recuerdo que Sánchez Barcoj, en una reunión, nos dijo que los promotores estaban "dando las llaves". Es una expresión que muestra que se produjo un incremento de la morosidad del crédito promotor muy drástico, y todas las ofertas que llegaron desde entonces para esos activos venían con ese descuento. De esta forma, reestimamos los valores y procedemos a la reformulación». ¿Se trataba de aplicar retrospectivamente los decretos Guindos I y II? Técnicamente no: se trataría de hacer entender a los consejeros y supervisores que había hechos sobrevenidos a lo largo de 2012 que habían aportado nueva información sobre el valor de ciertos activos a cierre de 2011, información de la que no se disponía a 31 de diciembre. «El Guindos I tuvo un efecto como valoración de un precio máximo, y eso es lo que se tuvo en cuenta en la reformulación.» Enrevesada, pero la idea recibía una buena acogida por parte de Goiri y Sevilla, y en seguida los equipos de intervención y auditoría interna se ponían manos a la obra con el nuevo plan.

9. Información del diario *El País*, del 7 de mayo de 2012.

Para llevar a cabo un paso así —reformular unas cuentas ya presentadas— había que contar con los distintos responsables de departamento en Bankia. Uno de los directivos consultados era Juan Bartolomé. Tras entrar por oposición en Caja Madrid —sí, había oposiciones—, en 1978, con la categoría de botones, Bartolomé fue ascendiendo y alcanzando mayores cotas de poder y responsabilidad en la entidad hasta ser nombrado director de Riesgos, casi en paralelo a cómo la caja iba creciendo en el ámbito financiero español. Posteriormente, en 2011, en lo peor de la crisis del «ladrillo» y con una morosidad cada vez mayor, fue nombrado director de Recuperaciones y Activos Inmobiliarios. En los bancos éste es el departamento encargado de gestionar la morosidad, los pisos y las empresas adjudicados o los créditos en riesgo de impago. El problema de la morosidad no parecía tener fin, y cada vez era más inabordable, así que, en marzo de 2012, Bartolomé pasaba a encargarse *sólo* del grupo inmobiliario: Bankia Habitat. A mediados de mayo de ese año, ya con Goirigolzarri al frente, desde la Intervención General del banco le solicitaban una estimación del valor de las carteras vinculadas al «ladrillo» en función de las circunstancias de lo que estaba ocurriendo en el mercado inmobiliario. «Y lo que ocurría es que no había operaciones», tal como explicó después, en 2013, en sede judicial. Ninguna, el mercado se detenía en seco entre finales de 2011 y el primer semestre de 2012. Los activos inmobiliarios de la banca, que ya estaban deteriorados y con fuertes descuentos tras cinco años de crisis, no encontraban mercado. Y BFA-Bankia era la entidad española, de las consideradas sistémicas, que más «ladrillo» tenía en su balance. «Había riesgos con avales, y ya existían antes de la formulación de cuentas. Pero la estimación cambia porque es increíble lo que ocurre en 2012 con el mercado», dijo Bartolomé. En su departamento encontraban lo que creían que eran suficientes argumentos para incrementar las provisiones en 423 millones de euros a cuenta del ejercicio 2011. Sólo con las dotaciones correspondientes a Bankia Habitat, la entidad ya entraba en pérdidas operativas en su resultado anual.

Mientras, la dirección de la nueva Bankia trabajaba a toda velocidad para definir la cifra de ayudas públicas que solicitaría.

Goiri tenía el compromiso del gobierno de que dispondría de todo lo que pidiera, así que lo mejor sería no quedarse cortos. En poco más de dos semanas ya determinaban la cantidad que tendría que invertir el contribuyente. El 25 de mayo, el mismo día de la reformulación de cuentas, BFA-Bankia anunciaba públicamente que el capital público necesario ascendía a 19.000 millones de euros. Una cifra coincidente con las pérdidas totales que —en el peor escenario— estimaba Goldman Sachs en su análisis previo del 8 de mayo. De este importe total, entre 12.000 y 14.000 millones irían destinados sólo para Bankia, la entidad que en teoría estaba en mejor situación, y el resto, para la matriz, la entidad que en teoría estaba peor. Y eso sin contar los 4.465 millones ya inyectados por el FROB, lo que elevaría el rescate público hasta el entorno de los 23.000 millones de euros (un 2 por ciento del PIB).

Un alto directivo del banco recuerda cómo se enteraba del montante final del rescate: «El día que se anunció a los medios la cifra, me llama Pepe Sevilla y me dice que suba a su despacho. Me dice eso, que van a pedir 19.000 millones. "¿Qué te parece?", me pregunta Sevilla. "Bien, me parece bien", le digo. "¿Qué opinas?", añade él. "Tenemos el número, pero tenemos que definir su justificación".

»Bajé al despacho con el interventor, Sergio Durá. Le pedí toda la información de la que dispusiera. Me dio un solo papel, prácticamente lo mismo que se había publicado en los mercados. Era un documento que ponía, por ejemplo, "8.000 millones en cartera de créditos", pero no explicaba el porqué, ni profundizaba en nada más. Le pedí el plan completo, pero me dijo que eso era lo que había, y que a él se lo había entregado Goldman Sachs».

«Eran, en general, enormes provisiones sobre lo más evidente», dice este directivo. En opinión de este y de otros directivos de Bankia consultados y que conocieron la operación, se planteaba una intervención «"a la americana", recapitalizando a tope para que así la entidad salga adelante sí o sí». Al gobernador Fernández Ordóñez, la cifra le llegaba ya prácticamente decidida, y también le parecía excesiva, aunque a esas alturas de la película y pensando en la estabilidad del conjunto del sistema no pensaba plantear pegas: «Nosotros manejábamos cifras menores; la idea general era desde el punto de vista de la confianza a los mercados. Con la que había caído, tenía todo el sentido del mundo dar la idea de respaldo a Bankia». Varias fuentes presentes en la preparación de documentos justificantes durante esos días aseguran que, en un momento dado, estaban seguros de que necesitaban alrededor de 8.000 millones de euros, pero no sabían en realidad para qué. Iban a servir para provisionar *algo*, pero este *algo* aún no estaba decidido. «No sabíamos qué hacer con esos 8.000 millones que faltaban por adjudicar. Alguien planteó que por qué no se dejaban simplemente como provisiones genéricas sin asignar [a la espera de que si afloraba una pérdida inesperada se asignasen], pero el Banco de España no permitiría hacerlo.»

La labor de encontrar un acomodo a esos millones se le encomendaba a Ángel Luis Sáiz de Moratilla, directivo responsable en Bankia de Seguimiento y Recuperaciones, donde se agrupaban buena parte de los mayores problemas de la entidad. Lo cierto es que se empleaban dotaciones para cubrir riesgos en todo tipo de activos y carteras crediticias. Así, se ponían las participaciones accionariales de BFA-Bankia (Indra, Mapfre, Deoleo, etc.) a precio de mercado, para lo que eran necesarios nada menos que 3.900 millones de euros. Al hacerlo en el peor momento de la crisis, con las bolsas desplomándose, las valoraciones de casi todas ellas estaban en mínimos, por lo que las provisiones a dotar eran altas. La cartera crediticia e inmobiliaria del grupo —el gran foco de activos problemáticos— se saneaba con otros 15.600 millones para cumplir con las exigencias de los Guindos I y II (ambos decretos suponían 7.100 millones). Dentro de esta partida se contabilizaban, además, otros 3.000 millones de euros con los que la nueva dirección pretendía realizar por su cuenta otros saneamientos adicionales en carteras de crédito promotor y activos inmobiliarios. También incluidos en los 15.600 millones de euros había más de un tercio de los mismos (5.500 millones de euros) que se solicitaban tras hacer un «análisis estresado del resto de la cartera». O, lo que es lo mismo, se cubrían carteras de créditos refinanciados que, aunque no se podían considerar morosos ni tóxicos, podrían correr el riesgo de serlo, y se actualizaban los precios a valor de mercado de 1.800 millones de euros en activos inmobiliarios. Se añadía también, por si fuera necesario, un «colchón» de capital (es decir, una cantidad sin asignar, pero que no se podría tocar) de otros 2.800 millones de euros.

La nueva política de prudencia extrema en los saneamientos llevó a la entidad a cubrir algunas carteras que hasta entonces no habían dado ningún problema: «Si eras empleado y te ibas de Bankia, te agrupaban todas tus deudas en la entidad en una sola hipoteca, que lo normal es que, con las condiciones especiales para empleados, estuviera fijada a un tipo ventajoso. Todos esos créditos a los empleados despedidos durante los expedientes de regulación de empleo (ERE) o que se marcharon de la entidad fueron provisionados al ciento por ciento, a pesar de que no se habían dejado de pagar nunca», asegura un exdirectivo de la segunda línea del banco. Manel Ameller vive en Ciutadella (Menorca), y también es un antiguo empleado. Un tipo serio y con muchos años de oficio bancario a sus espaldas. Trabajaba como director de oficina en Bankia y, antes, en Bancaja. Meses después de la intervención sería uno de los trabajadores del banco despedidos tras los recortes forzados por las autoridades. Antes, durante los días en que Goirigolzarri y su equipo buscaban agujeros que cubrir en la entidad, no podía evitar sentirse extrañado cuando comprobaba que en su oficina se habían provisionado nada menos que seis millones de euros. «Me sorprendió tanto que pregunté a la central para saber qué clientes nos habían fallado tanto como para crearnos un agujero de casi cien millones de las antiguas pesetas. Nos contestaron que no tenían esa información disponible. Me resultó muy raro porque todos los directores de sucursal sabemos más o menos los clientes morosos que tenemos. En Ciutadella teníamos un negocio de unos seis millones de euros en total, no había tanta morosidad. No me pareció normal que se dispusieran tantas dotaciones», rememora. Para la cartera de créditos a particulares, Goirigolzarri y su equipo aprobaban unas provisiones adicionales de 2.200 millones de euros respecto a lo ya anotado. Es decir, que se multiplicaba por cuatro la cobertura ante posibles pérdidas en esta cartera.

La lógica que subyacía detrás de pedir tanto dinero no era en absoluto irracional. Era, más o menos, la del siguiente supuesto. Primero hay que entender que un banco es un inmenso contenedor de valoraciones contables diversas; no tiene apenas nada cuyo valor sea inamovible, por lo que una entidad financiera ha de estar revisando y actualizando estas valoraciones cada vez que elabora sus cuentas. Si algo sube, lo anotas como ganancia, y si baja, lo provisionas para que no te genere un agujero. Pero supongamos que dispones de una cantidad de dinero ilimitada para provisionar una cartera de activos inmobiliarios que tiene un valor contable de, por ejemplo, 100 millones de euros. Si provisionases sólo con 20 millones porque no te quisieras gastar demasiado dinero en el momento, cabrían dos posibles escenarios: 1) Que esos activos se depreciasen sólo un 20 por ciento o menos, y entonces pudieras venderlos y, o bien te quedases como estabas antes de la operación, o bien obtuvieses una ganancia de unos millones gracias a que se liberarían las dotaciones (provisiones) no consumidas. Pero si el activo se depreciase por debajo de ese 20 por ciento, eso generaría un agujero contable que tendría que rellenarse con más capital, lo que afectaría a la cuenta de resultados y a la solvencia. 2) Otra opción más agresiva es que esa misma cartera se provisionase al completo, con 100 millones. Contablemente la cartera valdría 100 millones, y aparte, a todos los efectos, habría reservados otros 100 millones en dotaciones, porque alguien habría estimado que existía un riesgo de perderlo todo (por morosidad, porque su valor a precio de mercado es cero o por otros motivos).

Si se optara por esta segunda opción, en el hipotético caso de que, efectivamente, el activo no valiera nada, el agujero ya estaría cubierto y no se consumiría nuevo capital en el caso de que no se obtuviese nada por el activo. Pero si por el contrario su deterioro futuro fuese menor, y por lo tanto se consiguiera desinvertir esa cartera con un descuento sobre su valor en libros de sólo el 20 por ciento (por ejemplo) entonces se liberarían 80 millones en provisiones que inmediatamente se podrían anotar en la cuenta de resultados. Es una simplificación, pero, donde Rato planteaba con su plan de 7.700 millones una estrategia de cubrir lo imprescindible corriendo el riesgo de quedarse corto —ya que su interés, y su conflicto, era proteger a los accionistas iniciales, las cajas incluidas—, en el caso de Goiri, con menos compromisos en el equipaje, podía plantear una estrategia más agresiva que cubriera más intensamente sus carteras ante posibles pérdidas, y que garantizara unos brillantes resultados a medio plazo.

La clave para poder desarrollar esta segunda estrategia era encontrar a alguien que estuviera dispuesto a poner todo ese dinero necesario para provisionar las cuentas. Hipotéticamente, en un banco privado, los accionistas de control limitarían al máximo cualquier ampliación de capital, ya que ésta les obligaría, o bien a poner más dinero (para no perder cuota de voto), o bien a diluir su voto en favor de los nuevos accionistas. En el caso de BFA-Bankia, que, como fusión de cajas de ahorros, no *era* de nadie, con la intervención pública y la promesa del Gobierno de poner todo el dinero que fuera necesario, algunos de los incentivos que podían condicionar al nuevo y flamante presidente del banco estaban más alineados en dirección a una estrategia que se basara en los escenarios y pronósticos más negativos que se pudieran imaginar.

En el argot financiero, realizar dotaciones por encima de lo mínimo imprescindible se conoce con la expresión inglesa *big bath* (baño grande). Lo explicó mejor que nadie el gobernador Fernández Ordóñez cuando compareció en la Audiencia Nacional: «Hago un esfuerzo de provisiones, algo muy típico cuando llego a una entidad. Provisiono todo lo que puedo. Ese año me sale muy mal, pero para el futuro voy a dar beneficios a espuertas porque no tengo necesidad de provisionar. Está todo en las cuentas». Ésta era una estrategia bien conocida en la propia banca española durante su expansión por América Latina, tal como recuerda un antiguo jefe de inspección del Banco de España que prefiere no ser identificado: «Goirigolzarri estuvo presente en toda esa expansión en el BBVA; el esquema de sanear a tope para luego lucir lo conocía muy bien. Por eso, en tan poco tiempo, pudo hacer una estimación razonablemente precisa de lo que podía pedir», puntualiza. Si algo es constante entre la práctica totalidad de expertos, inspectores y ejecutivos del sector financiero consultados es la idea de que lo que hizo Goiri es lo que hubieran deseado hacer todos en su misma situación. Un antiguo responsable de inspección del BdE incide en la idea de que si las autoridades te dejan, lo mejor es protegerse las espaldas: «Yo hubiera hecho lo mismo. Es que si te dejan... Si compras un banco, todas las valoraciones las haces prudentes. Si realmente son provisiones de más, en ejercicios posteriores se liberan como resultados. Es muy humano, si me van a hacer un escrutinio de mi gestión a partir de ahora. Es normal llegar a pasarse de largo en las precauciones. Y, además, en una crisis tan larga como ésta, las previsiones más pesimistas podían acabar siendo insuficientes». De la misma opinión es C. T., un antiguo alto cargo del BBVA, para quien Goiri lo había hecho muy bien «en gran parte por la experiencia acumulada en América». Ante la evidencia de que el entorno no se podía controlar, pero sí se podía ser eficaz en lo que uno controlase, en todo caso era mejor «tirar por alto que por bajo». «Ahí se hizo bien estimando las necesidades por alto, porque probablemente los 7.000 millones de Rato eran pocos, así que la cifra justa sería algo intermedio», concluye.

Al Ministerio de Economía, que se había hecho a la idea de que BFA-Bankia necesitaría no mucho más de 10.000 millones —y así se lo había ido filtrando a la prensa semanas antes—, la cifra definitiva de 19.000 millones de euros le parecía muy alta. Demasiado, ya que en esos momentos no habría forma de que España la consiguiera con los mercados como estaban. Entonces, el ministro De Guindos, aunque lanzaba mensajes a los mercados insistiendo en que se pondría todo lo que hiciera falta, aspiraba por otro lado a que se pudiera reducir la cifra, y condicionaba la cantidad definitiva a lo que dijeran los informes de los valoradores independientes. España, sumida en aquel momento en un problema de confianza, tenía un problema serio de acceso a los mercados, y cada vez estaba más claro que, para poder recapitalizar a BFA-Bankia, habría que pedir ayuda a los socios europeos, y éstos iban a querer ver las cuentas antes de poner un duro. Pero la apuesta de Goiri era decidida. Sólo una gran cantidad de dinero calmaría a los mercados. Si había llegado hasta ahí no iba a ceder en negociaciones por unos miles de millones que en todo caso sólo servirían para poner en riesgo su gestión y la viabilidad de la entidad que ahora presidía. O era esa cantidad, o se iría por donde vino.

El ejecutivo, que quizá en otras circunstancias hubiera sido más peleón, se había metido él solo en una situación en la que realmente sólo podía ceder ante el banquero: primero porque fue el mismísimo Ministerio de Economía el que garantizó todo el apoyo necesario al nuevo equipo gestor, y segundo porque después de darle carta blanca, cualquier paso en falso —como una nueva dimisión— podría sumir a Bankia, una entidad sistémica, en un pánico de consecuencias impredecibles. Un alto cargo de la inspección del Banco de España que pudo conocer los detalles cree que «Goirigolzarri entró y puso unas condiciones para poder lucirse. Entonces tenía la sartén por el mango, porque ya no le podían echar, y estaba decidido a que su proyecto se llevara a cabo». El día 24 de mayo de 2012 BFA-Bankia enviaba de forma oficial la petición de fondos, mediante sendas cartas, al Ministerio de Economía y al Banco de España. La decisión ya era prácticamente irreversible.

Nuevas cuentas para reflejar pérdidas

Quienes también alucinaban con la cifra de dinero público que iba a pedir BFA-Bankia eran los propios consejeros de BFA y de Bankia. Durante los primeros meses del año habían sido poco más que unos meros observadores de la crisis y descomposición del grupo, ignorados tanto por Rodrigo Rato como por su sustituto al frente del consejo. El 25 de mayo sí que volverían a ser protagonistas, pero no precisamente para bien, ya que, forzados o no, dieron luz verde a una reformulación de las cuentas que justificaría la inyección multimillonaria en BFA y Bankia, y que a posteriori desataría una de las mayores causas judiciales de la historia. La idea de reelaborar las cuentas había partido del interventor —según sus propias palabras—, pero la habían hecho suya también tanto Goirigolzarri y Pepe Sevilla como el auditor, el socio de Deloitte Francisco Celma. Pocas personas más con responsabilidades en la entidad conocían estos planes. El día 25 de mayo estaban convocados tanto el Consejo de Administración de Bankia como su Comité de Auditoría y Cumplimiento (CAC), el órgano delegado y encargado de revisar más a fondo la coherencia de las cuentas y el trabajo de auditoría. Durante todo el mes de mayo habían cundido los nervios en la cúpula de la entidad, porque los rumores sobre un hipotético agujero crecían, y las cuentas con la aprobación del auditor seguían sin llegar.

El día 16 de mayo, los miembros del consejo preguntaban por las cuentas y el informe de auditoría, pero el presidente les había tranquilizado asegurando que la formulación de cuentas con el preceptivo informe de auditoría estaba a punto. Mencionaba unos problemas en vías de solución respecto a BFA, pero nada daba a entender que ocurriera problema alguno con la contabilidad de Bankia, la entidad cotizada. Como consta en las actas, sólo se les había adelantado que la de provisiones era una de las partidas que se estaban «reevaluando». En el consejo del 16 de mayo (el anterior al de la reformulación), el estado de las cuentas no había levantado un especial interés a la vista de la aparente tranquilidad de la dirección. Es más, conllevaba incluso más atención un tema relativamente menor como era la posible venta «a precios de mercado» del fondo de capital riesgo Altamar Buyout Europa a la empresa Altamar, gestionada por uno de los consejeros de Bankia: Claudio Aguirre, exbanquero y primo de la expresidenta de la Comunidad de Madrid Esperanza Aguirre.

Ese día 25 de mayo, el día de la reformulación de cuentas, se reunían antes por la mañana los miembros del Comité de Auditoría con la dirección. Acudían a la misma el consejero delegado (Sevilla), el interventor (Durá) y el socio de Deloitte (Celma), y le explicaban a los tres consejeros presentes sus planes respecto a las cuentas de Bankia. Se trataba de un nuevo escenario, por completo distinto al que sólo nueve días antes habían transmitido al Consejo de Administración: la nueva estrategia era llevar a cabo una reformulación de las cuentas anuales de 2011, a partir de nueva información conocida con posterioridad, y que esta vez sí contaría con un informe favorable del auditor externo. Tras la reformulación, los resultados de la entidad pasarían de 305 millones de beneficios a 2.979 millones de euros de pérdidas. La dirección del banco y el auditor esgrimían sus argumentos, pero los miembros del Comité de Auditoría y Cumplimiento se negaban por completo a aceptar el planteamiento. «No se pueden cambiar las estimaciones contables a partir de hechos posteriores. Es ilegal. Ni los decretos, ni los informes del FMI, ni las transacciones recientes de inmuebles pueden afectar a las cuentas de 2011 según la normativa aplicable», protestaba Araceli Mora, consejera independiente y catedrática de Contabilidad en la Universidad de Valencia. «Las cuentas anuales formuladas en marzo reflejan la imagen fiel de la entidad y son coherentes con la información de partida. Y los problemas de BFA, si los hubiera, no tienen en absoluto ningún impacto en el patrimonio de Bankia ni en el grupo», prosiguió.

A pesar de que toda la discusión giraba en torno a conceptos técnicos contables, los ánimos se caldeaban por momentos, conscientes del daño que para la entidad y los propios consejeros a nivel individual supondría dar un viraje así a las cuentas. Cada palabra podía ser tenida en cuenta, y, en un momento dado, el presidente del CAC, Alberto Ibáñez (exdirectivo de Citibank y del Royal Bank of Scotland), exigía al secretario que «entrecomillara literalmente» lo que dijera cada uno. Cada palabra que se dijera o no se dijera podría ser decisiva en el futuro. «No se nos había advertido de que existían problemas con las cuentas. Ni la intervención general ni la auditoría interna nos habían alertado de nada.» Y es cierto; en los meses previos, siempre se había hablado de posibles salvedades en BFA, pero nunca en Bankia. Si se reformulaban las cuentas de BFA y las de Bankia, cada una de ellas tendría causas bien distintas detrás. La decisión de los ejecutivos parecía firme, lo que llevaba a la consejera Mora —sorprendida, contrariada y enfadada— a dimitir de inmediato de su puesto. Ni siquiera asistiría al Consejo de Administración que se celebraría justo unos momentos después; el presidente Goirigolzarri explicaría a preguntas de sus compañeros consejeros que su ausencia ese día se debía a «razones personales».

El consejo de Bankia del 25 de mayo de 2012 era de todo menos una reunión habitual. En la reunión, un casi plenipotenciario Goirigolzarri —tras la entrada del FROB en el accionariado de la matriz BFA— explicaba que, tras estudiar todas las posibilidades, y de acuerdo con el auditor, habían decidido reelaborar las cuentas para reflejar unos cambios en las estimaciones, y a la vez presentaban un plan para reforzar el grupo y para que «que cogiera músculo». Según explicaba a los miembros del consejo, hechos posteriores ocurridos entre abril y mayo —como la nueva «coyuntura económica y normativa», el «contexto previsto de evolución del mercado», las «circunstancias sobrevenidas», las «recomendaciones y disposiciones de organismos oficiales» o la simple «información disponible»— habían alterado de alguna forma las cuentas de la entidad a 31 de diciembre de 2011.

El orden habitual suele dictar que los hechos del pasado influyen en los del presente, pero en este caso era al revés. El nuevo presidente argumentaba además que no se lo estaba inventando ni se estaba sacando un conejo de la chistera, que el Código de Comercio y el Plan General de Contabilidad avalaban este criterio, ya que las cuentas no estaban cerradas técnicamente (no lo estarían hasta que no las aprobase la Junta General de Accionistas), por lo que había una posibilidad legal, casi una obligación legal, de atender esa nueva realidad que se mostraba ante sus ojos.

¿Por qué se pasaba de beneficios a pérdidas? ¿Habían descubierto los nuevos gestores un agujero, un falseamiento de los estados contables? No podía ser por la aplicación retrospectiva de los decretos Guindos I y II, ya que eso estaría prohibido por la normativa vigente. Lo que sí permitía la norma, y de ello estaba al corriente el Banco de España, era que en el periodo de tiempo entre la formulación y la aprobación en Junta General de Accionistas (que aún no se había celebrado) había un «amparo legal» para formular o reformular las cuentas a voluntad. El resto de las entidades financieras —ninguna otra reformuló sus cuentas, aunque el cambio de escenario era igual para todas— ya había aprobado sus cuentas en junta general, por lo que, en su caso, cualquier cambio en la valoración de sus balances tendría que efectuarse a partir del ejercicio 2012.

Que los cambios contables como el registrado en Bankia puedan ser legales era, más o menos, a lo que aludía el presidente del BBVA cuando, con una metáfora golosa, había reconocido que la contabilidad era «un chicle». Esto es una demostración en vivo y en directo de que la información que las entidades y los reguladores lanzan al mercado es la verdad, pero contada de una determinada manera y según puntos de vista, al parecer, con un toque de subjetividad. ¿Unos puntos de partida distintos sobre la situación de la economía podían alterar hasta tal punto la cuenta de resultados del cuarto banco del país? Francisco Celma, el auditor que semanas atrás se había negado a emitir un informe firmado sobre las anteriores cuentas entregadas a la CNMV, daba su visto bueno a las nuevas estimaciones, y lo hacía guiado por «recomendaciones de las instituciones». Se lo intentó explicar meses después al juez Andreu en su declaración como testigo: «No es la norma [el Guindos II], sino el efecto fáctico de la norma. La norma establece un cálculo de dotaciones, pero también tiene un efecto fáctico sobre los activos». A pesar de que las cuentas pasaban de beneficios (en las anteriores) a pérdidas (en las nuevas), el nuevo equipo reconocía que el patrimonio neto de Bankia era positivo: 11.496 millones de euros. Es decir, que la entidad en su conjunto no estaba despatrimonializada, y tampoco sufría de un grave problema de solvencia, ya que antes de los ajustes registraba un ratio de capital principal del 10,1 por ciento, y tras la reformulación era del 8,3 por ciento. Además, el margen bruto tanto de las cuentas formuladas en marzo de 2012 como de las reformuladas en mayo siguiente era el mismo en ambos casos: unos 4.100 millones de euros. ¿Qué significaba esto? Que las valoraciones, los criterios, eran constantes. Y, de forma muy simple, significaba también que la situación básica y fundamental de Bankia seguía siendo la misma antes y después de la reformulación, y lo que cambiaban eran las estimaciones; significaba que Goiri y su equipo optaban por ser más pesimistas (o realistas, según se mire) respecto a la valoración y al comportamiento de cara al futuro de buena parte de las carteras de Bankia; lo cual era un ejercicio de prudencia que se hacía para mandar una señal a los mercados, esas criaturas bipolares y arrogantes.

Un consejero presente aquel 25 de mayo confiesa que precisamente la continuidad en el margen bruto es lo primero que miró cuando le pasaron las cuentas. «Se mantenían constantes los valores del banco en *stock*, los flujos de ingresos y gastos. Es decir, que no faltaba dinero. A los márgenes brutos se les aplicaban los hechos sobrevenidos y se llevaban unas necesidades adicionales de provisión», puntualiza. Era, en gran parte, un ejercicio subjetivo, como reconoció meses después el propio presidente al declarar en la Audiencia Nacional sobre el fuerte aumento de las dotaciones: «Cuando hablamos de mora en banca hablamos de la subjetiva y la objetiva. La objetiva es la de los 90 días de impago. La subjetiva es la que se asocia al concepto de "subestándar".[10] Cuando uno no tiene unos impagos puede pensar que un determinado préstamo puede tener problemas de recuperación, y por eso se habla de mora subjetiva o subestándar. Ésos son unos criterios perfectamente tasados que son auditados y que conoce el Banco de España. Y eso es lo que se aplicó en Bankia para la reformulación de cuentas». Los nuevos gestores del banco optaban por asumir que buena parte de las carteras que técnicamente estaban al corriente de pago —y por lo tanto desprovisionadas—, con los nuevos escenarios anticipados por el FMI y otros organismos merecían, en un ejercicio de prudencia, ser dotadas ante la nueva realidad: que la segunda recesión era un hecho, y sería muy profunda. Un informe posterior del banco de inversión Morgan Stanley calculaba que, tras la reformulación, siete de cada diez créditos del «ladrillo» en Bankia pasaron a estar considerados como dudosos (es decir, con morosidad reconocida) o subestándar (es decir, con probabilidad futura de mora), mientras que en el conjunto del sector financiero español esta consideración de activos con algún tipo de toxicidad apenas afectaba a cuatro de cada diez. Es decir, que la nueva Bankia casi duplicaba en cuanto a prudencia la media de sus competidores. A pesar de que la normativa internacional trataba de poner límites a la subjetividad, en pocas empresas era tan evidente como en los bancos el

10. «Subestándar» es una clasificación crediticia intermedia creada por el Banco de España. Son aquellos créditos que, sin tener impagos, y por sus especiales características, hacen pensar que podrían resultar en un impago futuro.

efecto de las valoraciones arbitrarias en la cuenta de resultados, algo que incidía directamente en los accionistas de las mismas. Una determinada normativa de provisiones (como los decretos Guindos, por ejemplo) suponía en la práctica que una entidad financiera pasaba, casi de la noche a la mañana y sin que hubiera un cambio sustancial y real de su situación, de los beneficios a las pérdidas millonarias. Hacer esto con una entidad que estaba en boca de todos, no precisamente para bien, y hacerlo sobre unas cuentas referentes al año 2011, que ya habían sido publicadas y publicitadas a la opinión pública, tenía unas consecuencias imprevisibles.

El anuncio del nuevo presidente de su intención de reformular las cuentas y acto seguido pedir 19.000 millones de euros —12.000 millones de los cuales eran para Bankia— llevaba a una situación muy cercana al pánico al Consejo de Administración, que solicitaba ese día hasta tres recesos antes de tomar decisiones, algunos porque los consejeros no entendían qué querían decir esas nuevas cuentas que les acababan de pasar, y otros porque lo entendían demasiado bien. Varios miembros del consejo conseguían convencer a Goirigolzarri, aparentemente, de que, ante las cifras y la repercusión de los planes, ese día sólo se decidiría respecto a la reformulación de cuentas; el plan de capital sería para otro momento. «Este plan de recapitalización, dada la magnitud y exceso de las provisiones, supone tal ampliación de capital que comportará una dilución que perjudicará notablemente a nuestros accionistas», protestaba José Manuel Serra Peris, exconsejero de Bankia y antiguo secretario de Estado de Energía en el primer Gobierno de José María Aznar. Tanto las ya desahuciadas cajas como, sobre todo, los accionistas de la salida a bolsa lo perderían casi todo. El director general de Presidencia, Pepe Sevilla, le respondía que aquellos accionistas que no quisieran perder su porcentaje en el banco disfrutarían de un derecho de suscripción preferente. Es decir, que tendrían que poner más dinero para mantener su cuota, o, si no, aceptar la dilución. Prácticamente todos los miembros del consejo cargaban contra el auditor Francisco Celma y hacían constar en acta que estaban seguros de que las cuentas formuladas en marzo estaban bien, y que nadie les había avisado de salvedad o limitación alguna. El propio interventor general, Sergio Durá, les aseguraba después que «la formulación de cuentas efectuada el 28 de marzo era correcta con la información disponible en ese momento». El que, según su propio testimonio, era el cerebro detrás de la idea de reformular las cuentas les explicaba también que no había ninguna aplicación retroactiva de los decretos Guindos; tan sólo se habían trasladado a las cuentas de 2011 las necesidades de capital «derivadas de operaciones existentes al cierre de ese ejercicio y sobre las que se efectuaron estimaciones que [...] han sido analizadas y han derivado en la necesidad de reformular las cuentas». Justificada o no esta nueva contabilidad, el escenario inmediato posterior a ella provocaría un daño reputacional masivo para la entidad, alertaban otros, a los que se les conminaba a firmar las cuentas reformuladas, ya que, de no hacerlo, incurrirían en posibles responsabilidades legales. Y, tras firmarlas, se les conminaba a presentar su dimisión y poner su cargo a disposición del presidente. Un exconsejero con más de quince años en la entidad, presente en aquella reunión y ahora imputado, rememora aquel momento: «Dije que me iba y no firmaba nada si no quedaba claro y por escrito que las cuentas de marzo se ajustaban a la ley. "Goiri" dijo que estaban ajustadas a derecho, pero también que tendríamos que reconocer que resultaba atípico que éstas no contaran con un informe de auditoría. Por mi experiencia, lo que es atípico es que exista el informe de auditoría antes de la formulación de cuentas».

Muchos consejeros criticaban que la reformulación para entrar en pérdidas era una especie de instrumento con el que luego justificar las fuertes peticiones de capital. El propio Goirigolzarri explicaría en sede judicial un año después los motivos por los que según él se volvieron a formular las cuentas: «[En el mundo no contable] se suelen confundir criterios con estimaciones. Los criterios definen cómo se tiene que valorar un activo; las estimaciones, con esos criterios y lo que se conoce, da una valoración a ese activo. Imaginemos que una empresa compra una máquina, y que ésta se tiene que amortizar durante su vida útil. Si hay un cambio tecnológico, esa máquina ya no será lo mismo. En el criterio contable, la vida útil de la máquina sería la misma, pero la estimación cambiaría [...]. El criterio contable para valorar una cartera es el valor contable, y por eso están tanto en las cuentas formuladas como en las reformuladas. Pero las estimaciones cambian porque dependen de la información que tenemos. Cuando se formulan las cuentas hay que tener toda la información que pueda ayudar a valorar. Por lo tanto, teóricamente, formular en uno u otro momento puede cambiar las estimaciones. En el 25 de mayo teníamos mucha más información porque hicimos un análisis muy profundo de lo que tenían Bankia y BFA», argumentaba.

Pese a las justificaciones, el exconsejero Claudio Aguirre, antiguo alto directivo de Goldman Sachs y Merrill Lynch, cargaba contra la operación, en especial contra el Ministerio de Economía: «Hubiera sido más adecuado proceder en este Consejo [de Administración] a la reformulación de las cuentas y al análisis de las necesidades de capital, y posteriormente al cambio de consejeros, con ocasión de la Junta General de Accionistas, de acuerdo con los principios de Buen Gobierno Corporativo. Con el procedimiento seguido, el cambio de consejeros conlleva cuestionar sin información suficiente la reputación de los mismos [...]. Este procedimiento y la elevada necesidad de capital contribuirán a crear una mayor desconfianza por parte de los mercados, por mi experiencia, y a partir del lunes se producirá una reacción muy negativa por parte de los mercados sobre España y Bankia. Las necesidades de capital de Bankia de 12.000 millones de euros son muy elevadas, y será difícil para el Gobierno poder hacer frente a esta ampliación, lo que puede aumentar considerablemente el riesgo de intervención», añadía, al tiempo que anticipaba futuras demandas judiciales por parte de los accionistas perjudicados. La dirección de Bankia, en medio de la tensión, les enviaba un mensaje de calma: «No hay problema, tenemos el compromiso de Goldman Sachs y de Economía de que la inyección de fondos será inmediata. No daremos opción a que haya un pánico», aseguraban. Eso cambiaba el panorama, ya que una recapitalización pública e inmediata tan fuerte como ésa podría mandar una señal clara de seguridad a los mercados. Finalmente, en medio de fuertes apelaciones a su responsabilidad y no sin antes reiterar por escrito que las cuentas de marzo estaban bien, todos los consejeros firmaban las cuentas reformuladas de Bankia correspondientes al ejercicio 2011, y en las que se apuntaban unas pérdidas de 2.979 millones de euros. Luego, todos dimitían, y Goirigolzarri nombraba a su propio Consejo de Administración.

La reunión, tres días después, con los «cajeros» del Consejo de Administración de BFA —en el que también se reformularían las cuentas de 2011 de la matriz— iba a ser mucho más virulenta aún, con cruces de acusaciones entre los consejeros, la nueva dirección y el auditor. Ese mismo día 28, unas horas antes, y al igual que pasara en el caso de Bankia, los miembros del Comité de Auditoría conocían las intenciones y los documentos de las nuevas cuentas sólo una vez en la reunión (lo habitual es que dispongan de papeles con días de antelación). En síntesis, la nueva dirección de BFA, asesorada por Goldman Sachs, contaba con la garantía del Banco de España y del propio Gobierno para recibir «de forma inmediata el apoyo financiero requerido una vez se cumplan los requisitos». Achacaban unos fuertes impactos negativos en las cuentas de 2011 que resultaban en una reformulación con unas pérdidas para BFA de más de 7.263 millones de euros: decían que la salida a bolsa de Bankia había supuesto un quebranto de 5.185 millones de euros en la matriz (al pasar de un ciento por ciento a un 52 por ciento de la participación), y que los créditos fiscales habían provocado otro agujero de 2.744 millones de euros. Al contrario que los consejeros de Bankia, ese día los «cajeros» de BFA no eran forzados a dimitir; todos aprobaban las cuentas reformuladas que le daban la estocada definitiva a las cajas, si bien echaban en cara al auditor y a la dirección del banco que éstos en ningún momento les advirtieron de la situación tan aparentemente desastrosa que atravesaba la matriz. «Deloitte ha auditado el SIP [Sistema Institucional de Protección] y la salida a bolsa, conociendo perfectamente el grupo y sus cajas integrantes desde hace años. El auditor en ningún momento informó al Consejo [de Administración] del riesgo de *impairment*,[11] así como de los otros extremos que determinaran la imposibilidad de disponer de borrador de informe de auditoría previamente a la formulación», recalcaba el consejero Jorge Gómez, quien acusaba además a la firma auditora de haber puesto en peligro el sistema financiero español en su conjunto.

A pesar de las protestas de los «cajeros», el auditor Francisco Celma, presente en la reunión, les hacía constar que nadie le había convocado a los distintos encuentros anteriores del Comité de Auditoría, y que, por lo tanto, no había tenido forma de hacerles ver la gravedad de las salvedades que tendrían las cuentas. Los consejeros aludidos, por su parte, le acusaban de no haber tenido una conducta «proactiva» para dirigirse a los órganos competentes, pese a que Deloitte había estado presente en los grandes hitos del grupo, incluida la salida a bolsa. Por increíble que parezca, había sido la privatización parcial de Bankia —impulsada y dirigida por las autoridades con la intención de reforzar la entidad— la razón que finalmente acabó con las cajas de ahorros y su matriz. También se anunciaba que se pedirían 19.000 millones, tal y como se había dado a conocer el día 25 de mayo, tras calcular unos saneamientos de 15.517 millones de euros para la matriz.

Pero al final los planes no saldrían así. De hecho no saldrían así en absoluto, y serían más exactamente como anticipaba el banquero Claudio Aguirre. Los mercados y los clientes entraban en fase de terror respecto a Bankia tras el anuncio de la reformulación, y mientras la cotización de la antigua caja caía más a plomo cada día que pasaba, buena parte de los clientes retiraban sus fondos ante el miedo a la existencia de un posible agujero en la entidad o un hipotético corralito que les dejara sin acceso a sus ahorros. Lo cierto es que, en aquellos días de crisis, tampoco la competencia de Bankia actuaba con todo el *fair play* que uno pudiera imaginar. La propia entidad denunciaba tiempo después ante los reguladores que varios bancos rivales alentaban a clientes de Bankia a retirar sus depósitos, ya que el peligro de corra-

11. Es un fenómeno contable según el cual un determinado activo en cartera, como una participación accionarial, pierde valor de un ejercicio a otro, por lo que hay que provisionarlo y ponerlo a precio de mercado.

lito, según decían, era inminente. Las nuevas cuentas también tuvieron un efecto sobre los preferentistas, ya que éstos perdían su derecho a cobrar intereses en el momento en que la entidad registraba pérdidas. Este movimiento convertía las participaciones no solo en un producto con una más que dudosa comercialización entre inversores minoristas, sino también en un instrumento financiero tóxico, en la medida que ni daba intereses ni se podía retirar de BFA-Bankia.

Por si fuera poco, la ayuda de capital inmediata prometida por las autoridades a Goirigolzarri no se materializaba, porque, a la vista del agujero aflorado, las autoridades europeas exigían conocer al detalle la verdadera situación de la entidad antes de soltar el dinero.

La troika toma el control

El Gobierno, consciente a esas alturas de que era más que probable que no pudiera conseguir el capital necesario por sí solo acudiendo a las subastas del Tesoro, hacía días que había dejado entrar a los hombres de negro de la troika (Comisión Europea, Banco Central Europeo y FMI) en los entresijos de la operación. Si se iba a meter dinero de todos los europeos tenía que haber a la fuerza funcionarios comunitarios que hicieran números, repasaran carteras y lo avalaran. Había, además, que tranquilizar a los inversores, así que se tendría que desnudar el verdadero estado del banco. Iban a ser pues unos valoradores independientes extranjeros los que cuantificarían las necesidades de capital del grupo BFA-Bankia. El primer paso sería valorar la matriz, BFA, y, por tanto, el porcentaje de participación del FROB en ésta. Pero, a la vez, el resultado final de estas valoraciones no se podría desviar demasiado de las cifras ya manejadas por Goirigolzarri, o se desatarían nuevos problemas. Así pues, esta misión —elaborar un documento conocido como *due diligence*—[12]

12. Es una valoración independiente y más o menos exhaustiva de una entidad antes de un proceso de compra o fusión; se trata de un informe habitual en el mundo de las altas finanzas.

se le encomendaba a la firma Ernst & Young, que posteriormente serían nombrados auditores del banco en 2013. Los autores del informe declararon ante el juez Fernando Andreu que el punto de partida para elaborar su informe fueron «las cuentas reformuladas de mayo de 2012, y a partir de ahí todos los documentos que creíamos necesarios. Pero el origen de las estimaciones es el que hicieron los administradores de BFA-Bankia; cualquier comentario sobre las mismas corresponde a la dirección».

Ernst & Young iba a emitir un análisis independiente sobre los estados financieros y el estado general de la compañía, pero siempre «a partir de lo que nos pasaba BFA-Bankia; en ningún caso podemos valorar si la nueva situación [las cuentas reformuladas] era más creíble o menos. La entidad nos daba sus estimaciones de balance y cuenta de resultados para los años posteriores; nuestra labor era analizar si esas estimaciones eran razonables o no». Con esta *due diligence* ya en sus manos, el FROB encargaría a tres bancos de inversión internacionales (Crédit Agricole, HSBC y Rothschild) tres valoraciones y cálculos independientes de la compañía. Se buscaba una justificación numérica que soportara todo el dinero solicitado por BFA-Bankia. Estos tres informes se basaban tan sólo en la *due diligence* proporcionada por Ernst & Young, que a su vez estaba basada tan sólo en las estimaciones proporcionadas por los nuevos gestores de BFA. Todos los documentos justificativos para valorar la entidad partían de una misma fuente: la propia entidad. El resultado de las valoraciones mostraba, una vez más, un enorme agujero: la matriz de Bankia valía según estos tres bancos unos –13.000 millones de euros. El que fuera director de Supervisión del Banco de España aquellos días, Jerónimo Martínez Tello (de la máxima confianza de Miguel Ángel Fernández Ordóñez), reconocía ante el juez Andreu que en el Banco de España cundió la sorpresa cuando conocieron las conclusiones de los tres bancos de inversión por lo negativas que eran, si bien acto seguido especificaba lo que realmente querían reflejar esas tasaciones independientes: «Hay que entender cómo son esas valoraciones. No se calcula el valor intrínseco de una compañía, sino el valor para un inversor mayorista. Si yo lo soy [un gran inversor], quiero una *due diligence* y quiero un plan de negocio con los ajustes que creo prudentes, y mido la rentabilidad que quiero obtener de esa inversión de negocio, que es del 13 por ciento. Todo eso se actualiza, se pone a valor de mercado, y un accionista mayorista, para hacerse con BFA-Bankia, querría que le pusieran 13.000 millones de euros y él quedarse con la entidad». Es decir, que más que calcular el verdadero valor de la entidad, lo que el FROB encargó fue una estimación del dinero que haría falta para que la entidad quedara saneada y rentable. Tan rentable como para generar un retorno del 13 por ciento anual. Con ese dinero no se rescataba a la entidad para que sobreviviera y fuera una más, sino para que fuera una de las más solventes y rentables de España. Un efecto colateral —casual o no— de esta valoración es que, tras ella, la participación de las cajas en el Banco Financiero y de Ahorros se volatilizaba, dejando al FROB como máximo y único accionista. Esto suponía por tanto la desaparición efectiva de la Obra Social de las cajas que formaron el grupo ahora nacionalizado. Martínez Tello, inspector del Banco de España desde 1984, llevaba desde 2008 siendo el máximo responsable de supervisar las cajas de ahorros en su conjunto. En su opinión no existía «ninguna duda» respecto a los balances de Bankia ni antes ni después de la nacionalización; el problema, según su conocimiento de aquellos días, eran «de sostenibilidad de la estructura creada [...] porque se necesitaba más rentabilidad e "impermeabilizar" la diferencia de precios de la participación de Bankia en BFA».

Pese a los aparentes esfuerzos por recuperar la confianza, no era precisamente fiabilidad en las cuentas lo que parecían percibir por aquel entonces los inversores institucionales. «El mercado pensaba, con cierta lógica, pero con poca precisión, que si BFA-Bankia reconocía unas necesidades de 19.000 millones, entonces, por esa regla de tres, las del sector financiero español en su conjunto ascendían a 120.000 millones», subraya, no sin cierto asombro, un antiguo ejecutivo de la banca. Era una cantidad que en ningún caso España y sus bancos podrían afrontar por sí solos, así que el mercado se puso mucho más nervioso respecto al país, al cual por cierto los inversores internacionales ya veían con recelo durante esos últimos meses tras precedentes como el escándalo de las cuentas falseadas en Grecia o las dudas sembradas al mismo respecto en España por el propio Partido Popular durante la larga precampaña electoral.

A finales de mayo de 2012 ya estaba claro que el Ejecutivo tendría que pedir un rescate, y el 10 de junio se alcanzaba un acuerdo con las autoridades europeas: se concedía una línea de crédito de hasta 100.000 millones de euros a bajos tipos de interés para recapitalizar y reestructurar el sistema financiero español. No iba a salir gratis. Si España iba a recibir ese dinero de todos los contribuyentes europeos —en realidad no, porque eran meros apuntes contables de los que, en última instancia, respondería el contribuyente español— tendría que aceptar a cambio las condiciones impuestas por la Comisión Europea en un contrato con el familiar nombre de MoU (Memorandum of Understanding, o Memorando de Entendimiento). En sus líneas maestras, el MoU imponía condiciones a España en general y al sistema financiero español en particular, tales como identificar a las entidades con problemas, limpiar sus balances de activos tóxicos creando un «banco malo», recapitalizarlas, cerrar oficinas y mejorar su transparencia. Muchas de las condiciones impuestas perjudicarían a BFA-Bankia y arruinarían algunos de los planes de futuro de Goirigolzarri. Con el argumento de no distorsionar las reglas de Competencia con esas ayudas de Estado, Bruselas imponía condiciones de reducción de capacidad instalada para el banco muy duras: tendría que cerrar oficinas allá donde no estuviera su territorio de origen (de 3.117 sucursales pasaría a menos de 2.000) y reducir drásticamente su plantilla (de 20.589 empleados a unos 14.500), y debería dedicarse sólo a la banca comercial, abandonando así divisiones más complejas y rentables como la banca privada o la de negocio. Un gran contratiempo para los nuevos gestores de Bankia. No es lo mismo cerrar, por ejemplo, un 10 por ciento de sucursales que tú mismo has elegido a que tengas que cerrar, forzado, un porcentaje mayor dictado por las autoridades.

El acuerdo con Bruselas, además, conllevaba una medida que dejaría a cientos de miles de pequeños ahorradores perjudicados.

Al contrario que en anteriores rescates, las autoridades europeas imponían —bajo el paraguas de un eufemismo como «reparto de la carga»— canjes y pérdidas forzosas a todos los dueños de preferentes y subordinadas, con el objetivo prioritario de reducir el coste para el contribuyente. Quien tuviera, por ejemplo, 100 euros en preferentes, obtendría solo 61 euros en acciones; 54 euros si fuera deuda subordinada perpetua y 86 euros en el caso de subordinada con vencimiento. Y casi que gracias, porque el plan inicial de las autoridades europeas pasaba por ocasionarles pérdidas totales, como a los accionistas. Estas pérdidas forzadas permitían inyectar 6.500 millones de euros de nuevo capital en el grupo BFA-Bankia.

Un antiguo alto cargo del ejecutivo comunitario ve razonable la solución aplicada en el rescate al sistema financiero español: «El modelo *bail-in*[13] del rescate español se ha aplicado desde entonces a otros supuestos, y figura ahora en la normativa de Ayudas de Estado y en la directiva sobre reestructuración y resolución de bancos en crisis. El modelo consistía en que los accionistas y tenedores de deuda subordinada y de productos híbridos tenían que contribuir a financiar los recursos necesarios para la reestructuración y recapitalización de las entidades antes de que se pudiese apelar a los recursos públicos procedentes del rescate vía FROB. Y en el caso particular de las preferentes, el criterio adicional era que los fondos europeos no tenían por qué financiar las compensaciones a quienes fueron estafados creyendo que compraban un depósito a plazo y no un producto financiero susceptible de absorber pérdidas. Así que hubo que distinguir el trato exigible a un activo financiero híbrido —y, por tanto, capaz de absorber pérdidas total o parcialmente— del trato correspondiente a los miles de ciudadanos que fueron engañados por quienes les dieron gato por liebre. Las compensaciones derivadas de este segundo aspecto debían ser financiadas con dinero español, fuese de las propias entidades o de otro origen». El daño reputacional para Bankia por ocasionar pérdidas a cientos de miles

13. Algo así como «rescate interior» (traducción libre). La idea es aplicar pérdidas a los inversores/ahorradores no garantizados para reducir al máximo el coste público.

de pequeños y medianos ahorradores que se habían visto atrapados en las preferentes podía ser incalculable en esta entidad, que por entonces ya estaba en sus peores momentos de popularidad. En la segunda mitad de 2012, una de las principales batallas del nuevo equipo gestor del banco era convencer a Bruselas de que le permitiera al menos establecer un programa de arbitrajes, un sistema más o menos independiente al que pudieran acudir los ahorradores desprotegidos y que constituyeran casos en los que la mala comercialización fuera más evidente. También se lograba incluir, después de muchas negociaciones, a los preferentistas que habían canjeado este producto por acciones.

El Ministerio de Economía, mientras tanto, como dueño del tinglado, insistía a la nueva Bankia con la estrategia de que comprase toda la deuda pública española que pudiera. No sólo así beneficiaría al Tesoro Público, ya que así se aumentaba la demanda de bonos de un mercado cada vez más adverso, sino que era también un negocio fácil y rentable para las propias entidades. Era lo que se conoce como *carry trade*.[14] «Si el BCE te presta al 1,5 por ciento y compras deuda al 6 por ciento la ganancia es fácil», reconoce un directivo del banco. Se creaba así, casi por casualidad, una cartera de deuda en Bankia que suponía más de 700 millones de euros anuales de margen financiero, con la única pega de que tenía fecha de caducidad, ya que, en cuanto cayese el bono, no habría producto que pudiera sustituir esa rentabilidad. A pesar de las compras masivas de deuda por parte de la banca nacionalizada, la prima de riesgo española seguía subiendo y batiendo récords, y en julio de 2012 alcanzaba su máximo histórico hasta el momento: 649 puntos básicos.

A inicios de junio, los inversores creían ver agujeros bancarios por todas partes. No era tan extraño si se tenía en cuenta que, en cierta manera, el propio Ministerio de Economía había desautorizado al Banco de España en su intervención en BFA-Bankia.

14. Se podría traducir como «comercio de retornos». Se trata de obtener dinero a un tipo bajo e invertirlo en un activo que tenga un rendimiento mayor.

Si no eran de fiar las cuentas de Bankia —que hasta hacía unas semanas el supervisor decía que daban beneficios y de la noche a la mañana mostraban unas pérdidas milmillonarias—, no tenían por qué serlo las de ninguna otra entidad. La solución radical si se quería recuperar esa confianza pasaba pues por desnudar las vergüenzas de todo el sistema financiero español. Se dejaba en manos de compañías multinacionales de prestigio (Oliver Wyman y Roland Berger) el análisis agregado, conocido como *top-down*, de las necesidades de capital del sector: en su conjunto, entre 51.000 y 62.000 millones de euros en el peor escenario imaginado. Pero Bruselas exigía más nivel de detalle y reclamaba que consultoras internacionales de prestigio revisaran las necesidades entidad por entidad. Uno de los jefes de inspección del Banco de España que estuvo presente en las negociaciones asegura que «el nivel de desconfianza de Europa y el FMI hacia España era bestial. Nos plantearon incluso que los informes de las auditoras los firmaran socios que no fueran en ningún caso españoles. Era una desconfianza hacia todo el país, porque existía la idea preconcebida de que se habían estado haciendo trampas». Por su parte A. B., un funcionario español de la Comisión Europea presente en las negociaciones, reconoce que «el análisis *top-down* se hizo para ganar tiempo. El proceso estuvo muy tutelado, con dos comités, reuniones con el FROB, con el BdE...». «Y todo, claro, para definir cómo se tenía que hacer el test de estrés. Hubo muchas resistencias, pero las autoridades españolas tenían ganas de hacer la cosas que había que hacer. Había discusiones, pero por asuntos técnicos como los créditos fiscales. No tuvimos encontronazos graves», recuerda. Seguían por tanto los exámenes. De nuevo se encargaba a Oliver Wyman —en colaboración con las auditoras *big four*—[15] el análisis detallado de los activos en poder del sector; serían estas firmas las que determinarían con objetividad las necesidades de capital reales de bancos y cajas.

15. Es el nombre con el que se conoce a las cuatro grandes consultoras y auditoras internacionales: Price Waterhouse Coopers (PwC), Deloitte, KPMG y Ernst & Young.

La operación de análisis *bottom-up*[16] sonaba muy bien cuando se escuchaba, pero los problemas aparecían cuando se bajaba al terreno. La verdadera capacidad de estas firmas, por muy grandes que fueran, de revisar un sistema financiero como el español, con billones de euros en activos, era limitada. Así, por ejemplo, su fuente de trabajo primordial eran los datos proporcionados por las propias entidades (incluidos los planes de negocio), sus auditoras y el Banco de España, el organismo a cuyos profesionales —hasta entonces de entre los más prestigiosos a nivel internacional— venían a enmendar. Otro hecho que, cuanto menos, limitaba la homogeneidad de los resultados era que no se hubieran usado los mismos criterios para calcular las necesidades de capital de unas y otras entidades analizadas. El propio informe de Oliver Wyman, por ejemplo, en su página 49, constataba que las provisiones específicas de la banca se aplicaban a activos que entraran en impago, «siguiendo un calendario uniforme predefinido». Sin embargo, acto seguido también reconocía que «adicionalmente, para algunas entidades, las provisiones específicas pueden reflejar una sobreprovisión por encima de los requerimientos regulatorios en anticipación de futuras pérdidas proyectadas». Es decir, que para un banco X la normativa dice que a los tres meses de impago ha de provisionar un crédito; pero, para otra entidad, el regulador puede exigir que la provisión se haga en un crédito al corriente de pago. Para la entidad que tenga que provisionar un crédito al corriente, eso supone un esfuerzo en dotaciones (es decir, en capital) mayor que para la entidad que únicamente tenga que atenerse a la normativa estándar.

En el análisis había más tratos desiguales entre entidades, como, por ejemplo, el hecho de que sólo las entidades nacionalizadas tuvieran la obligación de incluir en los cálculos las futuras pérdidas que ocasionarían, en teoría, las ventas de las participaciones que tuvieran en otras compañías (Mapfre, Iberia, Repsol...). Es obvio que en un ejercicio de estrés simulado en el que diseñas un escenario lo más negativo imaginable, si obligas a una

16. Metodología de análisis de datos que parte de lo más concreto y desagregado de forma que se agrupa para obtener conclusiones generales.

entidad financiera X a vender en ese periodo las acciones que tenga de una compañía Y, lo más probable es que esa venta se haga en malas condiciones de mercado y, por tanto, en un momento en el que esas acciones tengan unos precios mínimos, lo que ocasionará pérdidas a la entidad que las venda. Si al resto de bancos no les obligas a efectuar ninguna venta en esa simulación, éstos obtienen en el acto una ventaja comparativa clara.

Otro ejemplo de tratamientos distintos entre entidades: en el caso de BFA-Bankia, para calcular el agujero de la entidad no podían contabilizarse nuevos activos fiscales como fuente de absorción de pérdidas —tenía unos 6.000 millones de euros en balance—, algo que, por alguna razón, sólo estaba limitado a las entidades no intervenidas por el FROB.

Eran 8.000 millones de inyección extra para las entidades no nacionalizadas, algo que les ayudaba a presentar una mejor nota en el examen y agrandaba el déficit de recursos propios de las cajas rescatadas con dinero público. Otra de las curiosidades de este test de estrés es que, si damos por buenas las premisas utilizadas por Oliver Wyman, y por extraño que parezca, BFA-Bankia era la entidad financiera con menos solvencia de toda España. De lejos, y a pesar de que las cajas y los bancos como Catalunya Banc, Banco de Valencia y Novagalicia Banco requerían inyecciones de capital mucho mayores —en porcentaje respecto al volumen de activos— y era *vox populi* que estaban en una situación mucho peor que la entidad presidida entonces por José Ignacio Goirigolzarri, en las pruebas de resistencia, a la única a la que le atribuían unos niveles de capital principal *common equity* Tier 1[17] de verdad ridículos y por debajo de las exigencias regulatorias era a BFA-Bankia (4,9 por ciento). Todas las demás estaban, mejor o peor, dentro de unos límites en apariencia tolerables. A Catalunya Banc, por ejemplo, le apuntaban un CET1 del 8,2 por ciento, y a Novagalicia Banco otro 8 por ciento. Banco de Valencia, que luego necesitaría más de 6.000 millones de euros de inyección de capital público, y cuyo balance total era de apenas 16.000 mi-

17. Common Equity Tier 1 es el capital de mayor calidad en un banco; es decir, aquel que tiene una mayor liquidez y rapidez para absorber pérdidas.

llones, era la siguiente más débil, con un 7,9 por ciento, que ya hubiera querido para sí BFA-Bankia. Es decir, que entidades que, a juzgar por su punto de partida (su capital principal), estaban en mejor situación de solvencia que BFA-Bankia necesitaban luego unas inyecciones de capital proporcionalmente mucho mayores en relación con sus activos. ¿Cómo era posible? Una de dos, o los supuestos de partida para BFA-Bankia se habían forzado para aparentar ser mucho peores, o los ratios de solvencia de las demás entidades que posteriormente necesitarían fondos públicos no eran creíbles.

El capital en los bancos —quizá es conveniente recordarlo— es el conjunto de instrumentos financieros que sirven para absorber pérdidas (acciones, créditos fiscales, etc.). Se calculan como un porcentaje o un ratio respecto al total de los llamados Activos Ponderados por Riesgo (APR)[18] para dar una imagen comparable de la solvencia de cada banco. Así, por ejemplo, partiendo del supuesto intelectual de que el regulador bancario de un país X exigiera una solvencia mínima del 8 por ciento para todos los bancos, entonces, 100 millones de euros de capital principal supondrían una cantidad más que suficiente para una entidad con 1.000 millones en activos (sería un CET1 del 10 por ciento). Sin embargo, esos mismos 100 millones serían absolutamente insuficientes desde un punto de vista regulatorio para una entidad de este mismo país que tuviera un balance de 2.000 millones (CET1 del 5 por ciento). Lo que se desprende de los test de estrés de Oliver Wyman es que, de alguna forma no explicada en las pruebas de resistencia, una entidad a priori menos solvente y capitalizada como BFA-Bankia era capaz de necesitar mucho menos capital, en proporción, que el resto de nacionalizadas aunque éstas tenían mejores ratios de solvencia.

El resultado del examen *bottom-up* dirigido por Oliver Wyman se conocía en septiembre de 2012: las pérdidas esperadas para BFA-Bankia en un escenario «base» (es decir, malo pero rea-

18. Los APR son los activos en el balance de un banco que han de ser contabilizados con algún tipo de riesgo (es decir, que pueden o no conllevar alguna dotación).

lista) serían de 30.000 millones de euros, un 64 por ciento más de lo que estimaba Goldman Sachs en su análisis del 8 de mayo a partir de un escenario hipotético «ciertamente duro». Eso siendo moderadamente optimistas, ya que Oliver Wyman, en su escenario más negativo (una caída acumulada del PIB del -6,5 por ciento, un incremento del paro hasta el 27 por ciento y un descenso del precio de la vivienda del 25 por ciento, entre otros supuestos), atribuía al banco unas pérdidas de 43.000 millones de euros y unas necesidades totales de capital de 24.700 millones. Es decir, que se avalaba y daba por bueno —millón arriba o abajo— el rescate reclamado meses antes por Goirigolzarri. A. B. (funcionario español en Bruselas) cree hoy que el análisis de Oliver Wyman, además de acertado, «fue muy conservador, porque el escenario era muy adverso. El test de estrés era un ejercicio de confianza, y por eso se cargaban las tintas contra Bankia; el escenario de esta entidad era muy muy duro y el capital no da beneficios, sino tranquilidad a los mercados». Empleados públicos comunitarios como A. B. continuarían muy presentes en el día a día del sector financiero español y, hasta 2015, seguían monitorizando a España con visitas e informes periódicos.

El visto bueno definitivo por parte de Bruselas, del FMI y del Banco Central Europeo no sólo suponía la inyección, por fin, de los fondos públicos prometidos. Antes de finales de 2012 se consumaba un traspaso masivo de activos considerados tóxicos —activos inmobiliarios y crédito promotor— a la Sociedad de Gestión de Activos Procedentes de la Reestructuración Bancaria (Sareb), el «banco malo» español. Este organismo semipúblico pagaba 22.317 millones de euros a BFA-Bankia a cambio de dichos activos tóxicos, después de aplicarles un descuento medio sobre su valor en libros (es decir, el valor inicial contabilizado en balance) de entre un 45 y un 63 por ciento. Ese descuento tan fuerte apenas suponía ningún quebranto para la entidad rescatada, ya que previamente había provisionado esos activos y cubierto todas esas carteras precisamente con un 48,9 por ciento de media respecto a su valoración contable. Pareciera como si las dotaciones planteadas en BFA-Bankia estuvieran diseñadas exactamente para traspasar sus activos a la Sareb con un fuerte descuento y sin provocar apenas pérdidas contables al banco. Y viceversa, parecía como si los descuentos de precios forzados por el «banco malo» estuvieran fijados para coincidir con un descuento que dejase a BFA-Bankia más o menos como ya estaba.

Tras meses de negociaciones acerca de la participación de la banca de capital privado en el accionariado (el único grande que se negó en redondo a invertir fue el BBVA) y sobre los precios de descuento aplicados a las entidades que traspasaban su «ladrillo», la Sociedad de Gestión de Activos Procedentes de la Reestructuración Bancaria arrancaba con la intención teórica de hacer lo que las cajas como BFA-Bankia no habían podido terminar por sí solas: segregar sus activos relacionados con el «ladrillo» y ponerlos a la venta, a ser posible, sin perderlo todo en el intento. La Sareb, pese a su inmenso tamaño, tenía un diseño de gigante con pies de barro: mucha deuda con la que pagar los activos traspasados y muy poco capital (el 45 por ciento público) con el que afrontar posibles pérdidas. Sería el contribuyente el que respondería en última instancia en el caso de que hubiera más pérdidas de las previamente estimadas.

No todos los créditos y promociones traspasados a la Sareb eran tan tóxicos, si atendemos al testimonio que aporta Manel, antiguo empleado de Bankia y Bancaja despedido en el expediente de regulación de empleo de 2012. «En mi sucursal se traspasaron algunos activos al corriente de pago, operaciones sin incidencias ni impagos, sólo porque eran promociones inmobiliarias. Recuerdo en concreto una operación de ocho millones de euros cuyos inversores tenían saldo disponible en la entidad. El hecho de haberles metido en el saco del "banco malo" les perjudicaba en su calidad crediticia si en el futuro querían acceder a nueva financiación. Ellos, lógicamente, hicieron una reclamación, pero no sirvió de nada», asegura.

La lógica de un «banco malo» residía en que agrupando esa inmensa cantidad de activos inmobiliarios, por más que muchos tuvieran un valor realmente deteriorado, se conseguiría obtener beneficio en un plazo medio-largo por la confluencia de un bajo coste de adquisición y una mezcla de especialización en la gestión, sinergias y economías de escala. Para los bancos, la gran ventaja es que, una vez provisionadas esas carteras, pueden librarse de las mismas sin apenas pérdidas, de forma que, a partir de ese momento, pueden centrar sus esfuerzos en el verdadero núcleo de su negocio: tomar dinero prestado, depositarlo y conceder préstamos.

En lo peor de la crisis, el consumo de recursos humanos, económicos y técnicos para gestionar las multimillonarias carteras de activos inmobiliarios y créditos promotores había llegado a ahogar a las entidades más débiles. Con el «banco malo» ésta ya no sería una excusa. Con la Sareb se consumaba la que parecía la última ayuda pública en rescate del sector financiero español. En total, entre inyecciones de capital directas y las inducidas por la compra de activos del «banco malo», el grupo BFA-Bankia se beneficiaba con 36.000 millones de euros de fondos públicos. Ésas eran al menos las cuentas que hacía Bruselas, la institución competente para delimitar con exactitud la cuantía de las ayudas de Estado. La opacidad y secretismo con que se habían llevado las negociaciones para diseñar y llevar a cabo esta inmensa intervención inmobiliaria provocaban, una vez más, recelos y desconfianza respecto a la verdadera utilidad de este instrumento. ¿Serviría de verdad para sanear las entidades con problemas? ¿Cómo haría la Sareb para rentabilizar aquello que a la banca le había supuesto un agujero? ¿Supondrá al final de su vida útil pérdidas o beneficios para el contribuyente? Si era un buen negocio, ¿por qué algunas entidades se habían resistido tanto a participar? Si el FROB no era el accionista mayoritario (aunque sí el mayor), ¿por qué avalaba en solitario las emisiones de deuda de la Sareb? Entidades como BFA-Bankia se deshacían de la mayoría de sus activos del «ladrillo», pero ¿cómo estar seguro de que los miles de millones que aún permanecían en balance y los miles de millones que estaban aún por llegar (vía daciones en pago y nuevas quiebras) no volverían a generar otro agujero similar? Sólo el tiempo lo diría.

No fue hasta abril de 2013, casi un año después de la toma de control de BFA-Bankia por parte del FROB, cuando culminó por fin la recapitalización del banco gracias a los fondos públicos. Hasta entonces permanecían dentro del balance del banco, sí, pero en forma de bonos contingentes convertibles (10.000 millones de euros en CoCos). Tras aplicar unas pérdidas totales a los accionistas del FROB —las cajas— y llevar a cabo los canjes con quitas forzadas a los dueños de preferentes y subordinadas, la entidad cotizada planteaba un último movimiento para consolidar todo el volumen de capital planeado tras la llegada de José Ignacio Goirigolzarri a la presidencia. La acción de la nueva Bankia definitivamente recapitalizada no iba a moverse en bolsa con las ridículas valoraciones que por entonces tenía (0,172 euros, el 17 de abril, por ejemplo), así que los responsables de la ampliación idearon una operación denominada «acordeón», que incluía un *split* (desdoblamiento de acciones) y un contrasplit (agrupamiento de acciones). ¿Qué suponía? Que cada cien acciones a una cotización de, por ejemplo, 0,172 euros, serían agrupadas en una sola nueva acción, que cotizaría a partir de entonces a 17,20 euros. Se mantenía el valor total de la inversión, pero se reducían el número de acciones en circulación. En el argot financiero, la operación era algo más compleja: primero se efectuaría el llamado *split*, que no era sino una reducción forzosa del capital social; el FROB valoraba cada acción de Bankia en 0,01 euros. Los accionistas iniciales mantenían así el número original de acciones, pero con un valor aún más insignificante del que ya registraban en las cotizaciones de los mercados bursátiles. Tras el *split*, llegaba a la vez el otro lado del «acordeón», el contrasplit (o *reverse split*), en forma de entrada masiva de nuevo capital. Así, para evitar un número absurdo de miles de millones de acciones en circulación, se agrupaban al mismo tiempo en proporción de 100 por una (quien antes tenía 100, ahora tendría una). Esta operación diluía definitivamente a los accionistas de la salida a bolsa, que de forma definitiva lo perdían todo.

A lo largo de todo 2012, el progresivo apunte de dotaciones y provisiones por parte de Bankia había ido minando el patrimonio neto del banco (es decir, sus fondos propios y acciones), pasando, en menos de un año, de más de 11.400 millones a apenas 4.000. Eran pérdidas continuas para los accionistas iniciales, quienes, para cuando el FROB decidía llevar a cabo la operación «acordeón» en Bankia, ya estaba claro que prácticamente se volatilizarían del accionariado tras la ampliación de capital. «Esta operación fue un agravio para los accionistas de la salida a bolsa. El problema de la operación "acordeón" es que el capital se lo han comido las provisiones de los decretos Guindos, no son exactamente pérdidas efectivamente incurridas», critica un antiguo alto cargo de Bankia. Justo o no, lo cierto es que, en la primavera de 2013, tanto los inversores particulares como las cajas del Sistema Institucional de Protección (SIP) perdían toda su participación en el cuarto banco del país, una entidad que ya por entonces viraba radicalmente su rumbo y, a pesar de la crisis que sufría España (en máximos de paro y morosidad), se metía de lleno en la senda de los beneficios.

Se ponía así prácticamente fin a la larga y en su mayoría exitosa historia de los montes de piedad y de las cajas de ahorros en España. Adiós a siglos de ayuda financiera a los más débiles y de una obra social que llegó a suponer la segunda iniciativa filantrópica con más medios económicos de todo el mundo, sólo por detrás de la llevada a cabo por la Fundación Bill Gates. El nuevo panorama del sistema financiero español apenas contempla unos últimos resquicios de aquellas entidades sociales que llegaron a suponer la mitad del sector del crédito en España. Como cajas puras al viejo estilo permanecen sólo dos: la Caixa Ontinyent y la Caixa de Pollença. Como representante de la evolución de las cajas está Caixabank: un banco privado a todos los efectos, y del cual la Fundación Bancaria la Caixa (ya no una caja) es dueña de parte del accionariado.

Ésta es la nueva realidad. Y quizá merezca la pena repasar cómo y por qué hemos llegado hasta aquí...

2

Caja Madrid: el origen de todo

A Bankia, la politización entendida como una intromisión del poder político en sus decisiones y como un rasgo distintivo y definitorio en su forma de proceder le viene de lejos. De hecho esta es, junto con la voluntad de luchar contra la exclusión financiera, una característica que ha marcado a la entidad desde mucho antes de su nacimiento. Hay que remontarse más de trescientos años atrás, a su origen mismo, para darse cuenta de hasta qué punto el poder político y las cajas de ahorros han sido indisolubles durante siglos.

El Monte de Piedad[19] de Madrid fue de donde surgió todo, en el año 1702. Lo creo un sacerdote, el padre Fernando Piquer, a imagen y semejanza de las instituciones que, con el mismo nombre, ya operaban en Italia. En concreto, el modelo de funcionamiento del Monte de Piedad de Madrid se hizo a imitación del de Roma, ya vigente desde tiempo atrás. Esta institución no era un capricho, sino que venía a cubrir una verdadera necesidad en aquella sociedad preindustrial. Ya existían desde hacía casi tres siglos entidades que, de forma no lucrativa, proporcionaban

19. Los montes de piedad, o montepíos, son instituciones benéficas de raíz católica donde los pobres pueden obtener dinero en metálico a cambio de un objeto en prenda.

créditos a los más desfavorecidos. Los historiadores Manuel Titos Martínez y José López Yepes, en su obra *Historia de la Caja de Ahorros y Monte de Piedad de Madrid* (2002), menciona una versión autóctona, de origen franciscano, de los montes de piedad; se trata de las conocidas como «arcas de limosnas», de las que ya hay registros en Castilla hacia el año 1431.

La de aquella España de inicios del siglo XVIII era una sociedad en la que la usura, la obtención de un rendimiento a través del capital financiero, estaba prohibida de forma estricta por una Iglesia católica que lo controlaba prácticamente todo. Sin embargo, por muchos obstáculos que se pusieran a la incipiente modernidad, se estaba revelando como cada vez más imprescindible siquiera un mínimo mercado crediticio que, por un lado, diera cobertura a esa demanda creciente de financiación y, por otro, garantizara lo de verdad importante: la supervivencia de las «almas» de los españoles. Que no existiera este mercado del préstamo estaba empujando a algunos buenos cristianos a acudir a los judíos, quienes por entonces eran los únicos cuya condición religiosa no les prohibía comerciar con préstamos (la usura). La solución pasaba pues por que la propia Iglesia creara una institución que pudiera facilitar préstamos en condiciones de beneficencia en cuanto a plazos y tipos de interés y a cambio de una prenda. Estos créditos se financiarían mediante donaciones, depósitos y limosnas.

Francisco Piquer Rodilla, turolense de nacimiento y capellán cantor del monasterio de Nuestra Señora de la Visitación (más conocido como las Descalzas Reales), en Madrid, fue un hombre que vivió obsesionado por beneficiar tanto a los vivos como a los muertos; y con esas premisas creó su Monte de Piedad de las Ánimas. Su actividad se resumía en conceder préstamos a los pobres vivos, y en celebrar misas y novenas en favor de los difuntos. Para recaudar fondos, se le ocurrió usar las llamadas «cajitas de ánimas», que se distribuían por los domicilios madrileños con el objetivo de que cada uno aportara lo que pudiera. La primera, el 3 de diciembre de 1702, la colocó en su propia habitación, donde, ante sus familiares, fundó la institución con un real de plata. Durante los primeros años, hasta 1708, la entidad funcionó sin amparo legal, ya que no fue hasta entonces que se redactaron los estatutos que dieron forma jurídica al Monte de Piedad.

Apenas una década después de su fundación, la institución ya sufría sus primeras disputas políticas: el arzobispo de Toledo, que desde un principio había apoyado la idea impulsada por el padre Piquer, exigía que la entidad estuviera supervisada por la autoridad eclesiástica si quería obtener una aprobación definitiva. Su fundador no aceptó estas exigencias, ya que su idea era que el Monte estuviera protegido por el Patronato Real, al margen de la influencia de Toledo. De hecho, el lugar de creación de la propia institución refrendaba esa idea de Piquer: su sede estaba en el monasterio de las Descalzas, que, aunque es un edificio religioso, está sometido a la jurisdicción real. El fundador movía hilos para que el control fuera del rey, y no del arzobispo, y en 1713 se consumaba la integración de la entidad dentro del Patronato Real.

En sus primeros años, el Monte se capitalizaba con limosnas (muchas de las cuales procedían de América), sufragios en favor de las ánimas del purgatorio, legados y donaciones, créditos de la Real Hacienda, depósitos sin interés y las llamadas mercedes reales. De todos estos, los depósitos de personas caritativas suponían la principal fuente de financiación, a pesar de que no empezarían a pagar intereses hasta 1836. Gracias a este capital, la institución se podía permitir su función principal: prestar dinero en metálico a los necesitados sin cobrar interés, y a cambio, como mucho, de una limosna voluntaria. La usura era un pecado para la Iglesia católica, así que desde un principio se estableció que cualquier tipo de pago a cambio de los fondos prestados sería nada más que voluntario. En aquellos primeros tiempos, la entidad se financiaba también por medio de la impresión ocasional de libros. Como contraprestación a las donaciones y sufragios, los trabajadores del Monte organizaban, en fechas señaladas, misas y fiestas religiosas y musicales en su capilla en favor de los difuntos.

Aunque en rigor eran las Juntas General y Particular las que gobernaban el Monte, aquella primera entidad se iba viendo condicionada por una cada vez mayor intervención del Estado, en la forma sobre todo de nombramientos de empleados y del control a las cuentas e incluso de los sueldos que se pagaban.

¿Cómo funcionaba el día a día de aquella entidad? Lo cuentan con detalle Titos Martínez y López Yepes en su libro sobre la historia de la caja ya mencionado:

> El prestatario entraba en la sala del despacho, tras franquear la portería, y se encontraba con las mesas del contador, del depositario y de los dos tasadores, uno de plata, oro y piedras preciosas, y otro de ropas. El tasador correspondiente indicaba la cantidad que podía prestarse por la prenda que, ordinariamente, se reducía a la mitad de su valor. A continuación pasaba el prestatario a la mesa del contador, quien anotaba en su libro y en el boletín de empeño el día y el mes en que se hacía el socorro, la cantidad y el nombre del socorrido, y firmaba dicho boletín. Después pasaba el solicitante a la mesa del depositario, quien recogía la prenda y firmaba también el boletín, y, por último, se acercaba a la mesa del tesorero que, tras firmar el boletín, entregaba la cantidad indicada.

Tras la muerte de Piquer, en 1739, el Monte de Piedad de Madrid (modelo que con los años fue prodigándose en otras ciudades españolas) siguió creciendo de forma orgánica, ayudado por las subvenciones públicas que recibía año tras año, aunque no sin dificultades. De los 591.306 reales con los que contaba como capital en 1724, pasó a más de 2.633.898 a finales del año 1820. Trabajar en aquella entidad no era ningún chollo, si atendemos a una anécdota del año 1805: aquel año, la junta general del Monte tuvo que conceder una limosna a su propio sacristán, un hombre llamado Enrique Díaz, «para con ella atender o reparar en parte su miseria», a la vista de la absoluta indigencia en la que vivía. Con o sin buenos sueldos, la entidad y sus empleados continuaron consolidando la presencia e influencia de la misma en la capital de España. La cada vez más compleja estructura económica de la sociedad preindustrial y el avance de la banca comercial fueron aumentando la sofisticación de las finanzas en España. Una complejidad que los obsoletos montes de piedad, cada vez más intervenidos por los poderes públicos, quizá no podrían abordar solos.

Nace la Caja de Ahorros de Madrid

En la primera mitad del siglo XIX, las ideas liberales y europeizantes habían calado, pese a todo, en ciertas élites económicas y políticas españolas. Y con estas ideas, calaron también las nuevas formas de organización económico-social y el conocimiento empírico de políticas públicas y privadas que habían logrado éxitos internacionales. Una de las recetas más beneficiosas para las economías desarrolladas estaba siendo el fomento del ahorro entre todas las capas sociales, una práctica que no sólo era una virtud de quienes lo practicaban, sino que contribuía a lograr una mayor inversión productiva, al bienestar de la sociedad en su conjunto y a promover el orden público. Los países que ahorraban más eran, en esencia, más prósperos, así que había que fomentar el ahorro en España. Las cajas habían emergido, sobre todo en Alemania, como instituciones de promoción del ahorro con las que, además, se buscaba luchar contra la exclusión social. Eran un modelo de éxito, y habían colaborado en el desarrollo económico y social alemán.

En España, la ola de liberalismo reformador tomaba la forma de sociedades de Amigos del País, un movimiento asociacionista formado por intelectuales, como Ramón de Mesonero Romanos, cuya prioridad era promover la modernización del país a imagen y semejanza de las naciones más avanzadas: Francia, Suiza, Inglaterra... La versión matritense (madrileña) de estos Amigos decidió emprender, en 1834, una campaña en los medios de comunicación y por medio de influencias para traer a España las cajas de ahorros que ya funcionaban en algunos países europeos con notable éxito. Por fin, en 1835 lograron que una real orden (un equivalente a una orden ministerial de hoy en día) diera apoyo ideológico a la creación de las cajas de ahorros, pero no fue hasta tres años después cuando el corregidor de Madrid —el marqués de Pontejos— propuso formalmente la creación de una caja de ahorros en la capital.

Como en el país ya existían los montes de piedad, y estaban extendidos por buena parte del territorio, se hacía evidente una solución práctica que se había llevado a cabo con éxito en Bélgica: vincular las nuevas cajas a los montepíos ya constituidos, de forma que éstos fueran los garantes de aquellas nuevas instituciones. Así, el 25 de octubre de 1838 se publicaba el decreto (otra vez con el poder político detrás) de creación de la Caja de Ahorros de Madrid, independiente, aunque ya adherida, al Monte de Piedad, un modelo que fue imitado y generalizado en todas las cajas españolas que se crearían después. La institución más moderna servía en la práctica como un complemento de la más antigua en la medida que entregaba sus fondos a ésta, la cual sólo tenía que entregar un interés a cambio. Las claves sobre las que se asentaba esta nueva especie de banca pública eran, en líneas generales, el fomento de la riqueza, la atención a las clases menos favorecidas y la obtención de un diferencial entre —esta vez sí— el cobro de un interés por el dinero que se entregara en préstamo y el pago de una retribución por los depósitos que llegaran a la caja.

En un primer momento, la Caja de Ahorros de Madrid estaba gobernada sólo por tres directores «de conocido arraigo, filantropía, probidad e inteligencia», si bien un reglamento aprobado en 1869 las vinculaba ya sin remedio al poder político de turno: el máximo órgano de gobierno de las cajas sería su Consejo de Administración, que a su vez estaría presidido por el gobernador civil de turno y formado por consejeros nombrados por el Ejecutivo (en un primer momento, los cargos eran honoríficos y gratuitos). El funcionamiento de la caja era de raíz distinto, aunque complementario, al del Monte de Piedad. Los clientes podían depositar su dinero en la entidad (un mínimo de cuatro reales y un máximo de sesenta cada vez, hasta un máximo total de 10.000 reales), tras lo cual se le entregaba una libreta con el extracto de sus fondos. Para cada retirada de fondos había que avisar con antelación, y podía tardar hasta cinco semanas. Los intereses por depositar eran del 4 por ciento anual. Desde su origen, era la caja la encargada de proporcionar fondos al Monte de Piedad, que sería, a su vez, el que prestara el dinero a un 5 por ciento por su parte. Así de sencillo.

Hacia el año 1868, la entidad ya contaba con 8,4 millones de reales en depósitos. Un año después, ambas instituciones, que hasta entonces eran estatutariamente distintas, se fusionaron para formar la definitiva Caja de Ahorros y Monte de Piedad de Madrid. Una fusión que fue más bien una absorción. Como resaltaron en su libro sobre la entidad los profesores Titos Martínez y López Yepes:

> No deja de parecer una cierta contradicción el hecho de que, en una época pretendidamente revolucionaria, fuera la Caja, una institución nacida del liberalismo, la que fue entregada al Monte, una entidad nacida del espíritu caritativo del catolicismo más acendrado.

En pocos años, la entidad despega y comienza un proceso de crecimiento más acelerado. Hacia 1879 ya contaba con 31.000 clientes sólo en la capital, a pesar de que apenas tenía cuatro sucursales. Este éxito y la voluntad de control del Gobierno de entonces conducen a la aprobación, en 1880, de la primera Ley de Cajas, que, entre otras cosas, otorgaba al ejecutivo el poder de aprobar los estatutos de cada nueva caja que se crease. Eran, de forma legal, instituciones de beneficencia y bajo el protectorado directo del Gobierno, una condición que permanecería intacta durante 46 años.

El cambio de siglo supuso un nuevo impulso para la Caja, que duplicó en sólo treinta años la cantidad de dinero depositada: de unos 40 millones de pesetas de entonces a más de 86 millones, gracias a más de 74.000 clientes. No fue hasta los años veinte del siglo XX cuando las cajas de ahorros adquirieron la función de desarrollar una obra social, ya que hasta entonces se dedicaban sobre todo a caridad y a la propia expansión, y fue en 1933 la última vez que un legislador se atrevía a definir legalmente las cajas: eran «instituciones de patronato oficial o privado exentas de lucro mercantil; no dependientes de ninguna otra empresa, regidas por juntas o consejos de actuación gratuita y dedicadas a la administración de depósitos de ahorro». Esta definición permanecería como la única válida legalmente incluso en el periodo democrático. Las cajas eran, en palabras de un consejero de Caja Madrid, «como las cañadas reales o los caminos públicos; son este tipo de bienes que son sociales, no públicos». Para bien o para mal, estas instituciones sin dueño crecían y se extendían por la práctica totalidad de las provincias y las principales ciudades españolas, ávidas de un modelo de entidad financiera exitoso basado en la caridad y la ayuda al desfavorecido. Este crecimiento se vio interrumpido en parte durante la década de los treinta, ya que la Caja fue afectada, como todos, por la guerra civil española —sufrieron sendos bombardeos las sedes de la plaza de Celenque y del monasterio de las Descalzas Reales— y por los numerosos conflictos políticos y militares de la época justo anterior: politización, uso de las instalaciones como hospitales...

La entidad, sin embargo, no se paralizó ni mucho menos: en 1935 sacaba al mercado las primeras imposiciones a plazo fijo y financiaba con tres millones de pesetas la construcción de las primeras viviendas para obreros (denominadas «casas baratas») en las madrileñas calles de Francisco Silvela, General Porlier y General Oráa. La llegada de Franco al poder supuso una nueva instrumentalización de las cajas y la primera regulación que permitía la expansión de las mismas a otros territorios. En concreto, Caja Madrid podía extenderse por Castilla la Nueva (Ciudad Real, Guadalajara y Toledo). Tal fue la expansión que llevó a cabo la Caja en 1939 con su primera absorción: la integración de la Caja de Ciudad Real. Pocos años después, con la reforma de 1947, el franquismo otorgó a las cajas la labor primordial de financiar y atender los orfanatos. Cualquier otra obra social tendría, además, que estar dentro de un plan conjunto que cumpliera con las exigencias del «interés nacional», dictado, cómo no, por el propio régimen a través del Ministerio de Trabajo. Era, una vez más, el poder político el que determinaba la gestión y las prioridades de estas entidades financieras que, jurídicamente, no eran de nadie.

Así, durante treinta años fue directamente el Gobierno de Franco el que controlaba buena parte de los fondos de las obras sociales de las cajas. Éstas, no obstante, disponían de cierta discrecionalidad para destinar fondos a la creación y mantenimiento de instituciones sanitarias populares (dispensarios para tuberculosos, por ejemplo), a la promoción de centros culturales (como bibliotecas o escuelas profesionales) y a la construcción de viviendas protegidas. Con matices, muchas de estas prioridades se mantuvieron en las cajas hasta bien entrado el siglo XXI.

Tras la guerra civil había comenzado una lenta modernización de las cajas, que se evidencia, entre otras cosas, en los productos que éstas ofertaban. A los tradicionales préstamos libres, los préstamos «sociales de regulación especial» y los créditos de mediación (sobre todo de tipo agrícola) se sumaban, en la década de los cuarenta, los llamados «préstamos nacionales». Fue en los años cincuenta cuando despegó de forma más notable la actividad cajera con la generalización de las hipotecas y los préstamos a inquilinos. La vinculación de las cajas con el «ladrillo» no acababa ahí: en 1957 se estableció la obligatoriedad de invertir un 10 por ciento del incremento anual de depósitos a préstamos a la vivienda, y, a inicios de los años sesenta, el Gobierno volvió a establecer más inversiones obligatorias en vivienda. La nueva década daba carpetazo a los principios autárquicos que habían predominado en los primeros veinte años del franquismo, siendo aprobada, en 1962, una nueva reforma bancaria que para las cajas suponía, entre otras novedades, la existencia de un Instituto de Crédito de las Cajas de Ahorros (ICCA), el organismo encargado de dirigir y supervisar las entidades, a su vez dependiente del Ministerio de Hacienda y presidido por el Banco de España. La nueva normativa permitió no sólo la expansión por todo el territorio de los bancos privados, sino también de las cajas (hasta entonces vinculadas de forma férrea a sus territorios de origen), que podían instalarse en localidades de otros territorios —siempre con permiso del ICCA— donde no hubiera acceso al crédito ni al ahorro.

Caja Madrid, que en los años cuarenta atravesaba una época de escaso brillo y apenas entraba en la lista de las diez cajas más grandes del país, aprovechó esta ventana legal para tratar de extenderse más allá de las 31 oficinas que tenía repartidas en Madrid, Ciudad Real, Guadalajara y Toledo: en 1965 abría 20 en la capital, y otras 18 en la provincia de Madrid, y un año después, otras 40. En total, a finales de 1970 eran ya 133 las sucursales de la Caja en sus cuatro provincias de influencia. Este fuerte crecimiento disparaba también los recursos disponibles en la entidad, que acababa 1970 con más de 27.000 millones de pesetas en depósitos de la clientela. Cuatro años después, esa cifra ascendía a 100.000 millones de pesetas, lo cual situaba a esta caja como la segunda en tamaño del país.

Con su naturaleza benéfica inscrita en su ADN, las cajas de ahorros eran entidades muy populares, pero no exentas de riesgos, por lo que los distintos gobiernos siempre habían limitado su potencial de crecimiento. Su prioridad de luchar contra la exclusión crediticia era un fin noble y caritativo, pero, como en casi todo, tenía unos costes aparejados: todos aquellos que no habían obtenido financiación acudiendo a un banco, acudían después a una caja. Es decir, que la calidad del riesgo que contenían los balances de la entidad era sensiblemente peor que el de una entidad equiparable del sector privado. La otra cara de la moneda de la lucha contra la exclusión financiera es que los acreditados excluidos, por lo general, son menos solventes y, por lo tanto, más propensos a ser morosos. Cuando tu balance está lleno de excluidos, por muy bien que hayas estudiado las operaciones, el riesgo real de que un porcentaje sensible de los créditos queden fallidos no es menor.

A pesar del relativo aperturismo, lo cierto es que las cajas de ahorros —y Caja Madrid no era una excepción— fueron entonces instituciones controladas hasta el céntimo por el Gobierno franquista. Era éste el que fijaba por ejemplo los porcentajes de recursos que se habrían de destinar a cada tipo de inversión: adquisición de fondos públicos (50 por ciento), construcción de viviendas (7 por ciento), prestamos a pymes (6 por ciento), préstamos sociales (17 por ciento), etc. Eran éstas unas directrices de inversión ajenas a la rentabilidad económica y que variaban frecuentemente en función de las prioridades de la dictadura. Su Obra Social, por su parte, estuvo dedicada hasta el final del franquismo a actividades dictadas por el régimen: promoción inmobiliaria benéfica, concesión de becas y donativos a los necesitados, mantenimiento de instituciones asistenciales y culturales, escuelas profesionales, etcétera.

3

Llega la democracia a la caja

La transición política que vivió España a partir de 1975, tras la muerte de Franco, la vivió a su manera también Caja Madrid, que vio cómo renunciaba ese mismo año su presidente durante más de 35 años, José Falcó, conde de Elda, para dar paso a Felipe Ruiz de Velasco, que presidiría la entidad durante trece años. La modernización, desarrollo y democratización del país iban en paralelo al avance de la entidad, que por aquel entonces mantenía una red de sucursales muy por debajo de lo que su tamaño y cantidad de recursos en teoría permitían.

El sistema financiero español iniciaba la entrada en la democracia con numerosas asignaturas pendientes: un notable control administrativo sobre los tipos de interés, fijación de un porcentaje de inversión obligatorio para ciertos tipos de activos y actividades, escasa competencia real entre las entidades, falta de desarrollo de mercados financieros no bancarios... En resumen, España entraba en el periodo democrático sin un sistema de acceso al crédito mínimamente homologable al que existía en los países de su entorno europeo. Por ello, en 1977 se aprobaron las primeras medidas liberalizadoras, que dieron como resultado la mayor revolución en la por entonces bicentenaria historia de las cajas de ahorros. El Gobierno dio luz verde a un decreto que, por un lado, dotaba de más libertad a las cajas y, por otro, de más representatividad de los distintos sectores sociales presentes en sus consejos de administración. El nuevo decreto de 1977, aprobado por el entonces vicepresidente y ministro de Economía Enrique Fuentes Quintana, suponía sobre todo una victoria moral para el sector cajero, que llevaba décadas reclamando una mayor integración del mercado del crédito: ahora, la ley permitía a las cajas de ahorros realizar las mismas operaciones que fueran legales para los bancos privados. Es decir, que por fin se introducía una competencia real entre banca y cajas, una situación que hasta ahora estaba vetada expresamente por la ley.

Gracias al proteccionismo del pasado, en España se había consolidado un verdadero oligopolio de poco más de media docena de grandes bancos privados «que quedaban a comer juntos en el Lhardy»,[20] estaban acostumbrados a no competir apenas entre ellos y decidían juntos los tipos de interés a aplicar para el conjunto del mercado. «Fuentes Quintana decidió que hacía falta competencia en el mercado del crédito y metió a las cajas de ahorros como elemento de choque», detalla un antiguo diputado regional madrileño y exconsejero de Caja Madrid testigo de aquellos años.

Pero tan importante o más que esa liberalización parcial del negocio de las cajas era la apertura de las mismas a una mayor representatividad en sus consejos de administración. Hasta ahora, era el Gobierno quien, de una forma u otra, decidía la composición de los distintos consejos de las cajas. Con la reforma de 1977 se pretendía extender y «capilarizar» esta representatividad con la imposición de una nueva estructura de los órganos de estas entidades: por encima del Consejo de Administración ahora estaría la Asamblea General, órgano supremo y un equivalente adaptado al sector cajero de las juntas generales de accionistas. Era la asamblea la que nombraría a los miembros del consejo, así como a los miembros de la Comisión de Control

20. El Lhardy es un conocido restaurante madrileño de alta cocina, lugar de encuentro durante décadas de la élite política, económica y empresarial española.

(encargada de hacer de contrapeso y auditora del primero) y de la Comisión de Obras Sociales. Se suponía que los administradores de las cajas representaban al conjunto de la sociedad de los territorios donde estaban instauradas. Hasta entonces era el Gobierno el que había desempeñado —bien o mal— esa labor de representación, que a partir de entonces desempeñarían las asambleas de las cajas.

¿Quién iba a componer esas asambleas? Para componerlas se ideó un sistema aparentemente objetivo, basado en la designación de representantes procedentes de diversas instituciones públicas y sociales con distintos grados de representatividad real. Así, entre 60 y 150 consejeros generales serían designados mediante compromisarios (delegados) de entre todos los impositores y depositantes de la caja. Además, entre 15 y 30 asamblearios procederían de entidades de carácter científico, cultural o benéfico con reconocido arraigo en el territorio de la caja, así como de las corporaciones locales (ayuntamientos, mancomunidades, etc.). Además, en el Consejo de Administración se introducían también cambios de forma que estuvieran representados no solo miembros de la Asamblea General, sino también los propios empleados. En cuanto a la gestión de las cajas, se establecía la figura del director general como primer ejecutivo de la entidad (el presidente del Consejo de Administración era sólo un cargo institucional), que tenía poder para incluso suspender temporalmente las decisiones de los consejeros que no tuvieran relación directa con el director. La aplicación de la nueva normativa dio como resultado la convocatoria de elecciones en todas las entidades —primero en 1978 y después en 1982-1983— y, de forma más general, la extensión de la conocida como «banca universal»[21] por buena parte del territorio nacional. El acceso al crédito y los servicios bancarios básicos (libretas de ahorro, tarjetas, cuentas corrientes, etc.) ya no era cosa sólo para un reducido y privilegiado grupo de personas.

21. La banca universal es aquella que presta servicios financieros a una generalidad de clientes, en contraposición a la banca privada (sólo para los ricos) o la industrial (sólo para grandes empresas).

La reforma de Fuentes Quintana, aunque exitosa en general en cuanto a la homologación de bancos y cajas y a la reducción de los tipos de interés por la introducción de mayor competencia, no fue completa desde un punto de vista de liberalización del mercado financiero en España. De hecho, seguían existiendo todo tipo de trabas, regulaciones y limitaciones para que los distintos tipos de entidades de crédito pudieran crecer, distinguirse y establecerse por el territorio nacional para competir entre ellas. Hasta los años ochenta, las cajas estaban limitadas por los llamados coeficientes de inversión, que las obligaban a destinar parte de sus recursos a comprar deuda pública o invertir en cualquier tipo de activo que determinara el poder político. Además, la nueva organización territorial del Estado, en forma de comunidades autónomas y provincias, abría la puerta a que cada territorio, de forma «soberana», aspirara a configurar su particular mercado financiero. En 1982, el Partido Socialista Obrero Español (PSOE) llegaba al gobierno, y en su tercer año en el poder, el ministro Carlos Solchaga aprobaba una ley que regulaba el funcionamiento de los órganos rectores de las cajas de ahorros y permitía a las entidades extenderse libremente por España. «Fuentes Quintana introdujo la competencia de las cajas [con los bancos], y Solchaga fue a más y dijo que no sólo podían ofrecer los mismos productos, sino que podían hacerlo donde quisieran», recuerda un antiguo diputado regional madrileño. Pese a la posibilidad de expandirse, el objetivo principal de la norma era «democratizar» estos órganos de gobierno de las cajas, pero también dotarlas de unos sistemas de gestión más profesionalizados y de una inspección y supervisión más eficaz. Se atribuía a los municipios la capacidad de nombrar a un mínimo del 40 por ciento de los representantes sociales en las asambleas generales, y seguirían estando presentes tanto los impositores (44 por ciento) como los empleados (5 por ciento) y los fundadores (otro 11 por ciento), a través de personas designadas en cualquier caso mediante procesos electorales. La ley, sin embargo, no entraba a definir qué eran exactamente las cajas, que a todos los efectos seguían siendo esas «instituciones de patronato oficial o privado exentas de lucro mercantil». Se mantenían además tres de los órganos clave: las asambleas, los consejos de administración y las comisiones de control; y se eliminaban las comisiones de obra social. Aparejada a la norma de 1985 diseñada por el ministro Solchaga —la LORCA—, gobiernos autonómicos como el de Cataluña aprobaban normas reguladoras para sus ámbitos concretos, una práctica que se generalizaría a todas las comunidades autónomas españolas, que gracias a sus recién estrenados estatutos de autonomía gozaban de competencias exclusivas en regulación de cajas de ahorros. En el caso concreto de la Comunidad de Madrid, en 1992 se modificaron en la norma autonómica el número de asamblearios (de 50 a 400) y los porcentajes de participación de los distintos colectivos con representación en la Caja, para dar entrada a un 12 por ciento de representantes del parlamento autonómico (la Asamblea de Madrid). Se daba así carta de naturaleza a un modelo de representación en los órganos de gobierno de Caja Madrid que pretendía aglutinar las distintas sensibilidades y entidades con presencia en la economía madrileña. Se otorgaba, por ejemplo, una presencia proporcional de los representantes de las corporaciones en la Asamblea General, de forma que si un partido obtenía un 33 por ciento de los escaños, tuviera a su vez el 33 por ciento de los representantes en el órgano supremo de Caja Madrid. La idea de sentar a todos los partidos tenía cierta lógica e incluso se establecían requisitos de profesionalidad y experiencia para poder acceder a ciertos puestos del Consejo de Administración, pero los problemas de diseño, que los había, se harían evidentes sólo algunos años después.

La LORCA, aprobada por Solchaga, permitía también la posibilidad de que se nombrara una presidencia ejecutiva en las cajas. Hasta el momento, el diseño había limitado esa posibilidad, separando por un lado la presidencia de la caja, que quedaba ceñida a un cargo de tipo institucional, y por otro la dirección general, cargo sin representatividad, pero que aglutinaba los máximos poderes ejecutivos en las cajas. El nuevo modelo no desechaba la figura de los directores generales, pero sí que abría la posibilidad a que éstos tuvieran por encima a un presidente con asiento en el Consejo de Administración de cada entidad.

En el caso de Caja Madrid, en cuanto se retiró el presidente, el magistrado Felipe Ruiz de Velasco, el siguiente movimiento fue colocar a un presidente ejecutivo y con plenos poderes al frente de la caja madrileña, que por entonces ocupaba apenas el noveno puesto entre las principales entidades financieras del país (la segunda entre las cajas). Se iba de la caja un hombre de leyes y llegaba un economista. Llegaba Jaime Terceiro.

4

La era *terceiro* (1988-1996)

Aunque el refrán de siempre recuerda que «alguien vendrá que bueno te hará», a pocos gestores se les puede aplicar con tanta aparente unanimidad como a Jaime Terceiro Lomba, expresidente de Caja Madrid durante ocho años. Tampoco parece difícil, si tenemos en cuenta que sus dos siguientes sustitutos en el cargo se han visto imputados por delitos relacionados con su cargo.[22] Bien al contrario, este profesor de Economía parece haberse visto reconocido sobre todo a posteriori —no tanto durante su mandato— con la obtención de algunos de los mayores galardones que concede la academia en España, como el Premio Rey Juan Carlos de Economía, uno de los más prestigiosos en el ámbito de habla hispanoamericana, que fue otorgado por el Banco de España al expresidente de Caja Madrid precisamente por haber anticipado desde un puesto de responsabilidad como el suyo los problemas futuros de las cajas de ahorros.

Terceiro, un catedrático de Economía pontevedrés hijo de José, un ferretero emigrado a Cuba, y de Carlota, una de las primeras mujeres licenciadas por la Universidad de Santiago de Compos-

22. Causas que, al cierre de la edición de este libro, aún están por resolverse.

tela, ascendía a la presidencia de Caja Madrid en 1988, gracias a un pacto entre el por entonces presidente de la Comunidad, Joaquín Leguina, y el también líder socialista Josep Borrell; un acuerdo al que se sumarían después otras organizaciones como Izquierda Unida y Comisiones Obreras. Se había aprobado la LORCA apenas unos años antes, y en la Asamblea General de la Caja ya estaban sentados los representantes de los partidos políticos y los sindicatos. Terceiro permanecería en el poder hasta 1996; nueve años, según sus propias palabras, «de un profundo proceso de modernización» del sistema financiero español y en los que, a su juicio, la entidad se convirtió en una de «las instituciones más solventes y rentables de España, tal y como ponen de manifiesto los registros públicos de la CNMV». Y es cierto que, en ese periodo de tiempo, la entidad cuadruplicó sus beneficios, triplicó la cantidad de depósitos de la clientela y los recursos propios y obtuvo el no despreciable mérito de ser la primera caja española sometida al examen de una agencia de *rating* (con las máximas notas posibles).

A pesar de que llegaba a una caja de ahorros, con todas sus peculiaridades, ventajas y problemas, una de las primeras características de la misma que le contrarió fue el mal acople que estas instituciones tenían en el ámbito internacional. «Me parecía claro que su peculiar formulación jurídica e indefinición de derechos de propiedad traerían sustanciales problemas en un futuro no muy lejano», relataba tiempo después, en 2012, durante su discurso de recepción del Premio Rey Juan Carlos de Economía. Para este académico, el hecho de que las cajas no fueran de nadie supondría un problema tarde o temprano. Al que era presidente de la segunda caja española no le parecía «sensato tener la mitad de nuestro sistema financiero en esas condiciones», y dieciséis años después de su marcha de la entidad abogaba públicamente porque las cajas tuvieran propietarios, ya que «la posibilidad de transmitir esos derechos de propiedad actúa como un incentivo para mejorar la gestión». Era, por decirlo de alguna manera, un presidente de caja que estaba a favor de que las cajas, o bien se privatizaran, o bien desaparecieran, algo que no dudaba en hacer público por medio de artículos o trabajos académicos. «Tal actividad no me granjeaba, precisamente, la solidaridad profesional de mis colegas en las cajas de ahorros, con los que, en numerosos casos, por otra parte, me unía una incuestionable y vieja amistad. Todos ellos eran hostiles a cualquier propuesta de cambio. Tampoco esta forma de pensar y actuar era plenamente aceptada en el Consejo de Administración de Caja Madrid. Recuerdo bien que la publicación, en diciembre de 1995, de un extenso artículo en un número especial de *Información Comercial Española* dedicado a nuestro sistema financiero, defendiendo estas ideas, me creó bastantes problemas en el seno del mismo consejo que un par de meses antes me había reelegido por unanimidad para un nuevo mandato», recordaba Terceiro. En efecto, su manifiesta hostilidad respecto a la entidad que él mismo presidía, la imposibilidad material de llevar a cabo las reformas que estimaba imprescindibles y el cambio de gobierno en la Comunidad de Madrid en mayo de 1996 le forzaban a dimitir.

Antes, durante sus nueve años de presidencia, Jaime Terceiro gestionaba Caja Madrid fiel a sus principios económicos académicos cercanos a la escuela clásica. En aquellos finales de los años ochenta y principios de los noventa, en los que España estaba plagada de pelotazos urbanísticos y corporativos, privatizaciones, fusiones y adquisiciones, su entidad apostaba sin embargo por limitar al máximo la cartera de participadas y dedicarse casi en exclusiva al negocio tradicional de las cajas; es decir, en la práctica, funcionar lo más posible como una especie de banco hipotecario tradicional.

No todo era, sin embargo, banca tradicional, ya que Caja Madrid fue una de las primeras entidades en meterse de lleno en los mercados de deuda pública y de titulizaciones. Sus mayores innovaciones, sin embargo, llegaban por el lado de la ciencia económica: la formación académica de Terceiro —«siempre he creído que el rigor académico e intelectual puede dar notables resultados en la práctica económica»— le hacía propenso a confiar en los nuevos modelos de medición y cálculo del riesgo (un elemento fundamental en todo banco), y la caja fue una de las entidades pioneras en España en la utilización de modelos econométricos y derivados financieros para proteger sus balances. Su máximo competidor en el sector de las cajas, la Caixa, optaba por una estrategia bien distinta, entrando con fuerza en el accionariado de campeones nacionales como Repsol, Abertis y Gas Natural.

Uno de los antiguos consejeros de Caja Madrid que compartió mesa con Terceiro recuerda sus primeros momentos en la presidencia: «Llegó sin demasiada experiencia financiera y se encontró con un equipo de viejos directores; al principio tuvo dificultades para entenderse con ellos, pero más o menos funcionó bien». La llegada de Terceiro suponía la modernización definitiva de la entidad, que en pocos días pasaba a tener una estructura organizativa similar en gran parte a la que tenían los bancos privados: un presidente ejecutivo con mucho poder de decisión y unos consejeros y vocales mejor pagados. Hasta entonces, el cargo de consejero estaba retribuido nada más que por medio de unas dietas que alejaban cualquier posibilidad de profesionalización por parte de los órganos de gobierno de la caja.

Una de las medidas que se tomaron al llegar Terceiro fue el aumento de las retribuciones de los consejeros, tanto las dietas como por medio de tarjetas de crédito para gastos (comida, desplazamientos, etc.). Con el nuevo diseño se acababa el binomio imperante durante años en el que una presidencia institucional coexistía con una alta dirección. El presidente del Consejo de Administración presidiría también el Comité de Dirección, por lo que, en la práctica, sería el máximo ejecutivo. A partir de entonces, todo dependería del presidente, primer directivo de la caja; y este modelo se mantendría en su esencia, pese a las modificaciones, hasta la nacionalización de la entidad, e incluso después.

Terceiro diseñó un sistema en el que él convivía con un director general que tenía otros cuatro directores generales adjuntos, aunque este sistema no duraría mucho. El nuevo modelo generaba no pocos enfrentamientos entre la directiva —acostumbrada hasta entonces a hacer y deshacer— y la presidencia. El director general de entonces, Mateo Ruiz Oriol, se jubilaba pocos años después, y el presidente aprovechó para llevar a cabo la reordenación definitiva que dividiría —especializaría— aún más el poder de decisión de los altos directivos, todos siempre coordinados por el máximo ejecutivo; así, se creaban dos direcciones generales (Comercial y Secretaría General) y cinco direcciones generales adjuntas (Operaciones y Banca al por Mayor, entre otras), así como un consejero delegado al mando de la corporación financiera. En un momento dado, el Comité de Dirección que presidía Terceiro llegó a contar con una docena de directivos, todos dependientes orgánicamente del presidente.

La ley conocida como LORCA se había aprobado recientemente, y suponía toda una revolución y un desafío para las cajas y el sector financiero en su conjunto, ya que se rompía la limitación geográfica, con lo cual, teóricamente, las entidades podrían extenderse por todo el territorio nacional. «Se usaron las cajas para romper el que por entonces todavía era un oligopolio de los bancos. Además, también existían aún por entonces los problemas de exclusión financiera en algunas zonas del país y de escasa bancarización de la sociedad en su conjunto.

«En la segunda mitad de los [años] ochenta era todavía muy común que hubiera españoles que no tuvieran ninguna cuenta, o que, por ejemplo, recibieran su sueldo en metálico. La LORCA venía a introducir competencia en esto», recuerda un antiguo diputado de Izquierda Unida presente en aquellas negociaciones parlamentarias. El efecto llamada era inmediato para las dos mayores entidades (la Caixa y Caja Madrid), y ambas anunciaban la apertura de cientos de oficinas de una tacada. En el caso de Caja Madrid, los planes de expansión se extendían hasta principios de los años noventa; y fue precisamente la crisis de 1993 la que durante dos años puso en jaque a la entidad. «La crisis nos cogió con el plan de expansión a medio camino, y las nuevas oficinas estaban casi todas en pérdidas, lo que lastró nuestros resultados. Sólo un 20 por ciento de las oficinas nuevas daba beneficios, y eso suponía un problemón, por lo que el plan de expansión se paró en seco», rememora un consejero de la Caja presente en aquellos años.

Junto con la crisis económica, que ocasionaba un súbito aumento de los datos de desempleo, se evidenciaba una crisis inmobiliaria que afectaba con especial gravedad a la Caja a finales de 1994 y principios de 1995. Tal como ocurriría quince años después, las entidades financieras con más créditos hipotecarios sufrían una morosidad alta y un creciente número de desahucios y daciones en pago. «En ese momento, a finales de 1995, la caja tenía adjudicados 160.000 millones de pesetas, un inmovilizado brutal que, además, tenía que provisionarse», apunta un antiguo consejero de la entidad. Ante este aumento tan notable de la mora, desde la dirección se cargó contra la red de oficinas y las direcciones de zona por haber dado créditos sin garantías suficientes. «Eso llevó a que buena parte de los sindicatos se pusieran en contra del presidente, lo que creó cierta inestabilidad. Saltaron, además, varios escándalos que pusieron a la Caja al borde de la parálisis.»

Uno de los directores generales sería denunciado por la compra de varios equipos informáticos para la Caja a cambio de comisiones, y, poco después, otro de los directivos responsables del área comercial se vería envuelto en otro escándalo por conceder créditos a grandes empresas también a cambio de comisiones y regalos. Un antiguo consejero de la Caja relata otro de los escándalos de la época, ocurrido en la zona noroeste: «En 1994, varias promociones financieras en Santiago de Compostela se declararon en fallido. Las promotoras habían dejado de pagar, pero el responsable de la zona refinanció "en falso" a pesar de que estas empresas tenían ya dinero de las familias (alrededor de un 20 por ciento) para construir sobre plano. El problema saltó por la mala gestión y las pérdidas afloradas, pero además se descubrió que el director de esa zona daba créditos a cambio de comisiones y participaciones en los proyectos. Fue expropiado y llevado a juicio», detalla.

Eran tiempos de crisis en la economía real y en el mercado laboral, pero de exuberancia en lo financiero. Eran años de grandes privatizaciones y fusiones, y la idea de Terceiro pasaba por no meterse demasiado en aquellas operaciones, algo que no compartían todos los miembros del Consejo de Administración de la entidad. «Hubo un gran debate sobre si diversificar las inversiones o no», indica uno de los consejeros presentes en aquellas reuniones. «Se creó para ello la Corporación Financiera, y el presidente no quería ir más allá, y solía decir "zapatero a tus zapatos". Él creía sobre todo en la intermediación, pero, por ejemplo, la Caixa estaba aprovechándose de muchas de las oportunidades que estaban apareciendo, y por eso crecía mucho más que nosotros. Nuestra única participación estratégica comparable era en Telefónica, y lo que el presidente hizo con ella fue venderla sin autorización del Consejo de Administración para reforzar las provisiones de la caja. Esa participación acabaría siendo del Banco Santander; fue un mal negocio para Caja Madrid», opina este antiguo miembro del Consejo de Administración, quien califica aquellos años como de una cierta «crisis» institucional en la entidad.

Buena parte de los consejeros no compartían ni la estrategia ni las ideas del presidente, quien, sin embargo, en 1995 fue ratificado para un tercer mandato, con un cambio de caras en el Consejo de Administración mediante. No duraría mucho más. Uno de los altos directivos llegados al final de su época y que se mantendría durante más de una década, se muestra muy crítico con el control interno que Terceiro ejerció sobre sus directivos: «Fue el tío con el que he trabajado que más aceptó la corrupción dentro de la caja, no sé si porque lo consentía o porque no se enteraba. No sé qué era más grave. Hasta dónde llegaría el problema que, cuando yo llegué, había un directivo de primer nivel al que en el sector llamaban "Míster 7 por ciento", por las comisiones que sistemáticamente cobraba. Otro había abierto una academia privada, una escuela de formación, para preparar las oposiciones de los candidatos que iban a entrar.[23] Había cosas claramente irregulares en aquella época», asegura.

En 1995 es cuando asciende y logra por primera vez un puesto en el Comité de Dirección Ildefonso Sánchez Barcoj, uno de los directivos con más poder en la era moderna de Caja Madrid (y luego Bankia). Sánchez Barcoj, que había entrado a trabajar en la entidad en 1978 tras aprobar una oposición «de las de antes», se incorporaba como director de Banca Comercial tras hacer casi de todo en la Caja: cinco años en oficinas de la periferia de Madrid; luego, responsable del Banco de Crédito y Ahorro; después, dos años destinado en la zona de Valencia...; y, de ahí, el salto al grupo de los que más mandaban. Aupado a la alta dirección por Terceiro, Sánchez Barcoj lograría ser uno de los hombres fuertes de la entidad durante diecisiete años. Verdadero conocedor de lo que ocurría en las catacumbas de Caja Madrid, durante los man-

23. Por entonces, a la caja se entraba por oposición.

datos de los dos siguientes presidentes lograría ostentar algunos de los puestos de mayor responsabilidad en la entidad.

El estilo de dirección de Jaime Terceiro se caracterizaba por una gestión aparentemente prudente del riesgo y una aversión al crecimiento más allá de lo orgánico; es decir, más allá de lo que la caja podía crecer por medio de la entrada de ahorro en sus balances. Esta estrategia estaba fundada en la idea de que reduciendo los riesgos y gestionándolos de una forma prudente se lograba la mejor gestión posible para los impositores. Una caja pequeña era más fácil de controlar que una inmensa caja que jugaba a competir con los bancos privados, sujetos en todo momento al control de sus accionistas. Esto no quiere decir que no se realizaran grandes operaciones, que las hubo: adquisición de la Caja de Ahorros de Ceuta y del Banco de Crédito y Ahorro,[24] son dos ejemplos. Enfrente se situaban los «dueños» —es decir, los consejeros designados por partidos, sindicatos y patronales—, quienes creían que era preferible una estrategia de mayor crecimiento: no sólo dar más créditos, sino promover más fusiones, más adquisiciones y diversificar lo más posible las actividades de Caja Madrid.

Este debate en el seno de la entidad estaba controlado, no sin dificultades, por el presidente, que logró imponer sus prioridades durante sus dos primeros mandatos. Esta línea de trabajo, no obstante, le granjearía pocos apoyos en el futuro dentro de la propia entidad. Los «cajeros» veían que mientras Caja Madrid se estancaba, su principal competidor, la Caixa, crecía mucho más y se distanciaba dentro del sector financiero español. No era poco perder en esta comparación, ya que la rivalidad entre ambas cajas era algo ya tradicional, así como toda una obsesión para los administradores de ambas. «En apenas tres o cuatro años, la Caixa pasa de ser más o menos similar a Caja Madrid a ser mucho más grande por la adquisición de participadas. Era una estrategia opuesta al "zapatero a tus zapatos" de Terceiro. Uno aspiraba a jugar en primera división, y otro se conformaba con

24. El Banco de Crédito y Ahorro fue adquirido al BBV en 1991, y contaba con 89 oficinas en España. Posteriormente se rebautizaría como Altae, banco cuya ficha fue utilizada en 2010 para crear BFA-Bankia.

jugar en tercera.» Un mayor tamaño suponía mayores ingresos, lo que se traduciría probablemente en más oficinas, más empleados y más beneficios, y, por lo tanto, en una mayor dimensión de la Obra Social. El sector de las cajas, dominado por hombres, no era tan distinto al de los bancos, y existía desde hacía tiempo una irremediable tendencia a medir quién «la tenía más larga».

En 1995 se producía un vuelco electoral en la Comunidad de Madrid, y el Partido Popular de Madrid, liderado por Alberto Ruiz-Gallardón, ganaba con una amplia mayoría absoluta: 54 escaños frente a los 49 del resto de la oposición. Esto suponía un dominio casi absoluto para hacer y deshacer en una comunidad en la que el Partido Popular aún no había catado el poder. Se acababa la era del socialista Joaquín Leguina y, por lo tanto, sus nombramientos y su influencia real a la hora de nombrar altos cargos.

Pese a que Jaime Terceiro era un presidente aún con prestigio y recién ratificado, y pese a que disfrutaba de un relativo consenso por ser un profesional independiente no adscrito a ningún partido, tampoco contaba con grandes apoyos que le fijaran en el cargo. Era cuestión de tiempo que el PP quisiera imponer un candidato en la gran caja madrileña con el que se sintieran cómodos. Terceiro, que tampoco contaba con el beneplácito de los sindicatos ni con el de buena parte del Consejo de Administración, estaba en la cuerda floja. En este contexto, los responsables del sindicato Comisiones Obreras, con una gran presencia en Caja Madrid, proponen un nuevo acuerdo, «un gran pacto de estabilidad», tal como lo describe uno de los consejeros presentes en aquellas negociaciones. El sindicato Comisiones Obreras y el PP firmaron un acuerdo mediante el cual el candidato sería, en un primer momento, el economista, exconsejero de la Caja y tertuliano Alberto Recarte. «Pero acabaron rechazándolo porque Recarte, en muchos de sus artículos, abogaba por la privatización de las cajas.» Había que buscar a otro candidato que despertara un mayor consenso.

Y entonces apareció Blesa.

5

Los años de Blesa (1996-2009)

«Se llevaba bien con todo el mundo, y encima era amigo personal de Aznar.» Miguel Blesa de la Parra, un linarense inspector de Hacienda, era el elegido por el Partido Popular para sustituir a Jaime Terceiro en la presidencia de Caja Madrid. No tenía experiencia en la gestión de una gran entidad financiera, pero era un tipo listo y, sobre todo, no despertaba a priori los recelos que sí provocaba un economista como Alberto Recarte —en cuyas tertulias y artículos exponía ideas liberales, a menudo críticas con las cajas— entre los partidos de izquierda; además, llegaba con el aval de su vieja amistad con el que, desde mayo de 1996, era el nuevo presidente del Gobierno de España, José María Aznar. Ambos habían preparado juntos la oposición al cuerpo de inspectores de la Agencia Tributaria, y ambos compartían círculos de amistad comunes dentro de la nueva élite social madrileña.

Aznar, líder de una derecha española que «viajaba» al centro, empezaba a atesorar cuotas de poder, y se acordó de su viejo amigo Blesa. El Partido Popular lograba así llegar a un acuerdo definitivo con Comisiones Obreras y otros consejeros afines a los partidos de la oposición. «El sector mayoritario del PP convocó una reunión y presentó a Miguel. Como la percepción por entonces era que la entidad estaba sufriendo una grave crisis institucional, le dimos nuestro apoyo», explica un antiguo consejero representante de la izquierda política en la Asamblea de Madrid. Por raro que parezca, buena parte de las fuerzas de izquierda representadas en la asamblea y el consejo de Caja Madrid daban su apoyo al candidato propuesto por la nueva derecha en el poder con el fin de derrocar a Jaime Terceiro, quien en su momento fuera propuesto por el socialista Leguina. ¿Por qué le apoyaban si no tenía experiencia al frente de una entidad del tamaño de Caja Madrid? Este exconsejero da sus razones: «Los problemas de Blesa no eran técnicos. Para ser presidente de un banco no hace falta ser un superhéroe, ya que para cada cosa tienes a tu equipo de personas especializadas y de confianza». Se pasaba pues de un economista académico a un inspector de Hacienda que tenía un despacho en el madrileño y exclusivo barrio de El Viso desde donde ejercía la asesoría fiscal y financiera de, por ejemplo, el Real Madrid, entre otras entidades y empresas. El Consejo de Administración, ante la evidencia de que la alternativa real era Alberto Recarte, votaba a Blesa por unanimidad.

El nuevo presidente llegaba para dar un giro radical a la estrategia seguida por su antecesor en la caja. En contraposición a una visión clásica —«decimonónica», según los críticos— de la banca que tenía Terceiro, el nuevo líder traía un modelo «de consenso» para el Consejo de Administración, es decir, para los partidos y organizaciones que apoyaban a estos consejeros: «Se tomó como referente a la Caixa, y se incidió en que había que diversificar el balance». Los trece años de presidencia de Miguel Blesa darían para escribir unas cuantas enciclopedias, tanto por su complejidad como por la ingente cantidad de operaciones y estrategias llevadas a cabo. Pero si algo puede servir para definir sus años al frente de la entidad son las paradojas: la suya fue una gestión presidencialista, pero marcada por las presiones externas y la influencia política; su periodo fue el de mayor crecimiento e influencia de la entidad, pero también el que la dejaría más debilitada; fueron, asimismo, los años de los gastos y las inversiones desmedidas, pero también los de las operaciones más exitosas y rentables de la historia de Caja Madrid.

Entre las primeras cosas que hizo Miguel Blesa al llegar fue la de reducir el Comité de Dirección de Jaime Terceiro —que había llegado a estar formado por una docena de directivos—, el cual dejó en el mínimo operativo. Los antiguos directivos consultados y que trabajaron con él le tildan de una persona soberbia, simpática en ocasiones, pero sobre todo desconfiada, lo que explicaría el porqué de reducir a la mitad el número de personas que le habrían de reportar. Serían seis los que formarían su primer círculo de confianza, muchos de los cuales le acompañarían durante todo su mandato y llegarían a ser su camarilla de, si no amigos, sí personas fieles: Mariano Pérez Claver (Banca Comercial), Ramón Ferraz (Planificación), Carlos Vela (Finanzas y Banca de Negocios)... En poco más de un año llegaría otro de los hombres clave —Matías Amat— con el cargo de director financiero. Fuera del comité, pero con un gran peso en la entidad, ya que era el máximo responsable de Auditoría, estaba Ildefonso Sánchez Barcoj. Estos nombres, junto con otros como Ricardo Morado, Carlos Stilianopoulos o Rafael Sánchez Lozano formarían el círculo de poder y darían forma con sus decisiones a la que llegaría a ser la cuarta entidad financiera española. «Todos eran profesionales con alto nivel técnico, y ninguno procedía de una extracción política», constata un antiguo miembro de la cúpula de Caja Madrid, quien, además, detalla cómo estaba compuesto el Comité de Dirección, un grupo aún más selecto dentro de la primera línea directiva de la caja: «Estaba el director financiero, que se encargaba del riesgo, la liquidez, los balances y la captación de pasivos [depósitos, preferentes, bonos, etc.]; estaba la Banca de Negocios, que se ocupaba de grandes operaciones con grandes empresas; y estaba la Dirección General Comercial, encargada de gestionar y coordinar sucursales y productos». Atraído por el mundo de las grandes finanzas, más arriesgado pero a la vez más rentable que la banca tradicional, Miguel Blesa emprendería un camino decidido en la dirección de hacer crecer y diversificarse a Caja Madrid hasta poder compararse ya no sólo con la Caixa —el gran competidor y espejo en el que se miraban todos los estamentos de la entidad—, sino a los mayores bancos españoles e internacionales. ¿Cómo se haría esto? Metiéndose en cualquier operación que tuviera el visto bueno del Banco de España y que pudiera ser más rentable que el negocio habitual de captar depósitos y conceder préstamos. Y a fe que lo conseguía, a juzgar por los resultados: en 2002, Caja Madrid (nombre que adoptó en 1998) era una de las cincuenta entidades mundiales en la clasificación de bancos directores y aseguradores de emisiones sindicadas. Es decir, que había efectivamente colocado a la Caja entre la élite de las altas finanzas.

En algo que sí lograría distinguirse Blesa (Linares, 1947) frente a sus competidores era en la exteriorización de su fabuloso nivel de vida. Fue un presidente que, en el momento culmen de la Caja, llegaría a disponer de «un cocinero permanente en la planta noble» (según señala un colaborador muy cercano suyo) y de una carta de vinos para uso personal con botellas de más de 600 euros, además de moverse por Madrid sentado en los asientos de un BMW serie 7 valorado en 510.000 euros. Había otros banqueros españoles que ganaban más dinero que los 2,5 millones de euros que él ganaba al año —no muchos banqueros, la verdad—, pero a ninguno se le notaba tanto como al de Linares. Lo cierto es que Blesa se haría rico durante su mandato en la Caja de Ahorros y Monte de Piedad de Madrid, y haría ricos a gran parte de sus colaboradores más estrechos, quienes no ocultaban su intención de ganar mucho dinero: en sus últimos ocho años al frente de esta caja de ahorros, Blesa ganaría más de 20 millones de euros (12 de ellos en el periodo 2007-2011, ya en plena crisis), y su equipo de directivos ganó más de 71 millones en conjunto.

Los correos electrónicos corporativos del presidente, filtrados a la prensa en 2013 y 2014, mostrarían más en profundidad los detalles de una forma de vida propia de una élite inimaginable para la mayoría de la población y, simplemente, inconcebible para el padre Piquer, fundador del Monte de Piedad de Madrid.

Pero no hay que llevarse a engaño: las sucesivas leyes aprobadas en la era democrática habían homogeneizado el funcionamiento de las cajas de ahorros respecto de los bancos y las habían puesto a competir unas con otros, por lo que era cuestión de tiempo que también se igualaran los salarios y las remuneraciones en el conjunto del sector.

¿Tenía sentido que el primer ejecutivo de una caja que era la cuarta entidad financiera del país cobrara menos que cualquier directivo medio de un banco privado? En el ámbito de las cajas, si alguien se hizo esas preguntas en el pasado, no pareció encontrar una respuesta convincente en contra de la idea de equiparar los salarios de los directivos de ciertas cajas a los del conjunto del sector. Mientras ganara dinero la Caja, también lo ganarían sus gestores. Los salarios de los directivos de Caja Madrid, aunque mucho más altos que el conjunto de las otras cajas, eran bajos en relación con las entidades que ellos consideraban «comparables». Así, en los ejercicios 2004, 2005 y 2006, las remuneraciones conjuntas de la dirección de Caja Madrid oscilaron entre los 7,4 y los 9,4 millones de euros; en ese mismo periodo, la Caixa remuneró a sus altos directivos con entre 11,5 y 13,7 millones de euros. Y eso sin contar los planes de pensiones con los que se incentivaba a los directivos a largo plazo, que en el caso de la entidad catalana ascendían hasta los 6,9 millones de euros en 2006, frente a los apenas 181.000 euros de la alta dirección de la caja madrileña.

Cuestión aparte eran los miembros del Consejo de Administración y de la Comisión de Control. Aunque bien es cierto que suya era también parte de la responsabilidad de los cada vez mayores resultados que obtenía Caja Madrid (que redundaban, cómo no, en una cada vez mayor Obra Social); el incremento y la cuantía de sus remuneraciones poco tenía que ver con las del conjunto del sector, y superaban con mucho las de la Caixa, la entidad que en teoría servía como modelo en otros casos. Todos los consejeros de la entidad catalana percibían, en su conjunto, entre 376.000 y 395.000 euros entre los años 2004 y 2006; sus homólogos madrileños, en este caso, prácticamente triplicaban sus ingresos por remuneraciones por dietas de entre 1.037.000 y 1.200.000 euros. Una proporción similar, o aún mayor, existía en el caso de los miembros de la Comisión de Control. ¿Cómo se explicaba esta diferencia de rangos en el cobro de dietas entre dos entidades condenadas a parecerse? La principal razón está en el número de veces que reúnas a tu Consejo de Administración: en el caso de Caja Madrid, cada año había al menos veinte reuniones, mientras que en la Caixa no superaban el mínimo de doce al año. En el caso de la Comisión de Control, como decíamos, la diferencia era aún más notable: hasta 68 reuniones pagadas en un año a los miembros de la caja madrileña, frente a un máximo de nueve en el caso de la catalana. Un antiguo directivo que estaba al tanto de las remuneraciones pagadas a la cúpula de Caja Madrid cree que los incentivos eran obscenos porque no respondían ni a la calidad ni al trabajo: «En dietas a los consejeros, Caja Madrid era líder dentro de las cajas, porque quería así asemejarse a los grandes bancos, y no a las cajas», añade.

Caja Madrid actuaba en los mercados, casi a todos los efectos, como un banco de alto nivel, y sus consejeros reclamaban una remuneración acorde a lo que estimaban era su nivel. El problema, para ellos, era que el cobro por parte de los consejeros era una actividad regulada. En teoría se limitaba al cobro de dietas, si bien ya en la época de Jaime Terceiro se había instrumentalizado un sistema de tarjetas personales para que los consejeros hicieran frente a sus gastos. Miguel Blesa fue más allá con este «complemento retributivo» del que se pudieron conocer gran parte de los extractos detallados tras una denuncia del FROB en octubre de 2014. Caja Madrid ponía el dinero, y Miguel Blesa iba aumentando periódicamente los límites de las tarjetas «*black* a efectos fiscales»[25] de cada consejero —era una competencia exclusiva suya—, y lo hacía en función de criterios de dedicación o lo que él estimara oportuno.

Aún está abierta la fase de instrucción de la causa que investiga un presunto delito de administración desleal o incluso un delito fiscal por parte de los antiguos consejeros de Caja Madrid. Será la justicia, una vez más, la que determine si aquellos gastos eran o no una apropiación indebida de los fondos de la entidad o si deberían haber tributado en el Impuesto de la Renta de las Personas Físicas y no en el Impuesto de Sociedades, como hicieron. Lo que está claro es que del sistema empleado estaba al corriente la Agencia Tributaria, y que los detalles del mismo

25. «*Black* a efectos fiscales», así calificaba en un correo a Blesa este tipo de tarjetas el secretario del Consejo de Administración de Caja Madrid, Enrique de la Torre. La opinión pública enseguida pensó que se trataba de unas tarjetas ocultas al fisco, si bien el propio De la Torre explicó meses después, en sede judicial, que con esa expresión se refería a que eran neutras fiscalmente para sus usuarios, ya que era Caja Madrid la que tributaba por ellos.

permanecían bajo el control casi exclusivo de Miguel Blesa y el personal más cercano a él. Ni los propios consejeros podían acceder a los extractos de sus gastos «personales», algunos de los cuales causarían estupor e indignación en la opinión pública tras filtrarse: miles de euros en vinos, gastos en lencería, en armas de caza, regalos navideños, retiradas de miles de euros en efectivo...

Las acusaciones presentes en la causa judicial abierta en el verano de 2012 por la salida a bolsa de Bankia (y de la que derivaron piezas separadas sobre las preferentes y las tarjetas *black*) veían en este método retributivo —amoldado por el máximo ejecutivo de Caja Madrid y delegado en el director general de Medios, Ildefonso Sánchez Barcoj— una muestra más de lo que, según su visión, era un sistema de gobierno corporativo por lo menos corrupto y viciado. Según esta teoría, Blesa utilizaba el dinero de las tarjetas como una suerte de sedante con el que neutralizar el obligado control interno que han de llevar a cabo todos los miembros de un consejo de administración. Es decir, que el control interno de la caja habría sido corrompido de alguna manera, y, por lo tanto, se abría vía libre para que los ejecutivos llevaran a cabo cualquier tipo de proyecto o plan, por descabellado y costoso que resultase.

Como decíamos, las causas judiciales están todavía abiertas, por lo que, que haya o no prácticas delictivas será cuestión de los jueces determinarlo. Todos los consejeros consultados por este periodista, obviamente, han insistido en su inocencia, sobre la base de que a ellos se les habían entregado las tarjetas y se les había indicado que eran para todo tipo de gastos y que era la propia entidad la que, además, tributaba por ellos. Asimismo, todos niegan que fueran opacas de ninguna forma; aunque lo cierto es que si existe una forma menos opaca de retribución que por medio de una tarjeta es difícil de imaginar. Cabe añadir que sus gastos estaban derivados a una cuenta con el nombre nada engañoso de «Gastos de órganos de gobierno»; es decir, exactamente el epígrafe en el que se esperaría que estuvieran. Caso distinto es el de los gastos de algunos directivos y altos ejecutivos, que, en su caso, disponían por un lado de una tarjeta para gastos puramente de representación y, además, de una tarjeta *black*, cuyos gastos iban a parar a una cuenta destinada a «quebrantos».

Ser consejero en la Caja Madrid de Blesa

Sindicalistas, representantes de la patronal, políticos de izquierdas, de derechas..., el Consejo de Administración de Caja Madrid, en general como el de todas las cajas y el de no pocos bancos, era una amalgama peculiar de personajes, algunos de ellos poco o nada familiarizados con la práctica bancaria. Por descontado que un conocimiento y una especialización en la materia sería en todo caso deseable, pero, antes de la crisis económica, los requisitos de profesionalidad de los consejeros —en especial los no ejecutivos— eran sustancialmente bajos. «Había consejeros que llegaban con las manos en los bolsillos, silbando», reconoce un antiguo miembro del Consejo de Administración de Caja Madrid y posteriormente de BFA-Bankia. «Era frecuente que hubiera cuatro o cinco "floreros", y el resto éramos consejeros que nos lo trabajábamos mucho», asegura.

¿Y cómo y dónde trabaja un consejero? Salvo los ejecutivos, ninguno tiene la consideración siquiera de empleado de la caja —lo que les une es una relación mercantil, no laboral—, y han de trabajar desde casa, que es a donde se les manda regularmente toda la información, los documentos y los papeles que puedan ser necesarios. Pueden pedir, además, toda la información relacionada con un determinado expediente que entre dentro de sus competencias. «Teníamos que analizar todas las operaciones de crédito que tuvieran que ver con medios de comunicación, partidos políticos, operaciones sindicadas para fusiones o adquisiciones... Todo eso había de pasar por el filtro del Consejo [de Administración]. Otras operaciones de menor relevancia eran cuestión del Comité de Riesgos u otros», explica. A aquellas operaciones más sensibles, sin embargo, ni siquiera tenían acceso los consejeros (solo eran competencia exclusiva de los ejecutivos) y se consultaban in situ en la sede de Caja Madrid.

Era misión también del Consejo de Administración configurar la estrategia de riesgos de la entidad. Es decir, los tipos de inversiones y de clientes que va a tratar de captar la entidad. Es obvio que todas, tanto cajas como bancos, querrían si pudieran quedarse sólo con aquellos clientes que dispusieran de una mayor solvencia, aquellos cuyos bienes en garantía superasen ampliamente las cantidades solicitadas. El desafío, en banca, es salir de esa zona de confort y gestionar de forma racional y rentable grandes carteras de créditos a clientes con *ratings* de solvencia buenos y no tan buenos.

Un consejero de la Caja cuenta uno de los debates que mantuvo con el director financiero Matías Amat a raíz de la gestión del riesgo respecto a la morosidad de las hipotecas: «[A inicios de 2009] mantuve un fuerte debate porque él pensaba que no había apenas riesgo por el aumento de la morosidad. Su argumento es que la mora era baja. La forma de calcular el riesgo implícito a la mora se hace por la segmentación de la cartera en añadas; esto es, divididas por antigüedad. Un crédito muy antiguo está casi enteramente pagado, y lo pagan por lo general personas con ingresos más consolidados. En la añada joven, el crédito hipotecario está más impagado, porque suelen ser jóvenes con menores ingresos, peores empleos y menores patrimonios», señala. En general, los departamentos financieros y de riesgos utilizaban sistemas matemáticos y estadísticos no sólo para identificar la morosidad existente en el momento, sino para poder predecir la del futuro. No es que un cliente en concreto fuera peor que otro, sino que, según probabilidades matemáticas, aquellos pertenecientes a una añada concreta podían tener más posibilidades, y eso era algo que ningún banco o caja de cierto tamaño podía ignorar. «[En el modelo de riesgos de Caja Madrid] había una fórmula que cuantificaba el valor que representaba cada añada sobre el total de la cartera, y se le asignaba un valor de riesgo. Las añadas antiguas, en teoría, compensaban las nuevas; eso tenía sentido. El director financiero decía que el riesgo combinado de las añadas era de un 6 por ciento, lo que se traducía en unas necesidades de capital que ya estaban cubiertas», prosigue este antiguo consejero, quien se muestra crítico con los procesos que seguían las entidades financieras españolas (y occidentales en general) respecto al riesgo en sus carteras. «Con todos los nuevos instrumentos matemáticos y estadísticos se creó una gran autoconfianza en el sistema de valoración de riesgos. No se hacían estimaciones propias, sino que se seguían unos protocolos basados en estándares internacionales, que era a partir de los cuales el Banco de España te medía el ratio de solvencia», apunta. Pero el sistema partía desde su base de premisas y proyecciones a futuro lineales. «No eran modelos que introdujeran la discontinuidad, así que la tasa de morosidad —que es muy discontinua—, si aparecía de repente, dejaba noqueadas a las entidades», concluye.

Los consejeros de los bancos privados están nombrados por aquellos accionistas que tienen una participación lo suficientemente grande como para sentar a un representante en el Consejo de Administración. Según la teoría económica, este representante vigilará sus intereses o los de su representado, por lo que en todo momento aprobará las operaciones teniendo en cuenta que no se ponga en riesgo la viabilidad de la entidad. Este principio básico de vigilancia no existía en las cajas de ahorros, según los economistas críticos con estas entidades. En el caso de Caja Madrid había consejeros, sí, pero estaban nombrados por unos accionistas un tanto sui géneris: la ley otorgaba derechos de representación a nivel parlamentario, municipal y de otras organizaciones representativas, pero éstas en ningún caso ostentaban derechos de propiedad. Y no ostentar la propiedad significa que no te puedes beneficiar, pero también que no tienes una posesión que perder. Y también que donde no hay una motivación dictada por la propiedad, se abre la puerta a los conflictos de interés de otro tipo, alejados quizá de la rentabilidad y la racionalidad económicas. Académicos como Manuel Illueca[26] y Sebastián Lavezzolo[27] han demostrado con datos que las cajas de ahorros españolas con cargos políticos en sus consejos de administración actuaban en función del ciclo electoral; es decir, que concedían más créditos a medida que se acercaban las elecciones, de forma que, siquiera de una forma agregada, hubiera una mayor actividad económica y una mayor «alegría crediticia» para el momento en el que el elector hubiera de depositar su voto en la urna. Hasta qué punto esta relación causal entre cajas de ahorros y ciclo electoral se sustentaba en mecanismos y estructuras me-

26. Investigador en la Universitat Jaume I.
27. Investigador en la Universidad de Nueva York.

dibles en las que los consejeros tenían una intervención más o menos directa está aún por demostrar.

«En el modelo de consejos que impera en España, los consejeros son importantes, pero no todo lo que se les atribuye», matiza «Javier Mateos» (nombre ficticio), consejero de Caja Madrid y BFA-Bankia hasta 2012. «Tienen que supervisar y dar el visto bueno a los cargos de la alta dirección, así como al presidente del Comité de Dirección; pero ninguno de nosotros podía ser ejecutivo salvo el presidente.» Es decir, que eran, en todo caso, o bien «dominicales» (nombrado por uno de los dueños), o bien independientes (nombrados por su prestigio profesional). Otra de las competencias exclusivas del Consejo de Administración era aprobar los planes de negocio de cada uno de los departamentos, así como los objetivos y el plan anual conjunto; y también el estratégico, que era plurianual. «Todos ellos venían ya redactados por cada directivo responsable del departamento, y lo único que podíamos hacer era matizar alguna cosa, porque había que aprobarlo como un todo.» Es decir, que tal como cuenta, la labor práctica de un consejero era la de hacer de «frontón» y de «abogado del diablo», en la medida que obligaba a los directivos a presentar operaciones y planes que tuvieran grandes posibilidades de ser aprobados.

Por extraño que suene, otra de las competencias que no tenían los consejeros era la de proponer operaciones, tanto de crédito como de inversión en cualquier tipo de negocio. «Ningún consejero podía proponer créditos ni a empresas ni a particulares, sólo podía estudiar los que le llegaban de los departamentos. Estas operaciones venían acompañadas de una memoria —con los resultados de los últimos ejercicios, la solvencia, la deuda— y una propuesta, que defendía el propio directivo que la realizaba. Todo, tanto el rechazo como la aprobación, se tenía que fundamentar. Normalmente, la mayoría de operaciones llegaban ya muy trabajadas y se tiraban para atrás pocas, menos de un 10 por ciento», reconoce este antiguo consejero.

Esta aparente ausencia de conflictos de interés no era tan estricta, según cuenta «Juan Martínez» (nombre inventado), un antiguo técnico del departamento de Riesgo de Caja Madrid, departamento que era (y es todavía en Bankia) el encargado de analizar todas las operaciones a partir de cierto volumen; allí repasan garantías, miden solvencia y emiten, a partir de ello, un informe en el que dan o no el visto bueno a cada propuesta. Son, por decirlo de alguna manera, como los porteros de fútbol: si les logran sobrepasar, el gol está cerca. «Había operaciones que se forzaban, muchas de ellas relacionadas con los consejeros; o bien eran suyas o de algún conocido. No es que fueran operaciones ruinosas, pero veías que no tenían buenas garantías, que no habrían pasado un examen riguroso. Con Díaz Ferrán o Arturo Fernández (por entonces los líderes de la patronal) las operaciones solían ir cortas de garantías, pero se aprobaban. Como todas tenían que llevar una valoración de analistas, de algún modo te presionaban para que pudiera presentarse luego al Consejo de Administración o al comité una operación preconcedida», reconoce. ¿Cómo se adecentaban esas propuestas? «Añadiendo en el informe cosas positivas que no estaban estrictamente relacionadas con el riesgo [que no deja de ser matemáticas], como que la entidad tenía una buena relación con ese cliente. Nos decían: "Tú eres el analista, ¡apáñatelas!".»

El modelo de gestión del riesgo, por muy aburrido que suene, es una de las bases fundamentales sobre las que construir un banco sólido. Como concepto, el riesgo se refiere a la posibilidad de que una determinada inversión o un determinado crédito acabe en fallido o siendo moroso. En esencia se trata de calcular una determinada calificación crediticia (o *rating*) a una entidad, y, a partir de ahí, estudiar cada operación que proponga. A peor *rating*, una entidad habrá de aportar más garantías, pagar un mayor interés o ambas cosas. Una buena gestión del riesgo se traduce en una menor morosidad y en unos activos de mayor calidad. Y, como en otros asuntos, la obsesión de Caja Madrid era compararse con las entidades de referencia en España. Así, la caja llegaría a tener uno de los sistemas para el cálculo del riesgo más avanzados; la pega es que no sería hasta 2008, recién comenzado el desinflamiento de la burbuja crediticia española, cuando este sistema[28] estaría operativo. Habían conseguido el

28. Conocido como «cuaderno de solicitud de modelos avanzados».

mejor coche para competir en una carrera, pero ésta ya estaba en la última vuelta.

«Recuerdo que, cuando ya lo teníamos casi operativo, uno de mis jefes, Ramón Vilches, no se fiaba de estos modelos avanzados, pero le habían convencido de que era lo mejor que podíamos hacer. Subió junto con otros dos responsables a contarle a Matías Amat, el director financiero, que ya lo teníamos. Preguntó:

»—¿Este modelo está bien hecho o está mal hecho? ¿Funciona? Lo voy a volver a preguntar. ¿Funciona o no? Porque como no funcione me van a echar, pero vosotros tres no vais a volver a trabajar en un banco en la puta vida.

»—Bueno, vamos a comprobar algunos números —respondió Vilches.

»Después de cuatro años peleándonos con el Banco de España para que nos aprobaran el sistema, por fin en junio de 2008 nos dieron el OK; éramos la única entidad española a la que nos lo habían aprobado todo, y estábamos muy orgullosos. Con tan mala suerte que, ese mismo preciso día, se produjo la quiebra de Metrovacesa, que nos produjo un agujero de 800 millones de euros», recuerda «Juan Martínez».

El incentivo de cualquier departamento de riesgos es *minimizar* los mismos, lo cual es casi opuesto al de los departamentos comerciales, que trabajan para *maximizar* ingresos. Entra ahí todo un conflicto, que es el que en última instancia marca la calidad y poderío de una entidad, la calidad de sus profesionales, la solidez de su balance y su verdadera capacidad de generar beneficios: «Si tienes un modelo de riesgos muy estricto que dice que, por ejemplo, la constructura Sacyr Vallehermoso es "doble B" [una nota mediocre], y en cambio el Banco Santander tiene un modelo que dice que es "A" [una nota mejor], el que se va a llevar la operación (y por tanto el ingreso) es el Santander, no nosotros». Es decir, que conviene que a este portero le metan algún que otro gol. Está el riesgo de perder, sí, pero también la ambición y la posibilidad, cierta o no, de ganar. Y ésa es muy difícil de frenar una vez que se activa; y más aún si la entidad de la que hablamos no es —técnicamente— de nadie y, por lo tanto, no hay nada que perder.

Crecer, crecer, crecer

En paralelo al crecimiento del patrimonio de Blesa y su equipo iba el balance de Caja Madrid. De forma casi contraria a como se había desarrollado la presidencia de Terceiro, en la nueva etapa, el mandato de la entidad era claro: crecer lo más posible y aumentar el balance.

Convertirse en una entidad que, por tamaño, pudiera competir con las más grandes del país. Blesa, al igual que lo hiciera la Caixa en los años ochenta, aprovechaba la ola de privatizaciones que marcaron el primer Gobierno de Aznar —había que lograr ajustar las cuentas del país y reducir sus cargas para cumplir con las exigencias de una moneda como el euro, que España adoptaría como moneda en 1999— para salir de compras y ampliar la cartera de participadas de la Caja. Se entró en la aseguradora Mapfre (una de las líderes del sector), en la eléctrica Endesa, en Iberia, en Indra, en NH y en SOS, se creó Realia (al 50 por ciento con Fomento de Construcciones y Contratas), etc. «Se construyó una cartera de participadas potente que compensara los bajos márgenes de esa época. Esto dio mucho dinero en la fase expansiva», recalca un antiguo miembro del Consejo de Administración de Caja Madrid en aquellos años. Algunas de estas primeras operaciones fueron sin duda las más exitosas de la bicentenaria historia de la caja. La entrada en el accionariado de Mapfre, en concreto, era el orgullo de la casa, el movimiento con el que habían jugado mejores cartas que cualquier otro competidor. No sólo les reportaría durante años unos dividendos regulares y sustanciosos, sino que, merced a un acuerdo de colaboración mutuo, permitió a ambas entidades aumentar en la práctica sus redes de oficinas, en la medida en que Caja Madrid vendía productos de Mapfre, y Mapfre vendía productos de Caja Madrid. «La Caja llegó a tener 2.100 oficinas para un volumen de activos de 190.000 millones de euros; otras entidades como la Caixa necesitaban más de 6.000 oficinas para llegar a 270.000 millones. Entre las grandes, Caja Madrid tenía la mejor relación oficinas/activo; es decir, que la eficiencia en este sentido era altísima, y era algo que permitían las sinergias con Mapfre», detalla este antiguo responsable de la entidad. Acertado o no, lo cierto es que la estrategia de salir de compras en busca de cualquier buena oportunidad era algo relativamente novedoso para la entidad, pero en su momento se decidiría así porque se percibía como la mejor (¿la única?) forma de seguir generando el negocio suficiente para mantener la entidad a flote y con unos ingresos regulares.

La entrada en el euro tenía muchas ventajas para el conjunto de la sociedad y las empresas: libre circulación de personas y capitales, regulaciones e instituciones comunes y más avanzadas en todo el ámbito comunitario (como la Comisión Europea, el Tribunal de la UE o el Banco Central Europeo), etc. Pero, para la banca europea, y en especial la española, supuso todo un desafío estratégico. La nueva moneda era mucho más fiable, seria y estable que la antigua peseta, lo que en la práctica redujo a mínimos históricos los márgenes financieros. En los años ochenta, con la peseta, un banco español podía conceder una hipoteca con un interés anual del 15 por ciento, pero este porcentaje se reducía a menos de la mitad con el euro. Y esta reducción era casi análoga en la rentabilidad para las entidades financieras.

Con los tipos de interés más bajos, la posibilidad de hacer negocio con el préstamo de dinero se desplomaba para las entidades. Por decirlo de una manera sencilla: cada euro prestado daba menos rendimiento relativo que cada peseta. Para remediar esta pérdida de negocio, una de las soluciones pasaba por diversificar las vías de negocio y «construir» una cartera de participadas sólida, que aportara unos ingresos regulares vía dividendos y a la vez permitiera a la caja entrar en sectores estratégicos sobre los que le interesara mantener una posición de control. La otra solución a la caída de los márgenes, a grandes rasgos, era aumentar el tamaño del balance, de forma que el negocio creciera por volumen. «Para pagar las nóminas y la Obra Social tenías que tener mucha actividad, ya no valían los antiguos esquemas de la peseta. Mucha banca europea trató de compensar los bajos márgenes financieros registrados con la llegada del euro por la vía estajanovista, que conllevaba aumentar mucho el negocio total. Esta estrategia tiene un problema para el riesgo, ya que, como se expande el activo total, el riesgo es creciente, porque la base de ese activo se amplía con clientes de riesgo marginal cada vez mayor», reconoce este antiguo «cajero».

¿Cuál era la base de la idea? Un ejemplo sencillo: de forma muy simplificada, si el objetivo de una entidad es obtener unos ingresos de, pongamos, unos cien millones de euros en un ejercicio, si los tipos de interés están al 10 por ciento les bastaría para ello, en teoría, con tener un activo total de unos mil millones de euros. Sin embargo, si en el ejercicio siguiente los tipos de interés se redujeran a la mitad (pero el objetivo de ingresos se mantuviera), una posible solución sería duplicar el tamaño del activo. Con unos dos mil millones de euros en balance, y unos tipos de interés al 5 por ciento, se obtendrían también unos cien millones en ingresos.

Uno de los problemas de esta estrategia era que, como ya se ha apuntado, el riesgo crecía de forma exponencial a medida que el balance aumentaba. No todos los activos financieros tienen el mismo valor, ni todos los acreditados (clientes) tienen la misma solvencia. En un mercado de recursos limitados, como era el mercado financiero español, crecer implicaba asumir unos mayores riesgos relativos. La creencia instaurada desde la anterior crisis en el mundo de las finanzas a escala internacional decía que, sin embargo, cada vez era más fácil y fiable la medición y la gestión del riesgo, así que quienes mandaban tanto en las entidades —y Caja Madrid no era una excepción— como en los supervisores bancarios —y el Banco de España tampoco era una excepción— llegaban a creer que un aumento porcentual del balance de dos dígitos cada año era algo asumible, digerible y controlable. El tiempo mostraría que, en realidad, esta creencia no era cierta, ni en Caja Madrid ni en ninguna entidad del mudo.

El crecimiento de Caja Madrid no era sólo cosas de grandes operaciones corporativas, sino que se trataba de una especie de espíritu del que se impregnaban todos los estamentos y todos los escalafones de la entidad. Para crecer no sólo había que salir al mercado dispuesto a entrar en cualquier operación que pudiera dar beneficios; ni siquiera valía con que el departamento de Riesgos dejara entrar algún que otro gol. No. Para crecer de verdad como querían Blesa y su equipo había que crear toda una estructura, una malla de incentivos, desde el puesto más bajo hasta el más alto, encaminada a ganar más y más dinero. Y esto es lo que ocurría en la Caja Madrid de Blesa.

Me reúno con Antonio, miembro liberado del comité de empresa de Bankia (antes Caja Madrid). Desde la oficina del sindicato se ve la sede central. Tras más de 35 años como empleado de base, y luego como cuadro medio de la Caja, ha visto pasar «de todo» por la entidad. En los años de mayor crecimiento de Caja Madrid vivió de primera mano cómo se instauraba «un sistema de retribución variable». «Por ejemplo, había un objetivo de venta de tarjetas. Si hacías 100 te pagaban 100 como objetivo. Pero si hacías 140 te pagaban el 120 por ciento de esa misma cantidad. Esto es muy importante a la hora de entender el sistema, ya que afectaba a toda Caja Madrid [y luego a Bankia], desde el primero hasta el último», asegura Antonio. La planificación comenzaba desde la misma presidencia, que era quien fijaba el objetivo de ventas; y la verdad es que, tal y como lo explica Antonio, tiene casi la forma de un sistema piramidal: «El presidente se fijaba un objetivo de ventas de 100, con el que obtendría una retribución variable de 100. El siguiente en el escalafón, el director financiero, para vender 100, como quería asegurarse, fijaba como objetivo a sus subordinados 140. ¿Para qué? Para que le paguen un 120 por ciento. Entonces, al siguiente en el escalafón le decía que su objetivo eran los 100 del presidente más los 40 del director financiero que ponía para obtener su retribución. Total, que al final la oficina tenía que hacer 180 para poder cobrar un 120 por ciento. Y así hasta cinco pasos o seis hasta el que estaba en la ventanilla de una sucursal. El objetivo fijado por el presidente llegaba totalmente desvirtuado a la oficina, porque todo el mundo en los pasos intermedios le había metido su 40 por ciento para poder llevárselo todo. Y no es que cada uno arrimara el hombro para vender, sino que sacaban el látigo para apretar más y más a la red comercial. Con este sistema, a principios de año, el presidente presentaba unos objetivos moderados de 100, pero con el incentivo del bonus individual se forzaba tanto la máquina que se presentaban unos resultados maravillosos de, por ejemplo, 300», desarrolla Antonio. ¿Cómo hacía Caja Madrid para lograr unos objetivos tan ambiciosos? «Si llegaba un cliente a la oficina y pedía un crédito, nosotros se lo dábamos, y además a un tipo de interés bastante bueno. Pero es que para acceder a él le poníamos como condiciones que tenía que contratar cuatro tarjetas, hacerse un seguro de pensiones para él y su mujer y comprar mil euros en acciones. Podía decir que no le interesaba, pero entonces iría a la oficina del Santander de enfrente y el crédito que nosotros le ofrecíamos al 10 por ciento allí se lo daban al 13 por ciento.»

A determinados personajes de la caja se les conocía por parte de la plantilla como los «latigueros», ya que su única estrategia era apretar y apretar. Estos jefes «tóxicos», como eran efectivos, medraban en la Caja: «Si fulanito ha conseguido que todos los cargos intermedios hayamos conseguido la pasta, es que es muy bueno. No era un tema de ética, sino de resultados, que es lo que le interesaba a la empresa. Cada oficina [unas tres mil por entonces] tenía un objetivo. Había oficinas eminentemente captadoras de ahorro y otras que eran prestadoras. Entonces a unas se les fijaba un objetivo muy alto de captación, de, por ejemplo, unos diez millones de euros, pero, a la vez, también un objetivo alto de préstamos, de unos ocho millones de euros. Y los otros dos millones los colocaban en el mercado internacional, que por aquel entonces era muy rentable. El dinero que llegaba ya no era del Santander, así que era todo ganancia, porque luego se lo prestaba a la clientela, por lo que también me rentaba».

El presidente, centro de poder

El modelo de organigrama con el que se definía Caja Madrid suponía que, en la práctica, era Miguel Blesa el único enlace personal entre la alta dirección y el Consejo de Administración. «Al contrario que en los grandes bancos, donde el núcleo duro del Comité de Dirección lo es también del Consejo de Administración, en la caja todos los consejeros eran no ejecutivos a excepción del presidente», explica un antiguo consejero de Caja

Madrid y BFA-Bankia. Esto, en la práctica, significaba que todas las relaciones del consejo con los directivos, los reguladores o las autoridades pasaban en cualquier caso por el filtro del presidente. Era él el único autorizado y con competencias para ejercer labores ejecutivas. Esto, de por sí, quizá no hubiera supuesto ningún problema si el carácter y talante del presidente se hubiera mantenido como en sus primeros momentos en la entidad. No era así según cuentan quienes trabajaban con él regularmente, ya que las relaciones y situaciones de tensión con Blesa se iban convirtiendo en más y más frecuentes. «Se enfadaba y no te hablaba después en varios días. Si en una reunión del Consejo de Administración yo le preguntaba a un directivo por más detalles sobre un determinada operación, se enfadaba. Él solía estar callado, pero si intervenía y tú, como consejero, le insistías o dudabas, te dejaba incluso de saludar», rememora un exconsejero de Caja Madrid presente durante todo el mandato del ejecutivo de Linares.

De Blesa dependían los nombramientos de los consejeros y sus posibles designaciones en comités y en otros consejos de administración de empresas participadas (ambas actividades ansiadas por casi todos los consejeros, debido, entre otras cosas, a lo bien que se remuneraba cada reunión). En una serie de correos electrónicos de abril de 2008 a los que tuvo acceso este periodista, Blesa detallaba con uno de sus colaboradores la composición del que iba a ser el nuevo Consejo de Administración de la filial Cibeles; en función de a quiénes nombrase, esto conllevaría cambios a su vez respecto a quiénes serían los consejeros en Mapfre (otra de las participadas). También dependían de él los ascensos del equipo directivo y la asignación de los bonus, así como la parte variable que recibiría cada uno. Asimismo, era facultad suya convocar al Consejo de Administración. Pero esto sería sólo el principio. El presidente de Caja Madrid acabaría acumulando una asombrosa cuota de poder real más allá de las meras competencias estatutarias. De él dependería, por ejemplo, que un director general financiero como Matías Amat tuviera que hacerse cargo personalmente de la hipoteca (no concedida) a la prima de la secretaria de Esperanza

Aguirre. También pasaban por su supervisión notas de prensa, reuniones con clientes VIP, la gestión mediante sicav[29] de grandes fortunas.

Sabedor de que pese a su amistad manifiesta con Aznar no era un personaje especialmente marcado en el terreno político, Blesa tejería durante años un complejo entramado de alianzas, clanes y camarillas con las que lograba mantener prietas las filas en una entidad en la que se sentaban representantes políticos con voz y voto de procedencias ideológicas de lo más incompatibles: desde la izquierda obrera hasta la derecha liberal. Con todos se veía capaz de entablar vínculos el presidente de Caja Madrid, estrategia que le valía para hacer prevalecer en ocasiones lo que se podría considerar una cierta independencia frente a las injerencias políticas directas del Partido Popular de Madrid. Se iba perfilando así un arte: el de tener a todos más o menos contentos y bajo la creencia de que cada uno estaba logrando imponer su propia agenda (cuando en realidad solía ser más bien la agenda del propio presidente y su equipo). Con esta estrategia no se lograban demasiadas adhesiones inquebrantables, pero sí apoyos tácticos puntuales, en ocasiones muy necesarios para llevar adelante operaciones concretas.

Durante la era Blesa, el núcleo duro de los directivos con más influencia sobre el presidente estaba sobre todo en los departamentos de Inversiones Estratégicas y Banca de Negocios. Eran la élite de la caja, buena parte de ellos con másteres y estudios en escuelas de negocios, y fichados de otros bancos de inversión internacionales. La mayoría de estos directivos no eran ejecutivos o directores generales, y no se relacionaban con el Consejo de Administración ni formaban parte del Comité de Dirección, pero despachaban habitualmente con el presidente en persona y tenían una cultura y aspiraciones diferentes a las del conjunto

29. Las sicav son sociedades de inversión colectiva que se caracterizan por gozar de una tributación ventajosa (del 1 por ciento en Impuesto de Sociedades) y por no estar sujetas a la supervisión de la Agencia Tributaria. Para ver más detalles sobre cómo funcionan, recomiendo leer el libro *¿Hacienda somos todos?: impuestos y fraude en España* (Debate, 2014), escrito por el inspector Francisco de la Torre y Díaz-Palacios.

de la entidad. Nada que ver con el tradicional empleado de Caja Madrid que había entrado en la entidad por oposición.

Aunque el negocio de la banca comercial era tan importante o más que estas divisiones, no era ni mucho menos tan rentable en proporción. Y ésa era precisamente la manera de «medírsela» de unos y otros altos directivos por aquel entonces. Entre finales de los años noventa y principios de la primera década del siglo XXI había ejercicios en los que el departamento de Banca de Negocios, que apenas contaba con unas trescientas personas, ganaba tanto como el resto de la caja. «Ganábamos cada año unos trescientos millones de euros; pero el resto de la entidad no era tan eficiente, y, a medida que bajabas los costes, éstos eran más altos en relación con el negocio potencial», asegura un directivo que trabajó durante una década en este departamento. Caja Madrid alcanzaba en apenas unos años un estatus de entidad financiera de primera división, codeándose con los principales bancos en operaciones sindicadas, financiando en exclusiva el fichaje de Cristiano Ronaldo por el Real Madrid o dirigiendo emisiones de deuda del Tesoro Público.

La entidad tenía la intención de meterse en todas las operaciones que les dejaran, y la división de Banca de Negocios era la que estaba en las mayores de todas: créditos sindicados, emisiones de deuda pública, salidas a bolsa, adquisiciones, opas...[30] Esto da a la entidad mucho dinero. Eran operaciones que se llevaban a los más altos niveles porque, en ellas, uno de los elementos clave era la discreción. El directivo con más poder, contactos y resultados en este aspecto, el capo, era Carlos Vela, que procedía de J. P. Morgan, uno de los bancos de inversión más importantes del mundo. «Hizo una labor muy apreciable, ya que Caja Madrid no tenía experiencia en banca de negocios y en poco tiempo situó a la entidad a la cabeza de las principales operaciones financieras del país. Fue él quien trajo a buena parte de esta élite, porque no había esa experiencia dentro de la casa, aunque el Consejo

30. Una opa es una operación pública de adquisición; un procedimiento regulado mediante el cual una entidad manifiesta su intención de adquirir una participación accionarial relevante de otra y lo da a conocer de forma pública.

[de Administración] dio el mandato de ir creando una cantera propia de directivos de segunda y tercera línea con la que ir asegurando un relevo», señala un antiguo consejero. Más allá de las operaciones concretas, que hubo muchas, lo que traía Carlos Vela era una nueva forma de hacer las cosas, a partir de las prácticas que se llevaban a cabo en la banca internacional.

Frente a la Caja Madrid de los opositores-empleados, encarnada por Sánchez Barcoj, se imponía la Caja Madrid de los banqueros, una entidad más moderna, más volcada en las nuevas técnicas y los nuevos productos bancarios, y a la vez más arriesgada. Se crearía así el conocido como «comité de activos y pasivos» (COAP, o ALCO, por sus siglas en inglés), un órgano que hacía las veces de control de mandos de la Caja y que contaba sólo con la presencia del presidente, el director financiero y los directivos comerciales y de presupuestos. «Tenía un sistema en el que se contabilizaban todos los activos y todos los pasivos de la entidad y a partir de ellos hacían las estimaciones en función de la evolución de los tipos de interés, que era el factor que más impactaba en un banco. Con este método se podía estimar lo que iba a subir o bajar el margen de beneficio, y, para poder amortiguar esta volatilidad, se jugaba con más o menos crédito de un tipo u otro, a mayor o menor plazo... Era como dirigir una orquesta», detalla un antiguo directivo que conocía el sistema. Esta pujanza de una Caja Madrid que jugaba a ser un banco de inversión se ilustraba con la distribución de despachos en las plantas nobles, aquellas a las que sólo se accedía por un ascensor disponible únicamente para la alta dirección: en la planta 23, la penúltima, se situaban Matías Amat (Finanzas), Ildefonso Sánchez Barcoj (Medios) y Enrique de la Torre (Secretaría General); en la 24, y junto al presidente, estaban los despachos de Ramón Ferraz (Planificación y Estudios), Mariano Pérez Claver (Comercial) y Carlos Vela (Negocios).

Vela, amigo personal y compañero de cacerías de Blesa durante años, no era el único ex de J. P. Morgan en las altas esferas de Caja Madrid. Junto a él habían llegado otros directivos como Rafael Sánchez Lozano, que se encargaba de las inversiones (y que posteriormente sería consejero delegado de las aerolíneas

Iberia y British Airways), y Carlos Stilianopoulos, hijo de Pitita Ridruejo, dama de la alta sociedad española, y director de banca mayorista. Eran los asesores en la práctica de Blesa, así como responsables de algunas de las operaciones más exitosas de la historia de Caja Madrid, pero también de algunos de los mayores fiascos. Era el caso, por ejemplo, de la venta de Endesa, un pelotazo que acabó por suponer todo un problema para la entidad.

Los años de crecimiento económico entre la segunda mitad de la década de los noventa y los primeros seis años del siglo XXI suponían también un bum para las bolsas, y gran parte de los valores del Ibex 35 se situaban en máximos históricos. La caja había comprado su participación en Endesa a precios mucho más bajos, por lo que tenía sólo en esa cartera una plusvalía latente sin parangón en el sistema financiero español. Tanto que, a pesar de las injerencias políticas, en 2007 se decidía vender a la italiana Enel, por lo que Caja Madrid se veía de un día para otro con unos 2.330 millones de euros en plusvalías. Todo un éxito y una oportunidad. Los problemas llegarían justo entonces. «Esas plusvalías tenían un distinto tratamiento fiscal en función de lo que se hiciera con ellas. Podían tributar al 18 por ciento o al 35 por ciento según cuándo y cómo se emplearan», indica un antiguo alto cargo de la caja, por lo que existía un gran incentivo para invertirlos cuanto antes. Ser rica, de repente, se convertía en una especie de tragedia para Caja Madrid. O lo invertían rápido, o les acusarían de haber sido unos torpes por pagar impuestos de más. «En ese momento apareció la oportunidad de la Torre Foster.»

El Real Madrid, con la primera presidencia del constructor Florentino Pérez, se había hecho de oro recalificando y vendiendo después los terrenos de su antigua ciudad deportiva, situada en el paseo de la Castellana. El club merengue conseguía del Ayuntamiento madrileño (no sin una dosis de escándalo) que le autorizara a levantar cuatro rascacielos, los mayores de Madrid. Uno de ellos, diseñado por el célebre arquitecto Norman Foster, era de Repsol. Pero, hacia el año 2007, la petrolera caía en la cuenta de que no estaba realmente interesada en esa sede, así que sondearía la posibilidad de venderla. Y al otro lado de la mesa estaba Caja Madrid, como un millonario al que le acaba de tocar un premio de lotería y que acaba de entrar en un concesionario de deportivos de lujo.

El precio de la operación, realizada en lo más alto de la burbuja inmobiliaria que sufría España, también era de récord: unos 870 millones de euros. Tal como explica un antiguo directivo de la caja presente en las negociaciones, «la idea [de qué hacer] con el dinero de Endesa era, en parte, comprar la Torre Foster para inmediatamente vender la otra, la Torre KIO, en la plaza de Castilla [por entonces la sede central]. Comprabas por 800 y pico, un precio alto, y vendías la otra por otros 500 y pico, también un precio alto; y por esa diferencia de 300 millones tenías una sede mucho mejor, más grande y en una zona con más futuro». Todo perfecto sobre el papel, salvo que no consiguieras vender la torre pequeña. Lamentablemente para la caja, como dice la ley de Murphy, «si algo puede salir mal, saldrá mal». Y así fue.

Otra de las operaciones más desastrosas, polémicas y oscuras en la larga historia de Caja Madrid sería la adquisición del City National Bank of Florida (CNBF), compra por la que Miguel Blesa acabaría entrando años después en prisión de forma cautelar merced al juez Elpidio Silva, quien, a raíz de esta y otras decisiones, acabaría siendo expulsado de la carrera judicial en 2015, tras la sentencia del año anterior. El caso es que Caja Madrid seguía con mucho dinero fresco que quería invertir cuanto antes, y los gestores y administradores de la caja veían en esta oportunidad la ocasión para resarcirse de una de las grandes limitaciones que habían sufrido las cajas de ahorros desde su creación: la expansión al exterior.

Caja Madrid, como el resto de entidades financieras que no cotizaban en bolsa, estaba sometida a una rígida regulación que le impedía expandirse en el extranjero. Donde bancos privados como el Santander o el BBVA habían triunfado saliendo de compras (convirtiéndose así en entidades de alcance global), las cajas de ahorros tenían vetadas las adquisiciones de entidades internacionales y debían limitarse, a lo sumo, a una sucursal puntual en una capital europea o latinoamericana. La lógica del supervisor era que si no podían cotizar en bolsa, el riesgo de salir al exterior era demasiado alto. Su razón tenían. Pero las mayores cajas (la Caixa y Caja

Madrid) llevaban años clamando por un cambio en la regulación que les permitiera no sólo diversificar riesgos en cuanto a las inversiones, sino también en cuanto a la geografía.

Ambas entidades —argumentaban— habían alcanzado un tamaño demasiado grande como para tener todos los huevos en una misma cesta (España como mercado). Tenían participadas para compensar el riesgo de los créditos, pero, si España caía, todo el balance en su conjunto tendría un peligro potencial de caer. Era por lo tanto bueno —o mejor, era «necesario»— poder expandirse lo antes posible en el extranjero para evitar que una hipotética crisis en España se llevara por delante a estas entidades sistémicas. El tiempo confirmaría esta tesis defendida por las cajas, toda vez que las dos entidades que mejor resistieron la crisis económica desatada en 2007 fueron precisamente los dos bancos globales, aquellos que tenían un porcentaje menor de sus balances comprometidos en España. El Banco de España no cedía (o sólo cedía parcialmente) y forzaba a las cajas a cotizar en bolsa si querían salir de compras. Alguien externo a las cajas tenía que evaluar la conveniencia de estas compras. En opinión de un antiguo consejero, «las cajas entraron demasiado tarde en la fase de la internacionalización, algo que era inevitable, y ya tenían demasiado riesgo en sus balances». Aun así, cada una desarrollaba su propia estrategia: la Caixa creaba Criteria, un *holding* que cotizaba en el Ibex 35; y Caja Madrid creaba Cibeles, una entidad controlada por Blesa y los suyos, pero en la que se planeaba dar entrada a inversores particulares. «La idea con Cibeles era hacer negocio con ella vendiendo una participación de la misma, entre 1.000 y 1.500 millones de euros.»

Con el recién estrenado permiso del supervisor para realizar adquisiciones en el extranjero, teniendo aún el dinero resultante de la venta de Endesa y ante la urgencia de Hacienda, que había concedido una prórroga, pero amenazaba con hacer tributar el máximo por las plusvalías a la entidad, los directivos de Caja Madrid ponían en marcha su particular detector de chollos y detenían su mirada en Florida. En concreto, en el City National Bank of Florida (CNBF), en Miami. La caja tenía ya una oficina en aquella ciudad, pero la idea de la dirección era ir mucho más allá y adquirir un banco con una notable presencia en el sur de Estados Unidos, de forma que se dispusiera de una suerte de *hub*[31] para toda América Latina y el Caribe. Blesa enviaba allí a uno de sus hombres de confianza: Rafael Sánchez Lozano. «No era una inversión exótica, sino una diversificación de riesgos justificada», asegura un antiguo consejero que dio luz verde a la compra. «Si no lo hacías entonces tocaría pagar más impuestos y te podían acusar de falta de inteligencia.» La operación, plagada de movimientos cuanto menos poco estéticos —la negativa de Blesa a contratar a un segundo evaluador independiente que pusiera precio al banco, o bien el método de pago, que se dividió en dos fases, lo que en la práctica esquivaba el control de la Comunidad de Madrid—, se cerraba en abril de 2008 con la compra de un 83 por ciento del CNBF por 927 millones de dólares a pesar de la abierta oposición del Banco de España, al que las cuentas no le salían, tal como asegura un antiguo alto cargo, que luego pasaría a trabajar para el FROB. «El BdE era el supervisor, pero no podía hacer nada si la caja se empeñaba; aun así se les apretó mucho porque no veíamos la operación.» Los inspectores del Banco de España sólo podrían dar marcha atrás a la operación si existiera una sospecha de que la compra pudiera poner en grave peligro la solvencia de Caja Madrid. No era el caso, por lo que, al final, Blesa se hizo con el banco.

Mención aparte merece el escándalo de la mansión de Miami. De manera adherida a la operación de compra del CNBF, Caja Madrid se hacía con un exclusivo chalé en una de las zonas más valoradas de la ciudad. Entre otros lujos tenía un embarcadero para yates propio, lo que provocaría un gran escándalo en España cuando se filtraron los detalles a la prensa. ¿Para qué tanto dispendio? ¿Cómo se conjugaba que una caja dedicada a la Obra Social dispusiera de una mansión para que sus directivos gozaran de una vida de lujo en lo mejor de Florida? La respuesta la da

31. Un *hub* es un centro de conexiones, un lugar en el que se concentran operaciones procedentes de diversos lugares.

uno de los antiguos miembros del Consejo de Administración, quien puntualiza que él y sus compañeros sólo estuvieron un día de paso en la vivienda: «Era una casa con fines protocolarios sobre todo. Hacía las veces de residencia del director de la sucursal, pero estaba pensada en teoría para organizar en ella encuentros con empresarios y personas del mundo financiero. En cuanto al amarre privado..., a veces, la entrada de ciertos clientes en un banco ha de ser discreta», justifica. Es decir, que en Florida los ricos no llegaban al banco en un coche de lujo, sino en yate.

Hubiera o no los controles adecuados; hubiera buena o mala fe, delitos o no, lo cierto es que antes incluso de que se cerrara la compraventa ya existían sospechas de cierto sobreprecio en la compra del banco. No ayudaba a descartar esa sospecha el que a los pocos meses de adquirir el CNBF se evidenciara el desplome del mercado inmobiliario en Florida, y, por consiguiente, el desplome del banco de Miami. Un informe del Banco de España cuantificaba en más de 570 millones de euros el deterioro de la participación de Caja Madrid en la entidad estadounidense en el periodo de apenas un año. Lo grueso de las cifras y lo escandaloso de las pérdidas llevarían a Blesa y a varios de los directivos implicados a comparecer ante la justicia, ante la sospecha de que en esta operación no se había efectuado una simple compraventa corporativa, sino que bajo manga se habían cobrado comisiones irregulares. Serán los juzgados —que, a la publicación de este libro, aún no han cerrado el caso— los que determinen si hubo o no delitos. En 2011, el CNBF volvería a dar beneficios, y en 2013, tras unas fuertes provisiones por los deterioros acumulados, BFA-Bankia lograría venderlo no sólo sin pérdidas, sino con una plusvalía de 180 millones (aunque otras estimaciones hablan de pérdidas de hasta 235 millones).[32]

32. Según se recoge en el artículo «Bankia: ¿Para qué sirven los estados contables y los órganos de control?», del profesor de la Universidad de la Rioja Salvador Climent Serrano.

El gran *conseguidor*

Hubo unos años en los que Miguel Blesa era, con cierta probabilidad, el gran *conseguidor* español. Si no era el número uno, desde luego estaba entre los más destacados. «Mírame a ver si me puedes refinanciar esta operación, que llevo unos meses muy apretados.» «Te paso el currículum de mi sobrina, que es muy buena chica y le haría mucha ilusión entrar en la caja»... Cualquier contacto parecía bueno para acudir al presidente de la cuarta entidad del país. Como hacía el exministro del Interior, José Barrionuevo, quien, en septiembre de 2009, intercedía para «desbloquear» la situación que sufrían unos amigos suyos empresarios. «[La empresa] está en concurso de acreedores y quieren ir solucionando sus problemas con acuerdos que les permitan seguir aunque sea a un nivel más reducido. Ya lo han logrado con su principal acreedor, que era Caixa Catalunya, y les vendría bien hacerlo con vosotros. Como se trata de algo pequeño y me parece que claro, pienso que pueda ser posible para vosotros», concluía el antiguo ministro socialista.

Tal llegó a ser la cantidad de favores que prestaba el presidente, que el equipo de confianza de Blesa en Caja Madrid contaba con una lista siempre actualizada de empleados «referenciados», que era la forma elegante de decir enchufados. Sí, la Caja, con más de 13.000 empleados en 2007, era una inmensa agencia de colocación. Si no era en la propia entidad, podía ser en una de sus participadas. Y si no, en alguno de los innumerables programas que financiaba con la Obra Social. En aquella España a la que aún no había golpeado la crisis económica, eran legión quienes acudían a la puerta del presidente para preguntar «qué hay de lo mío». Podía ser un antiguo compañero de pupitre en el colegio de las esclavas de Linares, un amigo de un conocido, o un familiar de la secretaria personal de la presidenta del Partido Popular en Madrid. «Es algo normal que hubiera recomendaciones, pero había mucha gente a la que no se escogía si no estaban capacitados para el puesto que se postulaban o si no era necesaria su contratación.» Es el caso, por ejemplo, de Luis Maldonado, economista que por entonces era uno de los hombres de confianza de Rodrigo Rato en el Fondo Monetario Internacional. Posteriormente, en 2009, llegaría a la entidad como jefe de gabinete de Rato, pero, en 2008, ya se postulaba para la caja y se le entrevistaba por teléfono [ya que residía en Washington]. Pese a sus referencias y a que poseía una «sólida y contrastada experiencia internacional» no sería contratado ya que no existían por entonces vacantes «adecuadas a su perfil», tal como se refleja en una serie de correos entre Ildefonso Sánchez Barcoj (director de Medios) y Miguel Blesa a los que ha tenido acceso este periodista. ¿Había enchufes? Sí. ¿Los había en toda circunstancia y Caja Madrid era un coladero absoluto? No. El bombardeo, no obstante, era constante, y cada año llegaban a la entidad más de 4.000 *curriculum vitae*.

«Esperanza Aguirre, presidenta regional y del PP madrileño, consideraba a Caja Madrid como una extensión de su propio brazo», reconoce un antiguo alto directivo de la entidad muy cercano a la presidencia, que habla de presiones constantes desde el ejecutivo del Partido Popular de Madrid (PPM) encaminadas a imponer decisiones políticas. «Pero Blesa se resistía como gato panza arriba», matiza de inmediato. «No se metía en asuntos como las cuentas, pero sí que presionaba por cosas como la venta de la participación de Endesa a Acciona y no a unos inversores alemanes. Se conocían desde hace mucho y le llamaba "Miguelito".» Este directivo recuerda especialmente una injerencia política relacionada con el departamento de Recursos Humanos de Caja Madrid: «La Comunidad quería nombrar al director de Recursos Humanos de la Caja, sospecho que para meter a más enchufados».

Lo cierto es que los correos internos de Caja Madrid muestran hasta qué punto existían estas presiones —innegables—, y también hasta dónde estaba dispuesto a llegar el presidente de la segunda caja española para mantener su independencia. Tal era el intervencionismo del poder autonómico y local en esta entidad y otras, que un grupo de ejecutivos de Caja Madrid, la Caixa y Bancaja se reunían en abril de 2008 con el objetivo de enviar una petición consensuada con la intención de que se modificara la ley de cajas de ahorros y se eliminara el «creciente intervencionismo de los gobiernos autonómicos» en materias como la solvencia o los recursos propios. La propuesta pasaba por ceder todas esas competencias en exclusiva al Banco de España y dejar en manos de las comunidades autónomas tan sólo las materias de las obras sociales.

Pese a las injerencias, los amiguismos y los escándalos, Caja Madrid (con Blesa) y Blesa (con Caja Madrid) ascendieron ambos hasta competir directamente con las grandes ligas del mundo de las finanzas. Caja Madrid porque experimentó un crecimiento tanto en balance como en estructura que la aupó a la cuarta posición en el ránking español. Y Blesa porque, durante sus años como máximo ejecutivo de la Caja, evolucionó de ser un funcionario de nivel medio-alto dentro de la Agencia Tributaria, y que tenía su propio despacho en el barrio de El Viso para asesorar fiscalmente a la élite social madrileña, a ser una de las personas mejor pagadas y con más poder de todo el país.

La gestión de Blesa, para bien o para mal, fue la que definió de forma decisiva la estructura de balance de Caja Madrid y, por lo tanto, de BFA-Bankia. Cuando él llegó en 1996, el balance de la entidad era equivalente a unos 33.000 millones de euros; cuando se fue, en 2010, éste se había multiplicado casi por seis, superando en total los 192.000 millones de euros. Un crecimiento que, si bien supuso unos sustanciosos beneficios en el corto plazo, hipotecó y debilitó a la entidad en el medio y largo: frente a un crecimiento de los créditos de nada menos que un 459 por ciento durante su mandato, los recursos propios —los recursos que han de soportar esa expansión crediticia— lo hicieron tan sólo en un 381 por ciento. Es decir, que el balance se amplió a costa de que la entidad se endeudara con los mercados exteriores, y no debido a una capacidad propia de captar depósitos. Pero ¿cómo se pudo alcanzar ese nivel de riesgo y de fragilidad?

¿Cómo es posible que una entidad supervisada por el Banco de España acumulara estos desequilibrios? ¿Cómo se explica que hubiera una demanda de créditos tan grande y tan por encima del crecimiento natural de la economía? Una palabra lo resume y lo explica casi todo: el «ladrillo».

6

La burbuja inmobiliaria

Navalcarnero era, en 1996, una de esas localidades a medio camino entre aquellas en las que todo el mundo se conoce y aquellas en que casi nadie se conoce. Esta localidad madrileña contaba con 11.601 habitantes,[33] de los que la mayoría eran de allí «de toda la vida». Algo cambió en Navalcarnero desde entonces, ya nunca volvería a ser como fue. En la localidad comenzaban a construirse viviendas. Muchas viviendas, tantas que se situaba entre las diez con mayor incremento en su parque de viviendas (uno de los pocos municipios no costeros españoles en ese ránking). Y empezaban a llegar personas de otros lugares para vivir allí. Año tras año, nuevos vecinos, nuevas viviendas y nuevos barrios. Hoy, Navalcarnero tiene 26.364 habitantes según el Instituto Nacional de Estadística. Casi el triple en menos de dos décadas.

Lo que ocurría en Navalcarnero era quizá uno de los casos más paradigmáticos de expansión demográfica e inmobiliaria conocidos, pero era un fenómeno extendido por todo el país: El precio de las viviendas no dejaba de subir, lo que alentaba la compra de éstas y a su vez la construcción de nuevas. Lo que ocurría en Navalcarnero y en España en su conjunto tenía un nombre: era una burbuja inmobiliaria. Una burbuja es un fenó-

33. Fuente: Censo de Población, del Instituto Nacional de Estadística (INE).

meno en el cual el precio de un bien determinado aumenta muy por encima del crecimiento normal de la economía y del alza de los precios en su conjunto. ¿Qué pasaba? ¿Por qué España sufría este en apariencia incontrolable incremento en los precios de los inmuebles?

Se podrían escribir tratados enciclopédicos sobre la génesis, el desarrollo y la terminación de las burbujas inmobiliarias. No es el caso. Las causas de la burbuja española eran, en esencia, sencillas; aunque había que buscarlas. La entrada de España en la moneda única tenía varios efectos en la economía española. Por un lado, la adopción del euro suponía un descenso casi inmediato de los tipos de interés del dinero. El euro, mucho más sólido y fiable que la peseta, era una moneda barata a la hora de pedir financiación. Los españoles, una población de por sí con altas tasas de propiedad inmobiliaria —a pesar de estar acostumbrados a los tipos hipotecarios de dos cifras— veían de pronto cómo las hipotecas se reducían a tipos de un dígito. Si se tenía en cuenta que la inflación era incluso mayor, en la práctica no pedir dinero prestado o no invertirlo era casi como estar perdiendo dinero. Si a este hecho se sumaban las creencias firmemente extendidas de que los pisos nunca bajaban de precio[34] y que vivir de alquiler es tirar el dinero, entonces el incentivo para lanzarse a comprar vía crédito, aunque de forma involuntaria ya estaba activado.

En paralelo a la entrada en el euro se derivaban a España ingentes cantidades de ahorro desde países como Alemania, atraídos por las mejores perspectivas de rentabilidad y por las buenas calificaciones crediticias de un país en general poco endeudado. En la intensificación y aceleración de este proceso tenía mucho que ver el hecho de que el ciclo económico global era positivo para numerosos países (Estados Unidos, China, India, etc., crecían a tasas muy altas), y en especial para España, que tras la crisis de mediados de los años noventa lograba presentar unas cuentas públicas saneadas y un potencial positivo. Al menos eso decían los analistas. A estos dos detonantes se sumaba un

34. En la historia reciente era cierto, ya que sólo se había registrado un tímido descenso en el año 1991.

tercero, también clave: la inmigración. Cientos de miles de extranjeros (sobre todo procedentes de América Latina, Rumanía y Marruecos) llegaban a España animados por las buenas perspectivas y en busca de un futuro mejor.

Ante la llegada de ahorro del exterior, la existencia de tipos de interés bajos y la constatación de que había una demanda no satisfecha de crédito hipotecario, las entidades financieras —y en esto Caja Madrid no fue tímida, más bien al contrario— se lanzaban en plancha a financiar el «ladrillo». Durante la primera mitad de la primera década del siglo XXI, el nuevo crédito crecía a unas tasas anuales de entre el 30 y el 40 por ciento, mientras los depósitos apenas crecían entre un 5 y un 10 por ciento. ¿De dónde sacaba el sistema financiero ese saldo que le faltaba? De los mercados mayoristas internacionales, que, en cuanto vieron los fabulosos crecimientos del precio del «ladrillo», no dudaron en financiar todo lo financiable. El Banco de España, el supervisor financiero, en vez de advertir sobre este exceso de apelación a los inversores internacionales, no sin cierta lógica lo aplaudía en la medida en que —en un mercado que estuviera sano— era un signo de la buena salud de las entidades financieras. Siempre era preferible que las entidades financieras tuvieran acceso a los mercados mayoristas; de hecho, justo lo contrario, es decir, un mercado cerrado sería la peor de las situaciones.

Con crecimientos de dos cifras en los precios de la vivienda, las promotoras inmobiliarias, las constructoras y los inversores se lanzaban en plancha a construir y levantar nuevas viviendas. La legislación sobre el suelo había sido modificada recientemente por el Gobierno de José María Aznar, y había convertido a los ayuntamientos en piezas clave del negocio inmobiliario: suya era la competencia para diseñar los planes urbanísticos, y suya también la capacidad de adjudicar terrenos a las promotoras. Con esta actividad, los ingresos de los consistorios españoles se disparaban. Otro incentivo más para seguir cebando la burbuja: las instituciones públicas tales como los ayuntamientos tenían, merced a estos nuevos y abundantes ingresos por la venta de suelo, la capacidad de financiarse muy por encima de cualquier precedente sin siquiera subir impuestos a los ciudadanos. Literalmente, algunos consistorios llegaban a tener tanto dinero que no sabían qué hacer con él más allá de inaugurar rotondas.

Una burbuja mastodóntica como la que se estaba gestando en España generaba toda clase de incentivos perversos para los gobiernos central y autonómicos, porque la expansión del negocio inmobiliario era muy extensiva en mano de obra (obreros, arquitectos, fabricantes de puertas, electricistas, vendedores, etc.), y eso suponía no sólo más personas trabajando, sino más ingresos por IRPF, por Impuesto de Sociedades, por Actividades Económicas... En lo más alto de la burbuja —entre los años 2000 y 2004, cuando el precio creció un 15 por ciento anual— la tasa de desempleo en España registraba mínimos históricos, y ya se hablaba de la posibilidad de «pleno empleo» en un país con unas tasas de actividad siempre por debajo de la media europea.

En el momento de mayor apogeo, la construcción y el «ladrillo» en general llegaron a suponer un 15 por ciento del producto interior bruto (PIB) en España; es decir, que este sector era el auténtico motor de la economía, y no había nada a la vista para sustituirlo. Tal como reconoce una antigua alto cargo de Economía durante los dos mandatos de Zapatero, «una vez dentro de la burbuja no hay incentivo para pincharla: 1) ni del Gobierno, que así logra buenas tasas de crecimiento y bajos niveles de paro; 2) ni de los bancos, que así logran cerrar unas fenomenales cuentas de resultados; 3) ni de los propios ciudadanos, que ven cómo se incrementa su riqueza y sus posibilidades laborales; 4) ni de las comunidades autónomas o los ayuntamientos, que ven cómo se disparan sus ingresos fiscales relativos a la vivienda y el suelo; y 5) ni del propio Banco de España, que en tiempos de burbuja consigue una aparente mayor estabilidad del sistema financiero. Todos presentan unas cifras excelentes». ¿Era creíble esperar que ningún Gobierno —siempre con el ciclo electoral de dos años a la vista— se atreviera a pinchar la burbuja ante el riesgo de rebajar los históricos registros de empleo y crecimiento? Una cosa era señalar que eso hubiera sido lo correcto; otra, admitir que cualquiera se hubiera enfrentado a unos incentivos casi insalvables.

El Banco de España, encargado en teoría de velar por el sistema financiero, se mostraba relativamente confiado por la imposición de las llamadas provisiones anticíclicas: un tipo de provisión genérica (es decir, no imputable a ninguna pérdida incurrida) que obligaba a las entidades a guardar un capital durante los tiempos de bonanza de forma que se podría utilizar (liberar) cuando el ciclo cambiase y viniesen mal dadas. Con las provisiones anticíclicas impuestas, el supervisor creía tener margen suficiente. Aun así, con la prudencia habitual del BdE, se establecía además otra salvaguarda, otro freno al crecimiento desenfrenado de las entidades: los créditos de vigilancia especial, que se sumaban a los subestándar (otra clasificación propia). Todos ellos iban dotados con reservas ante posibles pérdidas y suponían un reconocimiento implícito de que el BdE sabía que no todos los créditos al «ladrillo» eran buenos. «Ya por entonces [2006-2007] no eran de fiar las cuentas de la banca, pero si en aquel momento dices que todo el crédito del "ladrillo" es malo te echan del país», constata un antiguo alto cargo del banco central español, que posteriormente pasaría al FROB. En su opinión, no era labor del BdE intervenir o prohibir exposiciones demasiado agresivas al crédito inmobiliario. «Los responsables fueron los consejos de administración, porque fueron ellos los que dictaron las estrategias. Una cosa es que haya supervisión y deba funcionar, pero el responsable eres tú», recalca. Con o sin incentivos a favor, economistas como Manuel Arellano y Samuel Bentolila han apuntado a los dos gobiernos del PP y del PSOE como los principales responsables de la creación y no subsanación de la burbuja inmobiliaria en España.

Caja Madrid, hipotecas y promotores

En Caja Madrid, al igual que en el resto del sector, la actitud respecto a la burbuja inmobiliaria era —por decirlo de una manera sencilla— de «cuanto más mejor». Cada día, nuevos clientes acudían a las oficinas en busca de financiación para comprar una vivienda. En la mayoría de las ocasiones, los pisos ya estaban vendidos sobre plano, antes siquiera de estar construidos. Muchos de estos primeros compradores especulaban después revendiendo (con plusvalías) la vivienda. Daba igual, detrás de todas las operaciones estaba Caja Madrid o cualquier otra entidad sacando tajada de un negocio que, cuando funcionaba, era perfecto para la banca: era un tipo de crédito que pagaba unos altos intereses y unas elevadas tasas, que históricamente tenía una muy baja morosidad —la más baja en relación con otros préstamos— y que tenía como aval un bien que en aquellos momentos estaba subiendo de precio.

Estaba Caja Madrid tan absolutamente centrada en la concesión exclusiva de hipotecas que incluso durante un tiempo dejaría de conceder préstamos al consumo. Lo que hizo fue externalizarlo a otras entidades comerciales como Carrefour. En vez de un 8 por ciento cobraban un 12 por ciento, y en la época de vacas gordas eso permitía ganar mucho, pero, como vinieran mal dadas, estas carteras sufrirían una morosidad de al menos el doble que las del sector.

La Caja abordaba el fenómeno inmobiliario desde varios ángulos, cada cual más rentable. Por un lado estaban las hipotecas, que, como se ha señalado, eran un negocio inmejorable mientras hubiera demanda: no sólo era el crédito con sus garantías y los intereses en sí, sino que además casi siempre tenían adheridos seguros de vida y hogar, fondos de pensiones, imposiciones a plazo fijo... Ser prescriptor de hipotecas era un gran negocio. Tanto que el principal banco español, el Santander, rompía la baraja y el mercado ofreciendo una rebaja del 50 por ciento en las cuotas hipotecarias de aquellos hipotecados con una antigüedad de al menos cuatro años y que llegaran de otra entidad. Como la competencia, que ya era feroz de por sí, se disparó ante el movimiento de Botín, la Caja —en parte por fidelidad a su espíritu original de combatir la exclusión financiera, y en parte porque era un negocio redondo— decidía prestar especial atención al colectivo de los inmigrantes. Eran cada vez más, y casi ninguno tenía una vivienda en propiedad, por lo que constituían un pastel que sólo podía crecer. El problema, desde una visión conservadora de la banca y siguiendo sus propias políticas de riesgos, es que este segmento de la población no era, por sus características generales, el más solvente. Es decir, que presentaba una tasa de morosidad mucho más alta.[35] Un directivo de uno de los principales competidores de Caja Madrid se muestra muy crítico con esta estrategia de la entidad: «Daban hipotecas sin sentido a inmigrantes latinoamericanos hasta el punto de que, en 2009, tenían una cuota de mercado del 25 por ciento en ese sector. Se habían metido *demasiado* en ese sector tan concreto, sobre todo teniendo en cuenta que el paro estaba aumentando». Manel Ameller, exempleado de Bankia, recuerda cómo, en la época de las vacas gordas, la entidad para la que trabajaba entonces, Bancaja, se lanzaba a conceder hipotecas «buscando sobre todo a los inmigrantes». «Si tenían contrato de trabajo temporal ya valía. A mí, que no me valía, me sacaban los colores por no vender tanto como el resto, pero prefería eso a tener luego una morosidad disparada. Bancaja aceptaba casi cualquier operación si la garantía era buena o había avalistas, ya que así, en el corto plazo, les endosaban tarjetas, seguros y de todo. Luego, si había impagos, se refinanciaba [la deuda] y se les volvían a colocar nuevas tarjetas y productos para cobrar más comisiones», asegura Ameller. El problema era menor mientras el precio de la vivienda siguiera subiendo, ya que en caso de impago se ejecutaba el aval, se desahuciaba y se podía vender el piso incluso con plusvalía. Pero el esquema no era tan sencillo, tal como recuerda uno de los altos directivos de Caja Madrid que tenía que gestionar la cartera de viviendas: «Entre tres se juntaban y te compraban una casa, y luego éstos servían como avalistas para otros que también se endeudaban. Así se empeoró parte de la burbuja; fue un gran error sobrealimentar ese primer escalón, porque generó una demanda de viviendas inmensa», reconoce.

Sin embargo, esta mayor concesión masiva de créditos a inmigrantes en Caja Madrid, por mucha exclusión financiera que se quisiera combatir, no conjugaba nada bien con los manuales de prudencia bancaria que guardaban los departamentos de riesgos de cualquier entidad un poco seria. Pero, tal como señala Juan

35. Y ello por diversos motivos: menores riqueza y renta media, una red familiar más pequeña y distintas costumbres culturales respecto a los créditos hipotecarios, entre otros.

Martínez, antiguo técnico del departamento de Riesgo de la Caja, «en épocas de euforia económica, el directivo que más poder e influencia adquiere es el de Comercial». Era precisamente de ese departamento de donde llegaba el movimiento clave para poder atraer a Caja Madrid toda esa demanda de inmigrantes con trabajos precarios que querían ser propietarios de una vivienda en España: «En Riesgos había básicamente tres formas de clasificar una hipoteca: concedida, rechazada y "a revisar". La prudencia bancaria y nuestra regulación interna nos limitaban a admitir como máximo sólo un 20 por ciento de todos los créditos "a revisar". Pero en plena burbuja se cambió el criterio de riesgo para admitir todos los créditos "a revisar" y pasar a limitar a un 20 por ciento la admisión de rechazados», explica Juan Martínez. Es decir, que la propia entidad rebajaba sus requisitos de admisión de créditos para poder concederlos a clientes que de otra forma nunca los hubieran tenido. «Claro, luego estos créditos revisados admitidos masivamente son los que presentan unas mayores tasas de morosidad. Gran parte de los problemas se generaron aquí», detalla. Juan Martínez, economista especializado en finanzas, recuerda cómo, cuando llegó a Caja Madrid, en 2000, él era la envidia dentro de su círculo de amigos, debido al prestigio de la entidad y la fama que tenía la Caja de ser un buen lugar donde comenzar una carrera incipiente. Recuerda también cómo, en su departamento, se luchaba por instaurar un sistema de gestión del riesgo lo más moderno posible. «Tardamos varios años en diseñarlo y llevarlo a cabo. Y, finalmente, el Banco de España nos lo aprobó. Éramos la primera entidad española que conseguía un visto bueno completo, así que era un momento de gran satisfacción para todos. La mala suerte quiso que ese mismo día, en medio de la celebración, nos enteráramos de que Metrovacesa, una entidad en la que teníamos comprometidos muchos millones de euros, declaraba el concurso de acreedores. Nos chafó el día», rememora.

El departamento de Riesgos, que en la Caja era algo así como el portero de una discoteca, trabajaba a destajo ante la llegada incesante de más y más créditos nuevos. Otra de las vías de entrada de créditos de forma masiva, al menos durante los primeros años, fueron los API,[36] agentes inmobiliarios que trabajaban a comisión y cuyo sueldo dependía casi en exclusiva de cuántas hipotecas pudiera conceder. Los API son un tipo de intermediario al que el banco o la caja autoriza a conceder hipotecas, en teoría, siguiendo los protocolos y requisitos de la propia entidad que le va a pagar. Pero, claro, eso era la teoría. El incentivo (de nuevo un incentivo) en este caso para los API estaba dirigido en línea recta a levantar la mano en cuanto a los requisitos.

¿Por qué? En el corto plazo se embolsaría la comisión, y en el largo plazo, cuando quizá aflorara la toxicidad de esos créditos, quién sabe dónde estaría. Para Juan Martínez, el gestionar las hipotecas concedidas por los API supuso el mayor de los dolores de cabeza: «Fueron los principales responsables y causantes de la mierda en Caja Madrid; tenían esos terminales desde los que podían gestionar y conceder hipotecas, cobraban y se desentendían después, mientras que todo el riesgo estaba en la Caja. Hubo muchos abusos y bloqueos por parte de los API. Recuerdo a un agente en Cataluña al que le cortamos el terminal porque, en menos de un mes, todas las hipotecas que había concedido eran morosas. Se había pasado tres pueblos con lo que concedía», asegura.

La burbuja llegaba a mover tal cantidad de dinero que ninguna estrategia de concesión de hipotecas era suficiente. Había que ir más allá. Caja Madrid no fue pionera, pero sí una alumna aventajada de lo que en el sector algunos llamaban «el negocio total». ¿En qué consistía? La Caja entraba en el accionariado de una promotora, a la cual también financiaba (y por lo que cobraba comisiones). Pero no bastaba con eso, sino que también era la entidad que gestionaba las hipotecas de los propios pisos que estaba construyendo. Y, no contenta con esto, se reservaba uno de los mejores locales comerciales de la promoción para instalar allí una oficina bancaria, con la que captar más clientes y vender más productos. Desde Bankia, hoy reconocen que «aquella expansión al calor de las promotoras fue excesiva; se abrían en tor-

36. Un API (agente de la propiedad inmobiliaria) es una persona autorizada para gestionar operaciones inmobiliarias, hipotecas, etcétera.

no a una sucursal a la semana en el periodo 2007-2008». Un antiguo directivo del departamento de Banca de Negocios de Caja Madrid se defiende y esgrime la racionalidad de esta estrategia de financiar promotoras: «El crédito promotor, en teoría, era el más seguro de todos los que había en corporativo; si le dabas un crédito a una empresa juguetera, luego, si no te pagaba e ibas a la fábrica, igual no había nada. En cambio, si le dabas un crédito a una promotora, los distintos tramos se iban liberando sólo en función de lo que se iba avanzando en el proyecto, mientras el activo en garantía siempre estaría ahí. El problema era cuando el valor de una promoción pasaba de 100 a 20, ya que, aunque la garantía (la promoción) estaba ahí, no valía lo suficiente para compensar».

En los peores/mejores años de la burbuja inmobiliaria, Caja Madrid llegaría a destinar más de 18.000 millones de euros (un 16 por ciento de todo su volumen de crédito) a financiar a empresas promotoras, de las que luego resultarían morosas alrededor de una de cada cinco. En 2006, tal incremento del peso de esta modalidad de inversión llevó al inspector del Banco de España Francisco Javier del Río, destinado en la Caja, a llamar la atención de los gestores de la entidad. «Lo que vimos es que este crecimiento de [las carteras de préstamos de] las entidades financieras, tanto en hipotecarios minoristas como en promotor, se daba con un LTV[37] alto.» Esta característica también se detectó en los créditos hipotecarios a los clientes con menos recursos: lo que recomienda la ortodoxia bancaria es que como medida de prudencia no se conceda en ningún caso una hipoteca por cantidades a partir del 80 por ciento del valor a precio de mercado del bien que servirá como garantía. Lo que se trata es de reducir los posibles quebrantos producidos en caso de impago y ejecución de la garantía. Pero Caja Madrid, en parte por su voluntad de luchar contra la exclusión financiera y en parte por

37. LTV (*loan to value*): porcentaje de crédito concedido a un acreedor respecto al valor total de la inversión que va a adquirir con ese préstamo. Como ejemplo, si para comprar un bien que vale 100 euros, pido un crédito de 80, el LTV será del 80 por ciento.

seguir creciendo y ganando cuota de mercado, concedería cientos, miles de hipotecas a particulares con un LTV superior al 80 por ciento. Cuanto mayor es el LTV, mayor es el riesgo de pérdidas que asume el prestamista, ya que, en caso de impago y ejecución —algo que no se puede descartar en absoluto, ya que el ratio de apalancamiento[38] de las promotoras es de 10 a 1—, es mayor la probabilidad de que la garantía, al venderse, no supere el valor del crédito. El propio inspector Del Río reconocería posteriormente, y en sede judicial, que, a partir del requerimiento de 2006, la entidad efectivamente estableció controles para el riesgo promotor —«el ritmo de crecimiento se para bastante»— y a su vez limitaron la captación de hipotecas por el canal API, «que era especialmente problemático». Es decir, que efectivamente el Banco de España había detectado un problema potencial en la captación de hipotecas y créditos promotores de baja calidad y por encima de lo aconsejable, y había advertido a la propia entidad para que redujera lo más posible esta actividad. Esto era algo respecto a lo que Caja Madrid haría caso a los inspectores. La pega estaba en que era demasiado tarde, y, para cuando se habían decidido a tomar medidas serias, los balances de los bancos ya estaban plagados de créditos y activos relacionados con el «ladrillo», tras más de seis años de crecimientos históricos.

Levante: el epicentro

La burbuja afectaba a los precios de la vivienda en España en su conjunto, pero el fenómeno distaba de ser homogéneo en todo el país. Sencillamente, unas zonas tenían unas características que las hacían más proclives a concentrar esta nueva expansión inmobiliaria. El litoral (en especial el mediterráneo) era la zona que sufría tanto una mayor demanda como una mayor oferta y explo-

38. El ratio de apalancamiento es la relación entre recursos propios (capital) y deuda. Un ratio alto, es decir, una baja capitalización, permite obtener grandes beneficios si el ciclo está creciendo, pero resulta letal si los precios caen ya que un bajo porcentaje de capital no permite resistir en caso de fuertes pérdidas.

tación por parte de promotoras y constructoras. Las ciudades y los pueblos dormitorio contiguos a las grandes capitales —como es el caso de Navalcarnero, por ejemplo— también sufrían su particular expansión desaforada. Pero era en la zona de Levante (y en menor medida el sur) donde el fenómeno alcanzaba, según los expertos, su máximo grado.

Dos entidades financieras —en concreto dos cajas, la Caja de Ahorros del Mediterráneo (CAM) y Bancaja— eran las impulsoras principales, de la mano del poder político, del bum del «ladrillo» en la Comunitat Valenciana. Las razones no eran caprichosas: por un lado, la región había registrado un fuerte impulso económico en esta fase expansiva, toda vez que una parte sustancial de la industria de los materiales de construcción (ladrillos, cerámicas, etc.) residía en territorio valenciano, lo que de por sí incrementó la demanda interna de vivienda. Además, las cada vez mejores expectativas laborales en la región —con una demanda especialmente alta en trabajos sin alta cualificación— atraía a un número comparativamente mayor de inmigrantes, que a su vez incrementaban el precio de la vivienda y realimentaban el ciclo.

En una línea similar a los API que inundaban Caja Madrid de hipotecas, «Bancaja trabajaba directamente con las inmobiliarias, a las que daba una comisión por llevarles nuevas hipotecas a la oficina. Éstas, luego, se aprobaban dentro de la caja, pero el incentivo para aumentar la concesión de estos créditos estaba ahí y fue clave para contaminar el balance de la entidad», explica un alto responsable de Bankia. Otro de los incentivos perversos, acompañado de una rebaja en las exigencias de control, estaba en el propio reparto de bonus entre directivos y empleados: «Se repartían con relación a lo que crecieran los créditos concedidos en cada oficina; así, la dirección permitió conceder créditos hasta cierto nivel sin pasar por el departamento de Riesgos, lo que a la larga supondría una morosidad mucho mayor». Es decir, que, hasta cierto nivel, eran los propios empleados los que decidían conceder unos créditos hipotecarios con una duración (y un riesgo) de treinta años, que eran a su vez la causa directa de que estos mismos empleados cobraran o no su bonus al final de ese año.

Es como si, en un partido de fútbol, el árbitro permitiese a los jugadores de cada equipo decidir si las jugadas de ataque caen en fuera de juego o no.

Además, por si fuera poco, la región contaba con un marcado efecto llamada para inversores extranjeros interesados en el sol y la playa y en comprar allí propiedades de nueva construcción. El inconveniente de las segundas viviendas en la costa es que proporcionalmente tienen una tasa de morosidad muy por encima de la media crediticia de cualquier entidad financiera. El Levante español —«territorio cheyene», tal como lo designaban los directivos del Banco Popular— era uno de los puntos calientes de la inversión crediticia mundial, y cada mes se construían y planificaban decenas de nuevos proyectos urbanísticos. Era tanto el negocio, que allí se meterían no sólo las cajas propias de la región, sino la práctica totalidad del resto de entidades financieras españolas. Había un gran pastel a repartir, pero no todas las porciones eran igual de buenas. «Unas entidades conocían mejor el terreno y se llevaban los mejores clientes, y el resto captaba a los que eran peores [en el sentido de tener un mayor riesgo de impago]», explica un inspector del Banco de España que prefiere no ser identificado. Las entidades que llevaron más lejos sus prácticas de extenderse por territorios que no dominaban serían posteriormente algunas de las que más problemas acumularían en sus balances.

Pero si algo era distinto tanto en la CAM como en Bancaja (entidad que luego formaría parte de BFA-Bankia) era su predilección por el crédito promotor. No era que el resto del sector bancario y las cajas no se estuvieran metiendo en el asunto —de hecho Caja Madrid se metía—, es que, en el caso de las dos entidades levantinas, el peso de estas operaciones en cartera era notablemente mayor que en ningunas otras. Tal como señala un portavoz de la actual Bankia, «con las promotoras, Bancaja vio que dándoles créditos ganaba dinero durante la burbuja. Pero luego se dio cuenta de que si entraba en el accionariado de las mismas aún ganaba más. Así, se generalizaron operaciones en las que Bancaja se hacía con el 40 por ciento del accionariado de una promotora, y el 60 por ciento restante pertenecía a los promotores, que a su vez conseguían ese capital por medio de un crédito de Bancaja».

Un empleado de Bankia con más de treinta años de experiencia en la entidad relata otra de las operaciones típicas de Bancaja que se encontraría cuando se produjo la integración de las siete cajas: «Las había que financiaban, por ejemplo, 600.000 euros, pero en póliza tan sólo estaban firmados 6.000 euros. ¿Que cómo era posible? Se hace yendo al notario, diciendo que la operación cuesta 6.000 euros, pero, en realidad, financiando con una cantidad cien veces mayor. Y es que si a Fulanito le doy 600.000 euros tengo que provisionar una barbaridad, y de la otra forma no. Si me pillan y me dicen que faltan dos ceros, digo que ha sido un fallo del contable», explica. Esta estrategia, mientras los precios crecieran y el promotor devolviera el préstamo, era la más rentable de todas. Pero como algo fallara, todo el riesgo de la operación se lo comía la entidad financiera, ya que el promotor no tenía más que permitir que se ejecutara el aval para librarse del marrón.

En la CAM, los excesos la llevarían a ser rescatada por el Estado y a ser considerada años después como «lo peor de lo peor» del sector financiero español, en opinión del entonces gobernador del Banco de España, Miguel Ángel Fernández Ordóñez. En una situación similar, de clara sobreexposición al sector del «ladrillo», había llegado a estar Bancaja. Las cifras hablaban por sí solas: Caja Madrid, que ya se había excedido muy por encima de lo recomendable, tenía un 42 por ciento de sus activos en balances vinculados al «ladrillo»; en el caso de la entidad valenciana, este porcentaje ascendía nada menos que al 70 por ciento. Siete de cada diez euros metidos en Bancaja estaban relacionados con la vivienda y el suelo. Hasta el año 2007, esta estrategia había brindado unos excelentes resultados económicos, pero si algo ocurría en ese mercado, la escasa diversificación amenazaba con ser una bomba de relojería.

Más allá de actuaciones poco prudentes, poco profesionales e incluso delictivas —que de todo había—, más allá de la expansión fuera de los límites geográficos originales y más allá de los incentivos perversos, es innegable el efecto mismo de la situación geográfica de una entidad como otro de los factores que determinan si una u otra tendrá problemas en el futuro. Tal como señala un antiguo consejero de Bankia que ostentó cargos de administrador en otras grandes corporaciones, «junto con la calidad de los balances importa mucho la ubicación de cada entidad. En la costa hay mucha más segunda vivienda, que es más proclive a presentar morosidad. Además, los precios no caen por igual en cada zona, y en el caso del Levante las viviendas de nueva construcción en el litoral se desplomaron», señala, a la vez que pone como ejemplo a las cajas vascas: «Como tenían implicación en el territorio y allí no hubo burbuja, o al menos la que hubo era mucho menor, pues salieron mejor de la crisis», explica.

La desgracia para los agentes económicos —inversores, constructores, promotores, autoridades, supervisores, etc.— es que la gran mayoría de las burbujas sólo se ven cuando ya está en retroceso. Pero, mientras están creciendo y creciendo, en España y en prácticamente todos los casos, esos agentes y las autoridades —encantadas porque una economía que se recalienta, en el corto plazo crece mucho— tienden a negarse a ver la realidad que tienen ante sus ojos, y trazan todo tipo de teorías para argumentar que esta vez es diferente. En el caso español, a las escasas pero acertadas voces que alertaban sobre un recalentamiento de la economía derivado de una burbuja inmobiliaria las tildaban, como poco, de aguafiestas, de desinformados, siempre, y de malos patriotas, como mucho. Los precios crecen mucho, sí —reconocían—, pero lo que esperamos no es un pinchazo brusco, sino un aterrizaje suave. Es decir, que nada de frenazo en la compraventa. El mercado se ajustaría de forma casi natural, y compradores y vendedores irían encontrando los nuevos precios de un mercado a la baja aceptables. Pero se equivocaban. Y, lo que es peor, no parecían haber tenido en cuenta a los bancos y las cajas. Hasta finales de 2007, esto era lo que se creía (o se quería creer) tanto en las entidades como en las autoridades y los supervisores. El sistema no estaba diseñado, sin embargo, para el momento en el que los precios del «ladrillo» dejaran de subir.

7

Estalla la burbuja

Y entonces, casi de la noche a la mañana, todo se jodió en España. «En el verano de 2007, un hecho, un indicador, supone para mí el primer aviso a nivel mundial de que el crédito de empresa estaba muerto y de que se avecinaba una crisis mundial: el *spread*[39] del margen de crédito medio de los sindicados (es decir, el mercado) pasa de 80 puntos básicos a más de 280 en apenas una semana. En sólo unos días este *spread* se destroza a escala mundial, y es el primer aviso de que, en el ámbito internacional, el crédito a las empresas ya nunca más iba a ser fácil de conseguir.» Quien explica esto es un antiguo alto directivo de Caja Madrid. El mercado financiero se estaba paralizando a escala mundial, pero el optimismo se mantenía en el sector español del crédito. Había confianza en que la banca era sólida, en que contaba con las provisiones anticíclicas y, sobre todo, en que no se había permitido la inversión en productos financieros estructurados.

Precisamente eran estos productos estructurados y derivados (con nombres misteriosos como CDO, CDS, ETF, etc.) los que desataban la crisis financiera a escala mundial. El epicentro era Estados Unidos, otro de los países en los que el precio de

39. El *spread* es la diferencia entre lo que cobran por prestar y lo que pagan por pedir prestado.

la vivienda se había disparado. Allí, los profetas del apocalipsis inmobiliario ya veían una señal de peligro para España; pero la verdad es que eran muy pocos. A inicios de la primera década del siglo XXI, a las mentes pensantes —y fabulosamente bien pagadas— de los grandes bancos de Wall Street se les había ocurrido una ristra de complejas estructuras con las que, en teoría, habían logrado minimizar el riesgo de las hipotecas. Es decir, había logrado la fórmula mágica, una mina de oro, la piedra filosofal. La idea, básicamente, era conceder todas las hipotecas que se pudiera, no sólo a aquellos clientes solventes y sobre los que un banco prudente no tendría dudas. No, también se le concederían a personas sin empleo, a inmigrantes sin lazos familiares en el país o a todo aquel que estuviera dispuesto a estampar su firma en un contrato. Entonces, cada banco creaba un producto financiero específico a partir de la mezcla en una especie de caja negra, de toda clase de hipotecas: buenas, malas, muy malas y regulares. Una caja negra de la que no era fácil conocer su contenido ni siquiera para los técnicos encargados de gestionarlas. Estos paquetes de hipotecas se revestían de nombres rimbombantes y se colocaban en los mercados financieros, merced a las buenas calificaciones crediticias que las tres grandes agencias de *rating* (Moody's, Standard & Poor's y Fitch) les otorgaban. La teoría decía que toda esta estructuración del riesgo hipotecario había logrado diseminar tanto el peligro, que habíamos entrado en una nueva era en la que no habría más crisis financieras. Se equivocaban. Vaya si se equivocaban.

En cuanto a Estados Unidos, su mercado de la vivienda empezó a mostrar los primeros signos de agotamiento (en 2006-2007), y los impagos hipotecarios empezaron a crecer por todo el país, al tiempo que crecía también la desconfianza de los inversores. De pronto, todo el mundo de las finanzas empezó a plantearse y cuestionarse seriamente —¡y por primera vez!— qué diablos habían comprado. Lo que veían no les gustaba, y entonces se desató el pánico en los mercados. La diseminación del riesgo, que en teoría se había planteado como una forma de amortiguarlo (nada puede fallar en todas partes todo el tiempo) provocó el efecto contrario: todos parecían contaminados, y como era imposible conocer el alcance real de la contaminación, los mercados interbancarios internacionales sufrieron un colapso que tendría su grado máximo en la caída del banco de inversión estadounidense Lehman Brothers, después de que el Tesoro se negara a rescatarlo con dinero del contribuyente.

La crisis financiera se extendía y afectaba también a otros países que habían entrado en el juego de las conocidas como hipotecas *subprime*.[40] Reino Unido se veía obligado a rescatar a entidades sistémicas como Royal Bank of Scotland (RBS), lo mismo que Alemania, Francia o los Países Bajos. En España, sin embargo, el Gobierno y el supervisor sacaban pecho y situaban metafóricamente a la banca española en la «*champions league*» de las finanzas. Algo había cambiado de forma radical, sin embargo: el pánico global producía un terremoto en los mercados mayoristas del dinero —allí donde se financian los bancos—, que se secaron casi por completo; se daba por terminada la época del dinero fácil, y todas las entidades preferían mantener la liquidez en su propio balance antes que prestárselo a nadie, por mucha rentabilidad que les prometieran. También había experimentado un giro de 180 grados la confianza de los inversores internacionales y su visión del sistema financiero, los cuales, a partir de la quiebra de Lehman, revisarían con ojos mucho más críticos los balances y las cuentas no sólo de los bancos y las cajas, sino —aún más importante— de las cuentas públicas de los propios países. ¿Qué déficit tenía un país X? ¿Qué nivel de deuda? Si hubiera que rescatar a una entidad financiera grande, ¿la tesorería del Estado lo soportaría? Todas estas preguntas pasaron a un primer plano a partir de la crisis de 2007-2008, y acabarían por ser decisivas para España, por mucho que su banca no hubiera invertido en las por entonces famosísimas hipotecas *subprime*.

40. Son hipotecas concedidas a personas sin apenas recursos, o incluso sin un salario, por lo que son consideradas tóxicas según estándares conservadores de inversión. En esencia, contienen un alto riesgo de acabar resultado en fallido. Cuentan además con unas garantías mínimas, lo que en caso de impago acaba suponiendo que el banco se queda con el bien hipotecado.

Pero la banca española tenía sus propias hipotecas *subprime*, generada durante los años de aparente bonanza. «Es imposible que el crédito crezca al 22 por ciento cada año; eso, en una economía normal, es insostenible», puntualiza un antiguo directivo de Caja Madrid. En este caso no se trataba de estadounidenses de barrios marginales y sin ingresos regulares, sino de empresas y ciudadanos españoles (nuevos o de nacimiento) que se habían endeudado por encima de sus posibilidades engatusados por la idea de que invertir en el «ladrillo» era una apuesta segura.

En paralelo a la crisis financiera internacional, en España se había hecho evidente algo que ya, desde finales de 2006, era un secreto a voces entre los especialistas del sector del «ladrillo»: el mercado inmobiliario se había venido abajo. «Si el Banco de España hubiera tenido a personas con experiencia sobre el terreno se hubiera podido gestionar de otra forma. Los del Banco de España son tíos que están todo el día diciendo y escribiendo sobre cómo se juega al golf, pero que no han golpeado una bola en su vida», critica este antiguo alto directivo. Las burbujas tienen la característica peculiar de que, una vez que se instala entre los agentes económicos la creencia de que los precios ya no van a seguir subiendo más, los precios comienzan a bajar. Por la sencilla razón de que quienes antes estaban dispuestos a pagar una cantidad X por una vivienda, ya no lo están. Y, como en la mayoría de las burbujas, hubo un punto en el que las valoraciones, simplemente, no podían seguir subiendo. Casi de la noche a la mañana, los inversores se daban cuenta de que los precios de los pisos —y de la mano de obra y las materias primas del sector— habían alcanzado unos niveles absurdos en España.

Entonces, en la economía española se desató la tormenta perfecta: por un lado se venía abajo el sector de la construcción y el inmobiliario, cuyo peso en el PIB era del 15 por ciento, y aún más respecto del empleo; por otro lado, la economía en su conjunto se veía golpeada por la crisis financiera internacional, que cerraba los accesos al crédito y deprimía la demanda (y, por tanto, las exportaciones). Los niveles de paro se disparaban en España muy por encima de lo que lo hacían en el resto de países del entorno. El aumento del desempleo —más bien un «incremento sin precedentes del desempleo en el mundo desarrollado»— provocaría en España una serie de catastróficas desdichas, tanto en las cuentas públicas (aumento de los gastos y desplome de la recaudación) como en los balances de todas las entidades financieras, y, en especial, en las cajas de ahorros. ¿Por qué? Es sencillo: al calor de la burbuja, millones de trabajadores —una parte no menor de ellos de baja cualificación— se habían endeudado a muy largo plazo con el objetivo de cumplir su sueño de ser propietarios de su propia vivienda. Otros, ante el incremento de las rentas y la riqueza, se habían endeudado aún más para adquirir una segunda vivienda cerca de la playa, en el pueblo o en la sierra. Detrás de aquella demanda de «ladrillo» sin precedentes estaban, en una parte sustancial, aquellos españoles que directa o indirectamente se estaban beneficiando de la actividad económica y el efecto riqueza[41] alimentados por la burbuja. Pero la burbuja se estaba desinflando, y con ella los precios del suelo y los pisos, así como la demanda de mano de obra.

A inicios del año 2009, las entidades financieras españolas estaban lidiando sobre todo con un problema de liquidez. Los mercados interbancarios se habían cerrado en todo el mundo, y cada caja y banco estaba haciendo verdaderos esfuerzos para cubrir de una forma adecuada sus calendarios de vencimientos de aquella deuda que años atrás habían logrado colocar con tanta alegría. El Gobierno del por entonces presidente José Luis Rodríguez Zapatero diagnosticaba que, efectivamente, se trataba de un problema de liquidez y no de solvencia del sistema financiero español, idea con la que iría sacando pecho por aquellos foros internacionales en los que se lo permitían. Ante lo que entendía que eran unos simples —aunque muy graves— problemas de li-

41. El «efecto riqueza» es un fenómeno económico provocado por el aumento del precio de los activos: si una persona adquirió veinte años atrás una vivienda por un precio X, y veinte años después vale 3X, su patrimonio, teóricamente, se ha incrementado un 200 por ciento, por lo que también en teoría es más rico.

quidez, el ejecutivo español ponía en marcha unos programas de compra de activos y puesta a disposición de avales, de forma que era el Estado el que otorgaba al sector financiero la liquidez a la que no eran capaces de acceder.

Por aquel entonces, una de las obsesiones del Gobierno era dejar claro que, al contrario que en el resto de los países europeos, no se estaba inyectando dinero público en las cajas y los bancos. Insistían en que eran apenas unas medidas de apoyo con las que, por si fuera poco, se haría negocio (vía intereses). Los dos grandes partidos transmitían ya por entonces su más enérgica negativa a recapitalizar con ninguna cantidad de dinero público a cualquier entidad financiera española. Ambos, PSOE y PP, estaban al tanto de las dudas crecientes que iban emergiendo en el sector y —sobre todo— entre los inversores internacionales, que empezaban a reclamar recapitalizaciones en el sector para que las entidades volvieran a tener un acceso efectivo a los mercados mayoristas. Pero no. Lo que había sido bueno para el resto de gobiernos europeos —recapitalizar a las entidades más débiles con el dinero que fuese necesario— no era algo que fuera a suceder fácilmente en una España cuya opinión pública era mayoritariamente contraria a la idea de rescatar al sistema financiero, aunque ello supusiera rescatar también a los acreedores (depositantes, bonistas, preferentistas, etcétera).

Sin embargo, 2009 era también el año que confirmaba que la crisis española no sería precisamente sencilla de resolver. Los niveles de paro se disparaban, los ingresos públicos se desplomaban y el mercado de la vivienda parecía de todo menos un mercado, toda vez que las compraventas se redujeron al mínimo. No había encuentro posible entre oferente y demandante, ya que los precios que exigía uno eran ridículamente altos respecto a lo que estaba dispuesto a pagar el otro. Esta parálisis del mercado inmobiliario tenía una primera víctima: las empresas promotoras. En el negocio del «ladrillo», éstas son las compañías encargadas de visualizar, proyectar y vender las viviendas, poniendo de acuerdo a autoridades (las que regulan el suelo), entidades bancarias (las que financian), constructoras (las que levantan los edificios) y los compradores. Se habían hecho de oro durante la burbuja, pero casi de la noche a la mañana se desplomaron, víctimas de su crecimiento casi ilimitado y su alto apalancamiento, que las convertía en instituciones especialmente débiles en cuanto venían mal dadas. Esta situación de las promotoras se trasladaba casi de inmediato a los bancos y las cajas, que, en 2009, experimentaban un incremento crítico de la morosidad en el crédito promotor.

«El problema de Caja Madrid no fueron las hipotecas.» Quien dice esto es José Antonio Casaus, uno de los inspectores del Banco de España destinados —«empotrados»— de forma permanente en la Caja, y luego en Bankia. «Fueron los promotores. El problema es que en la fase final del ciclo expansivo se hicieron compras con financiación del suelo a precios exagerados. Se querían hacer 3.000 viviendas en Brunete [Madrid] y venderlas mañana a 4.000 euros el metro cuadrado la vivienda, y ahora te das cuenta de que vas a hacer 52 viviendas a 1.500 euros el metro cuadrado para vender en 16 años; ese suelo por el que pagaste doscientos millones de euros vale en realidad tres millones de euros. Esa alta concentración ha sido un "problemón" a medida que se ha ido deteriorando el mercado inmobiliario», reconoce.

Ante esta mora galopante, entidades como Caja Madrid optaban por una estrategia racional, aunque dañina en el medio y largo plazo: la refinanciación masiva. Esta medida supone aligerar de alguna manera las condiciones de los acreditados, o bien incrementando el número de años y reduciendo las cuotas anuales, o bien aprobando un periodo de carencia (es decir, libre de pagos). «Mientras que el particular aguanta, el promotor te obliga a refinanciar, aunque sea de una forma indirecta, debido a la amenaza de quiebra», justifica un antiguo consejero de Caja Madrid y BFA-Bankia. «En 2009 cae el mercado, no se venden promociones en curso y hay fuertes incentivos de las promotoras para declarar concursos de acreedores o forzar refinanciaciones.»

En un sistema financiero cualquiera, las refinanciaciones no son malas; bien al contrario, suelen ser una forma de evitar un problema mayor, en la medida que se encuentra una solución posible a una situación que de otro modo abocaría al cierre del negocio al promotor y a la asunción de una pérdida en balance al banco. Sin embargo, esta práctica estaba empezando a tener, a juicio del mercado y de los supervisores, un lado oscuro: emplear las refinanciaciones como método para ocultar o disimular los verdaderos niveles de morosidad de una entidad. El diablo está en los detalles; si una entidad X refinanciaba a una empresa de promoción inmobiliaria que llevaba dos meses sin pagarle las cuotas, de forma que así le otorgaba una carencia de dos años, esta promotora seguía sin pagarle más de dos años a la Caja, pero en sus balances no estaría contabilizado como una operación morosa.

Un veterano director de supervisión del Banco de España, ya retirado, cree que parte de la morosidad de la entidad se enmascararía a partir de entonces por las refinanciaciones. «No se las trataba con dureza por parte del Banco de España, y a las cajas se les permitía ocultarlas.» Manel Ameller, en Bancaja y luego en Bankia, había visto cómo la práctica de las refinanciaciones era algo más que habitual: «Se refinanciaba como negocio, era algo diario y enfocado sobre todo a hacer negocio por el método de exprimir al cliente colocándole luego preferentes, tarjetas o lo que fuera», critica.

El inspector Casaus[42] llegaría a Caja Madrid en diciembre de 2009, «como cabecera de la inspección continuada», con la misión de proseguir con el trabajo iniciado por sus compañeros en noviembre. Efectivamente, uno de los primeros desafíos que encontró al llegar fue el elevado número de refinanciaciones. «No era un problema exclusivo de Caja Madrid, sino que [eran operaciones que] trabajaban con varias entidades. Para refinanciar esos créditos sindicados era preciso que se pusieran varias entidades de acuerdo, y era típico que esas operaciones trataran de ayudar a las promotoras para que no incurrieran en impagos», matiza este inspector. Lo que encontraban su equipo y él al revisar la contabilidad de la caja no era precisamente bueno.

42. Declaraciones extraídas de su comparecencia como testigo en el caso Bankia, que el juez Fernando Andreu instruía en la Audiencia Nacional.

«La morosidad de Caja Madrid era notablemente superior respecto al conjunto del sector por dos razones: 1) porque la caja había sido muy activa concediendo hipotecas por canales de peor calidad crediticia y, por tanto, con más probabilidad de impago; y 2) las hipotecas de Caja Madrid revisaban tipos a los seis meses, y no cada año como, sin embargo, era el estándar en el sector; cuando hubo la subida de tipos del BCE —que pasan del 2 por ciento al 5 por ciento— en hipotecas a cuarenta años, la cuota mensual igual pasó de 500 a 1.000 euros, por lo que este hecho tuvo una incidencia mucho mayor en esta entidad», recalca.

El Banco de España también encontraría otros problemas relacionados con las bases de datos de las garantías (es clave un registro adecuado para conocer su estado) o con la existencia de un porcentaje muy alto de operaciones de crédito tasadas por la tasadora del grupo Caja Madrid (Tasamadrid). Pese a las críticas del supervisor, un antiguo alto directivo de la caja afirma que no es precisamente la morosidad el mayor problema que tenía la entidad. «Los bancos no se rompen por la morosidad, ya que si tengo un crédito que me falla se puede provisionar. Lo que sí que es un desajuste sistémico es prestar el dinero a treinta años y tener que obtener financiación a dos años. El problema es que pasas a depender del resto», describe. En su opinión, esta crisis no tiene precedentes por su alcance mundial, su duración y su desencadenamiento inesperado. «Nunca había pasado que los activos pasaran de unas ventas de [sólo como ejemplo] 100 a apenas 15», admite al tiempo que carga contra el Banco de España, de quien considera que tenía que haber limitado el crecimiento del crédito.

En todo el sector financiero seguía y se acentuaba el avance imparable de la morosidad. Y, cómo no, también en Caja Madrid. «La morosidad es una variable discontinua y desigual», puntualiza un antiguo consejero de la Caja. Y es que la normativa española señala que un crédito entra oficialmente en mora cuando acumula tres meses de impago. «La mora aparece de repente. Hasta 2008, la morosidad bancaria estaba por debajo del 1 por ciento, pero a partir de entonces pegó un salto y llegaba al 3,7 por ciento.» Con los inversores internacionales desconfiando de todo y de todos, los mercados y los supervisores pasaban a exigir entonces niveles más altos de capitalización y mayores ratios de solvencia en bancos y cajas. Se avecinaban tiempos duros para las entidades, y tendrían que estar lo bastante capitalizadas para cumplir con los nuevos estándares de solvencia que imponían los banqueros del Banco de Pagos Internacionales (BPI).[43] «En Alemania habían decidido sacar a sus cajas de los requisitos de Basilea, pero el Banco de España optó por lo contrario, y permitir que las cajas estuvieran sometidas a test de estrés equivalentes a los de los bancos privados», recuerda un antiguo consejero de Caja Madrid. Es decir, que tendrían que reforzar sus porcentajes de recursos propios si querían afrontar con confianza y relativa seguridad lo que quedase de crisis. Para recapitalizarse, las entidades financieras tenían entonces varios mecanismos: por un lado estaba la generación de beneficios para luego destinarlos a reservas; otra de las opciones era la venta de activos. También se podía optar por una progresiva reducción del balance. En la práctica, esta estrategia suponía reducir el activo sobre el que se calculaba el capital regulatorio, de forma que sin añadir nuevo capital el ratio del mismo aumentaba sobre el conjunto de activos. Pero la forma más rápida y extendida de aumentar capital era (y es) saliendo a bolsa. Eso es algo que los bancos privados harían durante los primeros años de la crisis: apelar a nuevo capital procedente del mercado que reforzara los recursos propios.

Las cajas, allá por 2009, sufrían una gran limitación regulatoria para lograr este reforzamiento de sus recursos propios, ya que no tenían acciones para vender en el mercado. No podían ampliar capital porque ni siquiera eran empresas cotizadas como tal. Había, no obstante, un pequeño abanico de opciones para que las cajas pudieran salir al mercado y obtener fondos por parte de los inversores. Una de ellas eran las cuotas participativas: un

43. En el Banco de Pagos Internacionales, o Bank for International Settlements (BIS), con sede en Basilea (Suiza), se reúnen los organismos internacionales responsables de fijar en cada momento los requerimientos mínimos de capital, así como los instrumentos que computan como tales.

instrumento financiero similar en su concepción a las acciones de los bancos, con la excepción de que no aportaban derechos políticos; es decir, que tenían todos los inconvenientes de las acciones (posibilidad de asumir pérdidas, últimos puestos en el orden de prelación, etc.), pero no su principal ventaja. Éste fue un chollo por el que sólo optaría la CAM,[44] que colocaba estas cuotas entre una buena parte de sus clientes minoristas. Apenas unos años después, este producto considerado tóxico dejaba a miles de pequeños ahorradores atrapados en una inversión sin liquidez.

El otro instrumento empleado por las cajas para reforzar sus balances eran las participaciones preferentes, un producto financiero que existía en el mercado desde mediados de los años noventa, pero que poco después protagonizaría uno de los mayores escándalos de la historia empresarial de España.

Un producto tóxico vendido al público

Las participaciones preferentes eran un instrumento considerado complejo: un híbrido entre un instrumento de deuda (un bono) y una participación accionarial al uso, y posiblemente con el nombre más engañoso que se pudiera imaginar, ya que de «preferentes» tenían poco o nada. Entre sus características básicas se distinguían las siguientes: el hecho de ser perpetuas (es decir, que no había una fecha de amortización), el de pagar intereses sólo en el caso de que hubiera beneficios, el de no conceder derechos políticos en la entidad emisora, el de tener capacidad de pérdidas (no estaban cubiertas por el FGD)[45] y el de estar

44. La comercialización de estas cuotas la realizaría la Caja de Ahorros del Mediterráneo (CAM) con el asesoramiento y la colaboración de Lehman Brothers, dirigida por aquel entonces por el actual ministro de Economía, Luis de Guindos (director de Lehman Brothers sólo para España y Portugal, hasta que quebró en 2008).

45. El Fondo de Garantía de Depósitos (FGD) es el organismo responsable de garantizar que los ahorros en depósitos, acciones y otros productos están cubiertos por normativa (hasta 100.000 euros por titular y entidad) si la entidad depositante quiebra.

en los últimos puestos en los órdenes de prelación en caso de que las entidades emisoras tuvieran que liquidarse. Otra de las peculiaridades de las preferentes era que, por entonces, se contabilizaban como capital regulatorio; es decir, que servían como recursos propios para calcular la solvencia de las entidades emisoras. Para eso las habían estado utilizando bancos y cajas durante la segunda mitad de los años noventa y toda la primera década del siglo XXI. Se trataba de un instrumento de capital que no daba derechos políticos. Y, como las entidades necesitaban capital, el mercado vivía en 2009 todo un bum de emisiones de este instrumento financiero complejo, que llegaría a aglutinar más de 25.000 millones de euros de saldo vivo en España.

Es cierto que como producto podía ser una inversión interesante para una empresa o un ahorrador experto. Sin embargo, las grandes necesidades de capital de Caja Madrid y otras entidades las empujaron a flexibilizar los criterios —con el amparo de las autoridades y los reguladores—. Sin duda, Caja Madrid se llevaba la palma, ya que, en mayo de 2009 —en medio de una cruenta guerra en el sector por captar pasivo[46] iniciada por el Santander con su emisión de valores entre clientes minoristas—, anunciaba la comercialización de preferentes más grande registrada hasta la fecha: 3.000 millones de euros, una inmensa mayoría de las cuales se venderían entre ahorradores e inversores minoristas sin apenas conocimientos financieros: jubilados, prejubilados con una indemnización por desempleo, pymes... Todo el que pudiera tener un cierto capital inmobilizado en un depósito a plazo fijo o algo similar era un posible objetivo de los comerciales de Caja Madrid. La presión y la atención de la cúpula sobre los directivos comerciales para que la operación fuera un éxito era tremenda, lo que provocaba que, a su vez, la presión de los responsables de zona sobre las redes comerciales fuera aún mayor.

Era imperativo lograr una colocación exitosa de este producto (que por entonces ofrecía intereses muy superiores a los de cualquier depósito o bono garantizado), razón por la cual, en

46. En banca, los pasivos son los depósitos de los clientes, las preferentes, los bonos..., cualquier obligación de pago presente o futura de la entidad.

muchos miles de casos, en decenas de miles de casos, se llevarían a cabo malas prácticas de venta: desinformación, ocultación de los verdaderos riesgos de las preferentes, ventas a clientes de especial protección (seniles, menores, invidentes, etc.). Pero la práctica irregular más común era transmitirle al cliente que, en realidad, estaba metiendo su dinero a plazo fijo «preferente», y que no existía ningún riesgo de que pudiera perder su dinero. Había malas prácticas, se daba en cierta manera gato por liebre, pero lo cierto es que casi nadie por entonces —ni siquiera los altos ejecutivos de Caja Madrid ni de otras entidades— pensaban estar llevando a cabo una estafa en el sentido de creer que se apropiaban del dinero de los clientes. Prueba de ello era que, en los primeros días de comercialización de dicha emisión, el propio presidente Miguel Blesa se felicitaba de la gran colocación del primer día a través de la red de oficinas: 1.300 millones en un solo día. Todo un récord. «Qué bárbaro. Y eso que habíamos engañado a los clientes», comentaría irónico en un correo electrónico enviado el 26 de mayo de 2009 a su director financiero, Matías Amat. El presidente de Caja Madrid incluso adquiriría un paquete sustancial de las mismas como parte de su cartera de inversiones. No parece descabellado pensar que si hubiera creído que no eran una inversión segura no habría metido ni un duro.

Era el director financiero, Matías Amat, el directivo que diseñaba y planificaba la emisión de 3.000 millones de euros en preferentes, ante las expectativas de que la entidad necesitaría reforzar su capital regulatorio. El directivo encargado de diseñar la salida al mercado y la colocación de las preferentes entre los inversores, sin embargo, sería Carlos Stilianopoulos, responsable de la red comercial. Las preferentes constituían, sin lugar a dudas, un producto complejo, sí, pero mientras la entidad que las emitía lograra beneficios, no habría problema, ya que seguiría pagando los intereses a cada uno de sus inversores. Si alguien quería recuperar su dinero, el comercial lo único que tenía que hacer era buscar en la plataforma de «case interno»[47] a un po-

47. Un sistema informático que cuadraba operaciones de compra y venta de productos híbridos en Caja Madrid.

sible comprador interesado y formalizar la operación. En teoría —sólo en teoría—, las preferentes eran un producto que cotizaba en los mercados secundarios y tenían un precio actualizado, pero lo cierto es que el valor de mercado, en la práctica, era siempre el dinero que necesitaba el cliente que quería recuperar su inversión. «No nos dejaban vender las preferentes cuando el cliente quería; sólo lo podíamos hacer cuando antes ya habíamos encontrado a un comprador», recuerda Manel Ameller. «Cuando un cliente quería el dinero y tenías que tramitar la venta, no podías pasar la orden hasta que no hubiera alguien al otro lado dispuesto a comprarlas.» El vendedor recuperaba el total de su inversión y el comprador —engañado o no— adquiría un producto financiero que le rentaría entre un 7 y un 8 por ciento anual, un interés sin competencia frente a los depósitos.

La Comisión Nacional del Mercado de Valores, consciente de estas operaciones, recomendaría a las entidades el cambio de este tipo de cases internos por alguna forma de plataforma electrónica más asemejada a un verdadero mercado.

¿Eran un producto sencillo y adecuado para los clientes? Seguramente no; pero hasta el momento no había supuesto ningún problema más allá de casos puntuales,[48] y todos los años habían remunerado a sus dueños con la rentabilidad prometida. Pese a la dificultad del momento que atravesaba Caja Madrid, por las cabezas de los directivos, los consejeros, los comerciales (que en gran proporción adquirirían ellos mismos estos instrumentos), los reguladores, los supervisores y las autoridades no pasaba ni por asomo la posibilidad de un apocalipsis que cerrara el mercado de las mismas y luego quebrara a la mitad de las cajas españolas.

«En realidad no era un instrumento que interesara a las entidades, ya que incrementaban mucho los costes operativos por sus altos intereses.» Un antiguo consejero de la Caja da su versión de por qué se vendían las preferentes: «El Banco de España había decidido no meter capital público, por lo que deberían ser las propias entidades las que se capitalizaran en el mercado.

48. En 2004, Caja Madrid despedía a varios empleados por haber especulado como intermediarios en la compraventa de preferentes y bonos de empleados.

En Caja Madrid se habían desechado las cuotas participativas porque eran poco eficientes; y, entonces, el propio Banco de España nos habló de las preferentes y nos asignó a cada entidad una cantidad máxima a emitir», asegura. Las autoridades y los reguladores, conscientes de que estas emisiones eran imprescindibles para que las entidades pudieran presentarse con alguna posibilidad a los test de resistencia del sistema financiero europeo, levantaban la mano sobre las exigencias en la comercialización y permitían que ésta se ejerciera con libertad entre clientes de la propia red bajo la única condición de que se cumplimentara un test de idoneidad basado en los conocimientos financieros conocido como MiFid. La cumplimentación de estos formularios estaba repleta de todo tipo de escándalos. El primero de ellos, una masiva falsificación de los mismos formularios, toda vez que había casos incluso de clientes analfabetos —firmaban documentos con una X— que según el test dichoso aseguraban conocer y asumir los riesgos de un producto complejo como eran las preferentes. No sabían leer, pero según la entidad sabían y eran capaces de entender los riesgos y lo que en realidad eran las participaciones preferentes.

Las preferentes eran un producto revestido de carencias desde muchos puntos de vista, en especial el de la protección de los ahorradores, si bien, a grandes rasgos, tanto el Banco de España como la CNMV siempre acababa mirando para otro lado, publicando advertencias en los folletos sobre la baja rentabilidad respecto al riesgo de estos productos y exigiendo a las entidades medidas estéticas como la firma de un mero consentimiento. Todo bajo la excusa de no poner en peligro la estabilidad y solvencia del sistema financiero español.

Pero es que era cierto: sin las emisiones masivas de preferentes de 2009, una gran parte de las cajas no hubieran pasado en ningún caso las pruebas de resistencia posteriores, por lo que se hubieran visto obligadas a salir a bolsa, o bien a ser rescatadas. En el criterio de las autoridades pesó más la solución a corto plazo que suponía para las cajas y los bancos el llenar de preferentes los mercados —un antiguo inspector del BdE lo califica directamente de «patada adelante»— que la vigilancia estricta de las operaciones de comercialización para evitar casos de malas prácticas, que, en todo caso, se irían conociendo en el medio y largo plazo. «Sí, se vendió a minoristas; pero fue así en todas las entidades», puntualiza un antiguo directivo del BBVA. «El propio BBV, en 1998, hizo una venta entre particulares, y el resto lo hizo igual desde entonces. Y no sólo el sistema financiero: Repsol emitía preferentes con euribor *flat*, lo cual era el colmo. Es verdad que se comercializaron mal, pero en 2009 nadie pensaba que nos golpearía así la crisis», reconoce. Lo mismo admite un directivo de Bankia: «No hubo mala fe, en general, en la comercialización. Todo el mundo estaba convencido de que las preferentes eran un *cojoproducto*, que era buenísimo, porque nadie se imaginaba que la caja no pudiera dar beneficios algún año. Se colocaba [el producto] a abuelos porque eran los que tenían algo de dinero», añade. Una vez más, la ley de Murphy saldría a escena: si algo podía salir mal, saldría mal.

Un país enladrillado

En el barrio de El Pinar de Navalcarnero (a 36 kilómetros de Madrid) hay días en los que lo mejor que puede uno decidir hacer, si quiere hacer algo, y a cualquier hora, es irse a otro sitio. Así, sin más. No es un insulto ni un menosprecio. Bueno, se puede pasear por sus calles rectas y vacías, o puedes entrar en alguno de los dos bares que están abiertos. Ése es el día a día de los vecinos —unos 3.200 censados entre El Pilar y el vecino San Andrés— que, por alguna razón, un día decidieron comprar su vivienda en este barrio de un pueblo situado a las afueras de Madrid. Estos vecinos sufren ahora, en 2015, los excesos y la megalomanía de quienes durante más de una década se dedicaban a especular y hacerse de oro con la burbuja inmobiliaria.

«Llegué a mi piso en 2007, compré en plena cresta de la ola», reconoce Tomás, portavoz y líder de la Asociación de Vecinos de El Pinar de Navalcarnero. Él habla de su situación personal, pero representa también a otros cientos de vecinos y familias con historias similares y que dicen sentirse engañados por unas autoridades y unos promotores que en su momento les prometieron un barrio que poco se parece a la ciudad fantasma en la que hoy viven. «En la inmobiliaria te recibían con un cartel enorme que aseguraba que un tren [el de Móstoles a Navalcarnero] iba a pasar por aquí. También nos anunciaron una salida directa para la autopista, pero ocho años después seguimos sin esa conexión, que apenas supondría un tramo de vía de 500 metros; y para salir del pueblo tenemos que atravesar casi todo el pueblo», lamenta este hombre, que sigue pagando la hipoteca de una vivienda por la que pagó 360.000 euros, pero que a día de hoy se vende apenas por 150.000 euros.

Las subidas continuadas del crédito y del valor de los pisos durante la burbuja inmobiliaria provocaban la irracionalidad de una gran parte de aquellos que tomaban las decisiones (y, por qué no decirlo, se hacían ricos con ellas) en materia urbanística, residencial e inmobiliaria. Esta exuberancia y la creencia casi fantasiosa de que los pisos nunca caerían de precio llevaba a pensar a un puñado de personas no precisamente pequeño (algunos de ellos con salarios millonarios y la consideración de especialistas en su trabajo) que sería una estupenda idea construir una nueva ciudad, a partir de la nada y en medio de la nada, en lo que durante años había sido una antigua dehesa para pastores y ganaderos. Así nacía el proyecto de El Pinar de Navalcarnero.

Navalcarnero, en 2004, poco se parecía al pueblo que era en 1996, pero seguía siendo una pequeña localidad —de 16.000 habitantes ya por entonces— situada a pocos kilómetros de Móstoles, la segunda ciudad más grande de la comunidad. A pesar de que el crecimiento residencial en Navalcarnero se había articulado históricamente de forma concéntrica y orgánica (es decir, se levantaban nuevas viviendas en función de la demanda, y siempre alrededor del núcleo urbano ya existente), el que era por entonces alcalde de la localidad (Baltasar Santos, del Partido Popular) conseguía convencer tanto al Ayuntamiento, como al Gobierno regional y a entidades privadas como Vallehermoso y Caja Madrid de que sería un gran negocio levantar más de 10.000 nuevas viviendas a alrededor de un kilómetro del pueblo, en las afueras, junto a la autopista. En realidad, Santos no tendría que insistir mucho para convencer a los distintos protagonistas. Durante aquellos años, invertir en vivienda era el negocio total, especialmente para las entidades financieras.

Para Caja Madrid, que financiaría casi todas las viviendas y las obras realizadas en El Pinar de Navalcarnero, el plan pasaba por ganar en todos y cada uno de los eslabones de la cadena del negocio: financiaría a las promotoras para adquirir el suelo, contratar a la constructora e iniciar los trámites; y financiaría también a las constructoras y a los ayuntamientos que tenían que llevar a cabo y supervisar el proyecto, algo por lo que recibía cuantiosos intereses. Pero el negocio de verdad era convertirse la propia Caja en promotor, así que la entidad, además de financiar a la inmobiliaria, entraba como socio en el accionariado. Este particular plan perfecto se completaba si Caja Madrid se encargaba de conceder los préstamos hipotecarios de los nuevos vecinos, que a su vez pasarían a ser nuevos clientes de la entidad, ya que ésta se había reservado un local comercial para instalar en la nueva ciudad una sucursal.

«Se calificaron para ser habitados 24 millones de metros cuadrados de terreno, pero apenas se ha construido en un 25 por ciento de ellos. Hablaban de levantar más de 10.000 viviendas, pero ahora hay construidas unas 2.000, y la mayoría de las viviendas están vacías. El resto son obras con las licencias aprobadas pero que están detenidas. Han atrapado a cientos de jóvenes a los que se les vendieron unas viviendas como si fueran de gran calidad. Hoy no hay nada de nada, ni equipamientos, ni servicios. Ni las medianas están ajardinadas. Pero estos vecinos pagan sus impuestos como todos», explica José Luis Adell, exalcalde de la localidad y líder de la agrupación socialista de la misma. En su opinión, en operaciones como la de El Pinar se mezclaban los excesos de la burbuja inmobiliaria con prácticas corruptas y favores a empresas amigas. «El Ayuntamiento de Navalcarnero vendió el suelo para el proyecto a cinco UTE[49] con precios de entre 5

49. Una UTE es una Unión Temporal de Empresas; es decir, compañías que se unen para llevar a cabo un proyecto concreto de forma coordinada.

y 15 euros el metro cuadrado, cuando en los límites de esas promociones se pagaban los terrenos a 130 euros el metro [cuadrado]», añade. Y según él, Caja Madrid estaba en una mayoría de las operaciones: «Se vendían los derechos del Ayuntamiento sobre un determinado terreno, y, a cambio de ese dinero, el consistorio tenía que pagar la traída de agua, la apertura de escuelas... Estaba destinado a equipamientos del barrio. Sin embargo, el alcalde lo ingresó como dinero corriente, y se gastó en otras cosas. El Ayuntamiento vendió terrenos por 180 millones de euros; Sacyr Vallehermoso, la promotora, obtuvo para ello un crédito de 257 millones de euros por parte de Caja Madrid. Hay ahí más de 75 millones de euros de esta promoción que se han ido "a la saca"», denuncia este representante político. Otra de las operaciones que resultaban en un agujero para la entidad era la del famoso tren, una infraestructura para la que se habían previsto unos flujos de 50.000 usuarios diarios. Con esas premisas, a la constructora OHL «se le concedió un crédito por parte de Caja Madrid para hacer el tren entre Móstoles y Navalcarnero —que conectaría con el de cercanías— y explotar su uso durante cincuenta años. Pero, cuando la burbuja explotó, OHL dio marcha atrás y se negó a continuar la obra con esas condiciones. Dijeron que les habían engañado», relata Adell. Hoy, de aquella obra ferroviaria apenas queda un agujero, el del túnel, para cuyo mantenimiento el consistorio ha de pagar cada año más de 300.000 euros, ya que de no ser así correría el riesgo de venirse abajo.

En el caso de Tomás, como en el de otras tantas personas que acabarían siendo vecinos de El Pinar, el gancho principal para invertir en una casa en medio de un páramo no sólo residía en la idea de ser propietario —idea y anhelo por otro lado muy extendidos en aquella España de inicios del siglo XXI—, sino en que iban a comprar en una zona en la que, en teoría, y tal y como prometían los promotores y las autoridades, habría todo tipo de servicios y comodidades para los nuevos vecinos: una salida directa para la autopista, colegios públicos, un retén de la policía, líneas regulares de autobuses, centros deportivos, plazas con parques infantiles..., lo suficiente para convertir un solar vacío junto a un pinar de una dehesa en un lugar atractivo para irse a vivir. Un vistazo al barrio confirma las quejas de los vecinos y de la oposición: al margen de un par de locales ocupados —entre los abandonados está la preceptiva sucursal de Caja Madrid—, una línea de autobús que lleva al centro de Navalcarnero y un parque infantil, el aspecto de El Pinar es el de una ciudad sin terminar: solares vacíos, viviendas cerradas y precintadas, cajas de tomas de corriente abiertas, carteles descoloridos que prometen futuras promociones inmobiliarias... Hoy, El Pinar se parece más a una pesadilla de Le Corbussier (el arquitecto que soñó en ciudades con amplias urbanizaciones a las afueras de las ciudades aglutinadas en torno a grandes patios de vecinos) que al proyecto que en su día vendieron las promotoras a los pocos cientos de vecinos que hoy viven allí.

En la calle del Pino Gallego, la más concurrida, hay sólo tres locales abiertos: dos bares y una panadería.

El exalcalde de la localidad, Baltasar Santos,[50] del PP, es uno de los cerebros responsables de lo que hoy es y no es El Pinar de Navalcarnero. En abril de 2015, el edil abandonaba el bastón de mando de una localidad que dejaba con una deuda de más de 300 millones de euros —cuando sus ingresos anuales oscilan entre los 13 y los 14 millones anuales— tras gastar en otras obras y proyectos [merece la pena hacer un recorrido por sus múltiples rotondas] la mayor parte de los más de 500 millones ingresados con la venta de suelo para los distintos planes de expansión urbanística.

La gestión de la burbuja inmobiliaria en España es la historia de cómo una sociedad (casi) entera y sus autoridades habían podido mirar para otro lado de forma masiva, y de cómo los objetivos a corto plazo habían podido alinearse para no ver —o no querer ver— la realidad que se acercaba sin remedio. En el gobierno, por lo menos desde mediados de la primera década del siglo XXI, eran por completo «conscientes de que había una

50. Baltasar Santos fue apartado del poder por el propio Partido Popular antes de las elecciones municipales de 2015, ante la retahíla de escándalos en los que le implicaban.

burbuja del "ladrillo"», pero, como ya se ha explicado, no existía ningún incentivo real para pincharla: ni del Gobierno, ni de los supervisores, ni de las constructoras, ni de las promotoras, ni por supuesto de los propios ciudadanos que habían hipotecado su futuro en el «ladrillo». El director general de Martinsa Fadesa, Antonio Gil,[51] admite que la estrategia —seguida por promotoras, constructoras y entidades financieras, y auspiciada por las autoridades— de levantar nuevas ciudades y barrios con miles de viviendas sobre plano, sin que hubiera siquiera vecinos, nunca se tendría que haber planteado. «Fue un error crear pueblos de 10.000 viviendas con compradores que después revendían», concluye.

51. En una entrevista concedida al portal Idealista, en noviembre de 2012.

8

La llegada de Rato

Al mismo tiempo que Caja Madrid trataba de digerir la inmensa crisis inmobiliaria que le estaba explotando en las narices, la entidad vivía durante buena parte de 2009 una crisis institucional motivada por el final del mandato de Miguel Blesa como presidente. Tal como determinaban los estatutos de la Caja —eran muy claros al respecto de esta limitación—, Blesa no se podía postular como candidato para un cuarto mandato. Además, «Miguelito» había perdido desde hacía ya tiempo el favor de la lideresa popular madrileña, Esperanza Aguirre, quien en pleno disfrute de un poder cuasi absoluto en la Comunidad de Madrid y en la Asamblea de Madrid —aunque en el Ayuntamiento estaba su rival, el alcalde Alberto Ruiz Gallardón—, se había decidido a sustituir al «cajero» acaudalado, envuelto en su última etapa en multitud de escándalos.

Un portavoz no oficial de la actual Bankia quiere dejar claro que, aun así, «Blesa, de hecho, no se fue por los escándalos o las malas prácticas acumuladas, sino por la lucha política en Madrid». Habían sido varias las operaciones y decisiones filtradas a la prensa que habían situado a Blesa como una de las dianas favoritas contra una ciudadanía entonces muy golpeada por la crisis (el desempleo ya superaba el 20 por ciento) descargaba su frustación. Además de la compra de un BMW blindado —e «incómodo» según sus propias palabras— que costaba más de medio millón de euros o la adquisición del chalé con embarcadero en Miami, era especialmente escandalosa la marcha y regreso de Carlos Vela.

> Espero que nunca tengas que pasar por una despedida como la mía en un momento como éste. Dando por bueno que he entregado mi carrera profesional para evitar daños a la Caja y a ti, son los términos de un contrato los que marcan nuestra relación después de tantos años de un comportamiento creo que normal y sin ninguna traición ni comportamiento desleal. Es realmente duro para alguien como yo, que lo único que quiere es ganar dinero de forma honrada, que le acusen de no actuar de forma honesta... Pero es más duro que tu entorno se ponga de repente enfrente.

Quien escribía esto, el 30 de julio de 2008, era Carlos Vela, en un correo electrónico enviado al que hasta ese momento era su presidente, Miguel Blesa. En menos de un mes, el directivo —hasta entonces amigo personal del presidente y compañero de safaris— era empujado a dimitir a raíz del escándalo que supuso su salida de la Caja un año antes para firmar por Martinsa Fadesa, promotora e inmobiliaria en la que Caja Madrid tenía comprometidos más de 700 millones de euros y que, pocos meses después, presentaría concurso de acreedores, apenas días después de que los propios Blesa y Vela hubieran acordado su regreso a la Caja para encargarse de la filial Cibeles. Pero la opinión pública se enteraba del regreso, y aunque sólo fuera por el agujero contable que había colaborado a generar, exigiría su cabeza en bandeja de plata.

Vela, como director de Banca de Negocios, había sido uno de los impulsores de un inmenso crédito sindicado concedido a Martinsa Fadesa, que, en el caso de Caja Madrid —que actuaría como entidad directora del sindicado—, suponía una exposición superior a los 700 millones de euros. En teoría no tenía que poner tanto dinero, pero sí que actuaba como entidad que garantizaba la inversión en caso de que fallasen los síndicos. Y así sería. Los directivos de Caja Madrid se lo detallaban en un correo electrónico a Miguel Blesa, el 16 de julio de 2008, ya que esa semana tendría una reunión con la mano derecha de Esperanza Aguirre, Ignacio González. La operación no podía haber salido peor: «Con garantía real tenemos 248,6 millones de euros. En la operación corporativa de la opa de Fadesa[52] tenemos un riesgo total de 733,7 millones de euros. El problema está en que la propuesta que se hizo a la ejecutiva, en la que figuraba una toma de riesgo de 250 millones de euros, con el compromiso de colocar el resto; colocación que no se completó. Finalmente, nos hemos quedado con 638,5 millones, diferencia sustancial». Es decir, que habían más que duplicado el riesgo máximo que la dirección les había autorizado.

La operación de macrofinanciación de Martinsa Fadesa (más de 6.000 millones entre todas) pillaba a bancos y cajas en medio del gran cataclismo de los mercados financieros. De repente, las que semanas atrás parecían unas grandes operaciones de promoción inmobiliaria dejaban de tener el más mínimo interés para el mercado. Martinsa era incapaz de vender nada, o bien lo que le ofrecían era una fracción ridícula de su valor teórico, por lo que, tras unos meses de agonía, la entidad se declaraba en quiebra y solicitaba el concurso de acreedores. Esto es, que un juez ordenaría en fila a las distintas personas y empresas a las que Martinsa Fadesa debía dinero y trataría de negociar con ellas para obtener una solución satisfactoria para todos. La negativa rotunda del presidente Fernando Martín de entregar el control de su empresa acabaría conduciendo a la misma a la liquidación ordenada.

Antes, Carlos Vela había protagonizado un viaje de ida y vuelta estrictamente legal, pero que situaba al presidente en una posición de dificultad ante una opinión pública indignada, por lo que prometía ser un agujero en el futuro para la Caja. Vela, uno de los directivos que más dinero había generado en los años de expansión crediticia en España (sumándose a todo tipo de operaciones sindicadas, emisiones, etc.), decidía abandonar en 2007

52. A finales de 2006, Martinsa lanzó una Operación Pública de Adquisición para quedarse con Fadesa por algo más de 4.000 millones de euros. Una operación que resultaría un lastre y una ruina para la adquiriente.

la Caja, en busca de un destino con más responsabilidades. «Me voy porque no tengo recorrido para seguir ascendiendo», le espetaba a su equipo de colaboradores. Vela se iba rumbo a Martinsa Fadesa —cuyo dueño y presidente era Fernando Martín Álvarez, expresidente del Real Madrid—, una de las empresas más grandes del sector inmobiliario español, donde le esperaba la máxima responsabilidad: sería consejero delegado. Tras un año en Martinsa, Vela regresaba a Caja Madrid a inicios de julio de 2008 como alto directivo de la filial de participadas Cibeles. Pero en pocas semanas se sucederían los acontecimientos, y el 29 de julio la empresa le instaba a desalojar inmediatamente su despacho. Ya no volvería a trabajar en la entidad nunca más.

El caso es que, pese a los intentos y movimientos subterráneos de buena parte del Consejo de Administración de Caja Madrid por encontrar algún recoveco legal que permitiera conseguir un nuevo mandato de Blesa, tanto Aguirre como Gallardón estaban convencidos de que el cambio era necesario; e incluso imprescindible. El problema no era echarle, sino sustituirle. Y es que ambos poderes fácticos del PP madrileño tenían en mente candidatos distintos e incompatibles para ostentar la presidencia de la Caja. La líder regional apostaba por el que entonces era su paladín y hombre de más confianza —Ignacio González—, un político sin especiales ni reconocidas destrezas en el sector bancario. En el otro fiel de la balanza se situaban tanto el equipo del alcalde de Madrid como la línea oficial del Partido Popular nacional, que apostaban por otro candidato con más peso específico en el sector financiero y de cara a los mercados internacionales. En un primer momento se sacaba a la palestra el nombre del por entonces exsecretario de Estado de Economía, Luis de Guindos, que había sido alto directivo en el banco de inversión Lehman Brothers. Pese al batacazo, las prácticas de riesgo y la quiebra de la entidad estadounidense, De Guindos era un economista de prestigio en España, y un gestor de perfil profesional. La rumorología, sin embargo, no desembocaría en una candidatura oficial. Tampoco Ignacio González —quien a la postre sería durante poco más de dos años presidente de la Comunidad de Madrid— se llegaría a postular a la presidencia. Mariano Rajoy y Gallardón tenían en mente un nombramiento aún más importante para dirigir Caja Madrid en medio de una crisis de la que no se veía el final.

Rodrigo Rato (Madrid, 1949), el que fuera flamante director gerente del Fondo Monetario Internacional, llevaba desde mediados de 2007 de vuelta en España. En un movimiento que descolocaba tanto a la opinión pública como a las autoridades, Rato había renunciado a su puesto en el FMI —que conllevaba, entre otros privilegios, el estatus de jefe de Estado— de forma anticipada y alegando motivos personales. A pesar de que el estilo de vida de Estados Unidos no era nuevo para él, ya que siendo más joven había cursado estudios en la Universidad de Berkeley (California), ambas situaciones eran incomparables y no tuvieron el mismo éxito. Quienes le conocieron y trabajaron con él explican que su adaptación a la vida en Washington y a su puesto como máximo responsable del FMI no había sido óptima por diversos motivos. Más allá de la esfera personal —que no puede ni debe ser obviada— desde el punto de vista profesional su mandato no había sido en exceso brillante, tal como relatan funcionarios del FMI que coincidieron con el que fuera también ministro de Economía y vicepresidente del Gobierno.

Un informe de la Oficina de Evaluación Independiente del FMI[53] sobre la etapa de Rato, publicado en 2011, concluía que su gerencia se «quedó corta» a la hora de cumplir con el principal objetivo de la institución —«prevenir a los países miembros sobre los riesgos de la economía global y la generación de vulnerabilidades en sus propias economías»— a la vista de la crisis desatada a partir de mediados de 2007 (justo cuando Rato

53. El documento, titulado «IMF Performance in the Run-Up to the Financial and Economic Crisis», está disponible en la web del Fondo Monetario Internacional. (Véase: http://www.ieo-imf.org/ieo/pages/CompletedEvaluation107.aspx.)

dejaba el FMI). Entre otras carencias y errores, los evaluadores independientes del Fondo Monetario Internacional constataron un exceso de confianza en el mensaje lanzado por la institución respecto a la resistencia y la capacidad de afrontar los problemas de las grandes entidades financieras globales. «Los riesgos asociados a los bums inmobiliarios y las innovaciones financieras fueron minimizados, así como la necesidad de una regulación más fuerte para gestionar estos riesgos», concluían los auditores independientes del propio Fondo Monetario Internacional. En países como España se habían acumulado fuertes vulnerabilidades durante el periodo expansivo, pero los mensajes de la inspección del FMI habían «diferido en contenido y rotundidad» en función de cada uno de ellos. El documento aclara que buena parte de los errores y carencias provenían de tiempos pasados, si bien reconoce también que no habían sido abordados durante el mandato de su primer director gerente nacido en España.

Fuera o no su etapa en el FMI un fracaso, y se viera su imagen tocada tras esta decisión o no, lo cierto es que Rato regresaba a España para, entre otras cosas, estar más cerca de su familia y —ante unas expectativas más halagüeñas para el PP a medio plazo— regresar a la vida política y económica de una España en la que aún era uno de los grandes pesos pesados. Como había ocurrido en otras ocasiones con otros líderes políticos españoles como Javier Solana (OTAN y Consejo de Europa), Joaquín Almunia (Comisión Europea), Pedro Solbes (Comisión Europea), Josep Borrell (Parlamento Europeo) o Loyola de Palacio (Comisión Europea), la estancia con cargos de responsabilidad en organismos o instituciones internacionales concedía a quienes los ostentaban o habían ostentado una suerte de pátina de estadistas, un plus de credibilidad y cosmopolitismo que —en un país en el que los futbolistas, si vienen de fuera, son cracs, y si vienen de la cantera, son «chavales»— no era poca cosa. Pero Rato no podría sumarse al periodo electoral en un primer momento; Rajoy perdía las elecciones en 2008 con un peor resultado que en 2004, cabalgando a lomos del discurso de la inminente crisis que se nos avecinaba. El socialista Zapatero y su ministro Pedro Solbes, en cambio, triunfaban ante el electorado diciendo justo lo contrario: que España estaba mejor situada que el resto de países para ahuyentar cualquier fantasma de recesión económica. Por si fuera poco, los números y las estadísticas, que no se desplomarían hasta 2009, le daban la razón al menos de forma aparente en aquel 2008 en el que el resto del mundo luchaba por no despeñarse.

Sea como fuere, el caso es que Rodrigo Rato aterrizaba en Madrid con la intención de cubrirse las espaldas profesional y económicamente. A pesar de ser miembro de una saga familiar acaudalada[54] y de ser propietario o copropietario de un número considerable de negocios (hoteles, manantiales de agua mineral, promotoras, etc.), no le faltaban a su llegada ofertas de trabajo de esas que, sencillamente, no se pueden rechazar: consejero externo de Criteria, asesor para asuntos internacionales del Banco Santander, directivo de la división internacional del banco de inversión Lazard (el cual dirigía en España su amigo y socio Jaime Castellanos)... Tras más de quince años en la primera línea política, donde los salarios están muy limitados en relación con los de sus homólogos en el sector privado, Rato regresaba del FMI y pronto alcanzaba en poco tiempo un estatus de asalariado del más alto nivel. Mucho dinero, pero quizá poca repercusión para las aspiraciones que aún mantenía el que era por entonces uno de aquellos pocos políticos que despertaba respeto —si no admiración— más allá de las filas de su propio partido.

Decir Rodrigo Rato era —para amplias capas de la opinión pública— mencionar a un gestor político de éxito y repercusión internacional, en el que hasta el momento pesaban mucho más las luces que las sombras. El hecho de haber estado apartado de la primera línea política durante los años posteriores al 11-M[55] le habían alejado de los sectores del Partido Popular más ultras y resentidos a raíz de la inesperada derrota electoral. La imagen que tenían de Rato

54. Es hijo de Ramón de Rato y Aurora Figaredo, ambos miembros de dos familias de la clase alta industrial asturiana.

55. El 11 de marzo de 2004, Madrid sufrió atentados yihadistas en varios trenes, provocando la muerte de 193 personas y decenas de heridos de diversa gravedad.

tanto sus correligionarios como incluso sus rivales era que podría llegar a ser un candidato solvente para suceder a Mariano Rajoy al frente de un PP por entonces muy tocado, y, si se diera el caso, estar al frente del Gobierno de España. Pero eso no tocaba en aquel momento. Lo que le deparaba Mariano Rajoy a su antiguo colega en el Gobierno era todo un desafío, una patata caliente y una bicoca, todo al mismo tiempo: sustituir a Miguel Blesa al frente de la presidencia de Caja Madrid. El máximo dirigente popular proponía a Rato tanto por su prestigio profesional e internacional como por el hecho de que su peso específico neutralizaría cualquier posible discrepancia en el seno del por entonces opositor PP madrileño.

Y así era. El nombre de Rato despertaba cierta sensación de unanimidad en los distintos bandos políticos y sectoriales que habitaban en el seno de Caja Madrid. Tanto que, quienes movían los hilos para intentar una última oportunidad de renovación de Blesa se rendían y asumían la llegada del exministro a la entidad. En enero de 2010, Rato alcanzaba la presidencia ejecutiva de la Caja, que afrontaba por entonces los mayores desafíos de su historia.

Rato llegaba a Caja Madrid, y de su mano se incorporaban a la misma un reducido núcleo de personas de su confianza. El primero de ellos era José Manuel Fernández Norniella, quien fuera secretario de Estado y diputado durante los mandatos de José María Aznar, y colaborador de la máxima proximidad a Rato. Era, en esencia, un político, aunque con experiencia y conocimientos de economía y finanzas, pero un político del entorno del Partido Popular. Junto a él llegaba también Luis Maldonado, un joven economista que ya había trabajado con Rato en el FMI y que haría las veces de su jefe de gabinete. Se trataba de un equipo «muy afín». Para el resto de labores de asesoramiento o planificación, el nuevo presidente contaría o bien con antiguos directivos de la Caja —y es que no hubo una «limpia», ni mucho menos, al menos en un primer momento—, o bien con las opiniones de una firma internacional como era el banco de inversión Lazard, su antiguo centro de trabajo y la entidad que en España dirigía su amigo y socio Jaime Castellanos. En opinión de un antiguo ejecutivo de la entidad que luego sería Bankia, Rato había creado un sistema de gestión en el que toda la información pasaba sólo a través de él (y Norniella), «y de él pasaba al resto. Ningún departamento tenía relación con los otros, y se formaban compartimentos estancos, lo que provocaría una situación un tanto disfuncional, ya que sólo dos personas tenían toda la información a la vez».

Frente al estilo «simpático pero desconfiado» de Miguel Blesa, la dirección de Rato se caracterizaría —según describen quienes trabajaron con él— por una mayor distancia en el trato personal, pero también por una mayor capacidad analítica y de estrategia. «Era un tipo tímido, pero muy educado, y con una visión más global que local.» Y frente a la Caja Madrid de los coches de lujo y las mansiones con embarcadero, Rato —quien, no obstante, también cobraba un salario millonario— imponía una nueva gestión algo más sobria, con viajes en clase turista y sin cocinero en la planta presidencial. «Caja Madrid era, cuando llega Rato, una empresa muy *ministerializada*, en el sentido de que las cosas se hacían de una forma porque siempre se habían hecho así. Con el tema de los gastos protocolarios era muy evidente. Las flores en los despachos y en las salas de reuniones, por ejemplo, se cambiaban todas las semanas y eran siempre frescas. Rato mandó buscarlas artificiales y dejar de gastar en eso», recuerda un antiguo colaborador cercano al presidente. También se reducirían gastos superfluos como los regalos a consejeros. «En la Comisión de Control se le daba a cada miembro una caja de bombones y caramelos junto con el bolígrafo y el papel. Eso se quitó también, así como los regalos a los miembros de la Asamblea General (presentes que se instauraban como incentivo para garantizar el quórum mínimo para celebrarla).»

Había muchos cambios con el nuevo presidente, pero no una revolución. Entre los directivos de la era Blesa que permanecían e incluso ganaban protagonismo estaba todo un veterano de la Caja: Ildefonso Sánchez Barcoj, que sería nombrado director general financiero. «Ildefonso tenía buenos contactos con el Banco de España y conocía bien la práctica diaria de lo que es un banco. Rato contó con él como un punto de apoyo, pero con la idea de irlo sustituyendo. Era de los pocos directivos que contraponía opiniones con el presidente, y por eso le valoraba», señala un antiguo consejero de Caja Madrid y, luego, de BFA-Bankia. «Lo que hizo Rato fue transferirle parte de sus poderes a Maldonado y al responsable de Intervención», añade. Con la ratificación de Sánchez Barcoj el nuevo presidente mantenía en cierta manera lo que en los mentideros de la Caja era conocido como el «clan del cochinillo»: un grupo de directivos —Ricardo Morado, Rafael Sánchez Lozano y otros—, todos afines al director general financiero, que los viernes por la tarde montaban en sus coches para ir a degustar este plato en algún asador de la cercana provincia de Segovia. Barcoj era «el puto amo» en la caja, un directivo de los de «sangre verde»[56] con un gran poder real en la entidad —en algunos momentos controlaría tanto la dirección financiera como la de riesgos—, y de la cual conocía sus tripas como pocos. A otros altos directivos de la época de Blesa, que habían acumulado millonarios derechos de pensiones, les apartaba de la primera línea sin despedirlos. «Con otros llegó a acuerdos amistosos para prescindir de ellos.» Así, a Matías Amat, otrora director general financiero y de negocios, le mandaría a gestionar las participadas. Con este equipo tendría que afrontar Rodrigo Rato (y Caja Madrid) los inmensos desafíos y problemas que estaban a punto de estallar en la entidad, en el sistema financiero español y en la propia zona euro.

Y es que Rato no disfrutaría precisamente de eso que en política se conoce como un periodo de gracia, o los cien días de confianza. Miguel Blesa le había cedido los mandos de una entidad no sólo con problemas, sino que iba a la deriva. Durante los catorce años de presidencia del linarense, la entidad había multiplicado por seis su tamaño —de 33.000 millones a más de 192.000 millones en balance—, y había tenido años con beneficios récord, como en 2007, gracias a la venta de la participación de Endesa y a

56. Es como se conoce a los que llevan toda su carrera en Caja Madrid (ahora Bankia), aludiendo al color corporativo de la entidad.

los últimos estertores de la burbuja inmobiliaria. Pero ésa no era ya la Caja Madrid que pasaba a gestionar Rato, sino una entidad cuyo beneficio, en 2009, se había desplomado un 68 por ciento ante el aumento sin precedentes de las provisiones por pérdidas en las carteras hipotecarias y promotoras, sobre todo. Las carteras inmobiliarias eran todo un problema para Caja Madrid y para el conjunto del sector financiero, y el presidente de la entidad manifestaría públicamente que parte de la solución pasaba por recapitalizar las entidades financieras más débiles —quizá saliendo a bolsa y, en el caso de las cajas, con privatizaciones parciales— y por crear un «banco malo» que segregara los activos que estaban deteriorándose día a día y consumiendo los recursos de dichas entidades. La fórmula había funcionado en otros países, pero por la cabeza del Gobierno no pasaba precisamente esa posibilidad.

9

La fusión de siete cajas y el nacimiento de BFA-Bankia

El gobierno de José Luis Rodríguez Zapatero tenía algo así como una alergia aguda a las ideas tanto de remover el estatus de las cajas de ahorros como de emplear un solo euro de dinero público en rescatar al sistema financiero. Sólo así se entiende que, en 2008, el por entonces vicepresidente económico y ministro de Economía, Pedro Solbes, rechazara una propuesta de proyecto de ley remitida por el Banco de España en la que se daba inicio a una privatización de las cajas en el sentido de que pudieran acudir a las bolsas a por capital y que estuvieran sometidas también a la llamada disciplina de mercado.[57]

«Por aquel entonces había dinero y margen fiscal para haber abordado el proceso», asegura un antiguo ejecutivo de una de las principales entidades financieras españolas, «pero, por entonces, Solbes era como "la mujer de Lot", una estatua de sal que no quería tomar ninguna decisión impopular». Pasarían dos años sin tomar decisiones de calado a pesar de que Solbes ya había aban-

57. La disciplina de mercado es un concepto propio de la economía capitalista contemporánea; no es sino la capacidad del conjunto de los inversores de mandar señales (por medio del valor de la acción) a los gestores de una compañía cotizada, de forma que adopten decisiones que garanticen la viabilidad de la misma.

donado su cartera ministerial. Apenas se había concedido una línea de avales y nacionalizado Caja Castilla-La Mancha, pero porque ni al Ejecutivo ni al Banco de España les había quedado otro remedio, ya que la idea misma de destinar fondos públicos les repelía como pocas. Y eso ocurría, sobre todo, porque el Gobierno era víctima de su propio discurso, no exento de demagogia y cierta irresponsabilidad: había sido el propio Ejecutivo el que había negado por activa y por pasiva que esa posibilidad —la de recapitalizar una entidad si fuera conveniente— siquiera pudiera contemplarse. Como si el resto de gobiernos lo hubieran hecho encantados de la vida. Además, era 2010, y ya se había cerrado la ventana de oportunidad surgida en 2008, cuando todos los gobiernos occidentales se taparon la nariz, miraron para otro lado e inyectaron cientos de miles de millones de euros, dólares y libras en recapitalizar y rescatar a sus bancos sistémicos. Era como si el Gobierno hubiera querido mandar la idea de que España se había mantenido pura y limpia mientras que el resto de cancillerías europeas y mundiales se pervertían ayudando a sus amigos los banqueros. El mercado estaba cada vez más convencido de que en España iba a ser imprescindible recapitalizar y sanear los balances de los bancos y las cajas, por mucho que se negara el Ejecutivo y por mucho que éste proclamara su limpieza e indiferencia ante los problemas de dichas entidades financieras. Había, además, otros problemas cuya solución no se podía aplazar más: el exceso de capacidad instalada y de volumen de créditos, que lastraba las cuentas de resultados del sector; y los sistemas de gobernanza de la mayor parte de las cajas, que suponían una baja o nula profesionalización, así como un complicado acceso a los mercados.

La desconfianza de los inversores internacionales se materializaba en un importante cierre de los mercados interbancarios para la práctica totalidad del sector financiero, que habían pasado a depender en buena parte de la liquidez que proporcionaba el Banco Central Europeo. La solución de las autoridades pasaba por fortalecer los ratios de capital de las entidades (hasta un mínimo del 8 por ciento) y por realizar test de estrés que mostraran el verdadero estado de las entidades en caso de que las circunstancias se mantuvieran o incluso empeorasen. Las cajas y los bancos ya habían recurrido a multimillonarias emisiones de preferentes, cuotas participativas y acciones para reforzar sus balances, pero los balances seguían deteriorándose, y, para aprobar los exámenes de cara a los mercados, serían necesarios mayores esfuerzos.

La Comisión Europea tenía clara la incapacidad legal de las cajas para captar capital por sí mismas, así como los problemas de gobernanza de muchas de ellas (falta de profesionalización, politización, etc.). Para fortalecer esos balances hacía falta una nueva entrada de capital, pero las cajas no podían salir a bolsa para captarlo —ni querían—, y ni el Gobierno ni el Banco de España estaban dispuestos a rascar el bolsillo de los contribuyentes a no ser que fuera absolutamente imprescindible. La solución de las autoridades pasaba entonces por fusionar entidades y hacerlas lo más grandes posible.

A mediados de 2009, el Ejecutivo había nombrado secretario de Estado de Economía a un economista académico de prestigio, José Manuel Campa, para que abordase toda una reconversión industrial de la banca y, en especial, de las cajas. Lo haría creando un instrumento público —el Fondo de Reestructuración Ordenada Bancaria, FROB— con el que dirigir y llevar a cabo, en colaboración estrecha con el Banco de España, las llamadas «fusiones frías»[58] de las cajas. Se trataba de juntarlas y forzarlas a segregar sus negocios financieros en bancos con la forma de sociedades anónimas. El FROB, al menos en su fase inicial, era el instrumento con el que efectuar las operaciones, pero era el Banco de España el que pilotaba todas las fusiones. Las entidades resultantes recibirían el aséptico nombre de SIP (Sistema Institucional de Protección).

La lógica de los SIP era la siguiente: el Gobierno no quería gastar dinero público —o quería gastar sólo el mínimo imprescindible— en recapitalizar sus bancos, y, además, Bruselas penalizaría cualquier inyección que se viera como ayuda de Estado, lo que su-

58. Se las denominaba «frías» porque eran integraciones que no suponían la desaparición de la antigua caja, que podía mantener en teoría todas sus marcas y emblemas originales.

pondría posibles sanciones para España. Se optaba entonces por aprobar un real decreto a finales de 2009 para impulsar fusiones de entidades que estuvieran residenciadas en territorios distintos, de forma que éstas ganaran eficiencia gracias a las economías de escala —un mejor acceso a los mercados—, a la reducción de costes, sucursales y plantilla y a una mayor profesionalización. Como incentivo, el Gobierno, a través del FROB, concedería ayudas en forma de participaciones preferentes convertibles en acciones, un instrumento financiero que se contabilizaba como capital regulatorio según las exigencias de la Autoridad Bancaria Europea y las normas de solvencia de Basilea.

Por absurdo que hoy pueda parecer, cuando sabemos lo que ocurriría después, por entonces, el juntar varias entidades con problemas para crear una entidad mayor era una idea que había funcionado en el pasado y que no estaba exenta de racionalidad. Tras los estallidos de la crisis y la burbuja inmobiliaria, las entidades financieras españolas se enfrentaban a una cada vez mayor morosidad, lo que les obligaba a incrementar exponencialmente su esfuerzo en provisiones. Y ahí estaba el núcleo del problema: las entidades más fuertes tenían una mayor rentabilidad y, por lo tanto, un mayor músculo financiero para generar esas provisiones. Buena parte de las cajas, en cambio, eran entidades que eran muy ineficientes aunque hubieran ganado mucho dinero durante el ciclo alcista. El objetivo pasaba entonces por hacer las cajas lo más grandes, fuertes y rentables posible.

Tal como cuenta un antiguo jefe de inspección del Banco de España, «la estrategia de los SIP había funcionado en los años ochenta y en la crisis de 1992-1993. El problema es que, en esta ocasión, no eran bancos, sino cajas». La estrategia del Banco de España de decirle a una entidad «tú te quedas con ésta» no funcionaba en esta ocasión porque los distintos poderes políticos vetaban algunas de las operaciones que, desde un punto de vista racional, podían ser más interesantes. Para Miguel Ángel Fernández Ordóñez y su equipo en el BdE, «una fusión nunca crea un problema; es una oportunidad de solucionarlo. La integración permite ganar reduciendo costes, mejorando la gestión... luego puede ser pérdida, pero el Banco de España está obligado a promoverlas».

Se trataba de mutualizar riesgos y obligaciones de forma que las fortalezas de unas compensaran las debilidades de otras. Pero uno de los problemas de esta idea es que quizá no se había tenido en cuenta, o se había minusvalorado, el hecho de que las cajas eran entidades que tal vez no eran de nadie, pero que estaban dominadas en realidad por los distintos gobiernos autonómicos, en principio radicalmente contrarios a ceder ninguna cuota de poder en las que consideraban sus cajas de pleno derecho. «Las comunidades autónomas querían fusionar cajas por criterios políticos», explica un antiguo consejero de Caja Madrid. «El Banco de España, que estaba muy decidido a llevar a cabo la reestructuración, aguantó la presión, pero quienes flaquearon fueron el presidente José Luis Rodríguez Zapatero y la vicepresidenta Elena Salgado, que aceptaron las presiones de gobiernos autonómicos como los de Cataluña o Andalucía para no perder el poder de sus cajas. Por eso, en un principio, apenas se consigue llevar adelante dos SIP: el de Banca Cívica[59] y el del Banco Financiero y de Ahorros.»

El espectáculo de las fusiones

Durante los primeros meses tras la aprobación del real decreto, Caja Madrid tenía el sueño de que podría continuar sola, así que no sería sino en marzo de 2010 cuando se pondría manos a la obra de inmediato para buscar posibles fusiones. No era algo fácil, ya que las condiciones que imponía Bruselas determinaban que, para poder recibir una ayuda pública, la entidad más grande —en este caso, Caja Madrid— tenía que incrementar el tamaño de su balance un mínimo de un 25 por ciento. Es decir, que o bien se buscaban muchas entidades pequeñas o bien se fusionaban con otra entidad mediana o grande. Cada opción tenía sus ventajas e inconvenientes: más o menos facilidad para la integración tecnológica y protocolaria, reparto de cuotas de poder... Sea como fuere, la carrera por fusionarse empezaba y depararía todo

59. Banca Cívica es la entidad resultante de la fusión de Caja Navarra, Caja Canarias, Caja de Burgos y Cajasol.

tipo de planteamientos y opciones. Lo primero que hacía Caja Madrid era mirar a su entorno más cercano. Así, apoyados en la coincidencia política de sus gobiernos autonómicos —aunque «convencer a Juan Vicente Herrera[60] fue muy complicado»— la entidad llegaba pronto a un principio de acuerdo con Caja de Ávila y Caja Segovia, dos entidades pequeñas y con notables problemas en sus balances. Sería sólo el principio.

Salvo con los dos principales bancos privados —Santander y BBVA estaban retirando posiciones en España—, se llegarían a barajar todo tipo de operaciones con la práctica totalidad del sector. En la práctica, resultaba preferible tratar de negociar con bancos privados, con los que, en todo caso, las negociaciones se mantendrían en un ámbito profesional, antes que con las cajas, en las que la politización era tal que las propias comunidades autónomas tenían capacidad de veto respecto de las entidades de sus territorios. «Tratar con los "cajeros" era un coñazo», reconocería uno de los hombres más cercanos a la presidencia de Caja Madrid. Gustase o no, el primer proyecto sobre la mesa de Rodrigo Rato, elaborado por los analistas del banco Lazard, fue el de una posible integración con Caja de Ávila, Caja Segovia y el Banco Guipuzcoano —entidad participada por las vascas Bilbao Bizkaia Kutxa (BBK) y Kutxa—, del que se aprovecharía la ficha bancaria —a pesar de su menor tamaño, sería sobre quien pivotaría todo el plan—, y gracias al cual se podría salir a bolsa si fuera necesario. El plan (conocido como «Proyecto Unión») no vería finalmente la luz, entre otras cosas porque no permitía alcanzar un tamaño un 25 por ciento mayor, tal y como exigía la normativa europea de ayudas de Estado.

Otro de los proyectos estudiados —también a partir de un informe de Lazard— era el de una posible absorción de la recién nacionalizada Cajasur.[61] También avanzadas llegarían a estar las negociaciones del «Proyecto Masa», que planteaba fusionar Caja

60. Entonces presidente de la Junta de Castilla y León.

61. Esta caja andaluza, propiedad de la Iglesia católica, había sido intervenida por el Banco de España el 22 de mayo de 2010. En julio de ese año se adjudicaría a la BBK.

Madrid nada menos que con el Banco Sabadell, uno de los principales bancos privados medianos de España. Esta opción también suponía la cesión de todo el negocio bancario a la entidad catalana, pero, en este caso, a cambio de crear un verdadero «campeón nacional» que incrementaría el tamaño de Caja Madrid al menos en un 43 por ciento y situaría al banco resultante en el ámbito de las mayores entidades españolas y europeas, por delante incluso de la Caixa y casi a la altura del BBVA. Otro de los proyectos que se estudiarían era el conocido como «Acme», que en esencia suponía la entrada de Caja Madrid en el SIP que entonces habían acordado la Caja de Ahorros del Mediterráneo (CAM), Cajastur y un grupo de otras tres cajas. Finalmente, «Acme» no vería la luz, y ni siquiera lo hizo ese SIP, después de que Cajastur rechazara la fusión fría con una CAM cuyo balance resultaba estar mucho más deteriorado de lo que en principio la entidad decía reconocer.

Pero, si había una negociación que tenía morbo, ésa era la que durante unos días mantenían Isidro Fainé y Rodrigo Rato para estudiar una posible fusión entre la Caixa y Caja Madrid. Las dos grandes cajas juntas; Barcelona y Madrid fusionadas con un SIP que supondría despedir a 11.000 trabajadores y cerrar más de 4.000 oficinas. Era una opción que ya se venía proponiendo con más o menos fuerza desde 2004, pero Fainé recuerda que «en esa época hablábamos todos con todos. Rato habló con varios y yo también. Porque, cuando hay una crisis financiera y los márgenes financieros son cero, necesitas alcanzar una cierta masa crítica que te permita sacar todas las ventajas de economías de escala y economías de gama. Todos andábamos buscando una masa crítica, porque si tienes mil oficinas en vez de quinientas, la publicidad te sale más barata..., y así con todo. Si Caja Madrid y Caixabank nos fusionábamos podíamos ser una de las principales entidades de Europa, pero esto no prosperó, ni hubo una *due diligence* ni banco de inversión que lo analizara». Un estrecho colaborador de Rato corrobora esta versión, pero responsabiliza a los principales partidos con poder autonómico en una y otra comunidad autónoma de haber parado la operación. «Lo paró CiU porque para ellos era una seña de identidad irrenunciable. Lo querían todo: presidente, sede central... Con esas condiciones, para el PP de Madrid era regalar parte del sistema financiero a los catalanes», señala.

El calendario apretaba, y, hacia finales de mayo de 2010, Caja Madrid había conseguido cinco cajas con las que formar el SIP (Caja de Ávila, Caja Segovia, La Caja de Canarias, Caja Rioja y Caixa Laietana), pero eran tan pequeñas que la entidad resultante apenas sería un 19 por ciento más grande, por lo que Bruselas no la admitiría. El proceso de integración entre las que ya lo tenían claro seguía adelante, pero, mientras, se seguían buscando posibles candidatos. Era el caso de Caja de Badajoz, que mostraría interés por unirse a Caja Madrid y al resto, si bien la operación finalmente no fructificaría, y la caja extremeña se acabaría integrando en otro proyecto de fusión fría (Ibercaja).[62]

Se había llamado a casi todas las puertas, pero ninguna operación había salido como se esperaba; incluso se había estudiado la posibilidad de fusionar Caja Madrid con las cajas gallegas, algo que ya había intentado la entidad en 2009, cuando Blesa aún era el mandamás en la Caja. Pero el presidente de la Xunta de Galicia, Alberto Núñez Feijoo, se negaría en redondo a ceder su soberanía ni la *galleguidad* de Caixanova y Caixa Galicia, una decisión para la que contaría con el apoyo implícito de un Mariano Rajoy que jugaba al despiste firmando acuerdos con el Gobierno del PSOE para llevar a cabo la reestructuración del sector financiero, pero aceptando luego los vetos a operaciones que imponían sus barones regionales. «Fue el Partido Popular el que se negó a que Caja Madrid se fusionara con las cajas gallegas», explica una antigua alto cargo de Economía en aquellos días. Las cajas gallegas eran, por entonces, junto con Caja Castilla-La Mancha (CCM)[63] y Caixa Catalunya, las entidades que presentaban unos mayores problemas globales. Pero, frente a la acción expeditiva emprendida en CCM, el ministro Solbes no acabaría de decidirse en un primer momento por intervenir en la caja catalana. Este precedente sería utilizado más adelante por el

62. Fusión de Caja Inmaculada (CAI, de Zaragoza), Caja Círculo (Burgos) y Caja de Badajoz.

63. Nacionalizada por el Banco de España en marzo de 2009.

presidente Núñez Feijoo, que reclamaría para *sus* cajas una inmunidad similar a la concedida a los gestores de la entidad catalana.

Los juegos y las presiones de los «cajeros» y los barones regionales por hacer prevalecer sus intereses a corto plazo habían ralentizado y torpedeado el proceso de integraciones durante meses, pero, por entonces, la determinación del Banco de España ya era total, a la vista de los problemas del conjunto del sistema. Tanto que, si era necesario, el mismísimo gobernador Fernández Ordóñez telefoneaba personalmente al presidente de turno para hacerle entender que tendría que renunciar a fuera lo que fuera que venía haciendo en su caja. «El juego de noviazgos y matrimonios estaba ya muy avanzado, y quedaban pocas opciones», admite el director de Supervisión del Banco de España, Jerónimo Martínez Tello. Se acababan la opciones, y la entidad madrileña seguía necesitando la inyección de fondos del FROB y llevar a cabo un proceso ordenado de reestructuración.

Y entonces llegaba la llamada del Banco de España. «Una tarde de junio telefonearon a Rato para que acudiera cuanto antes a la sede central, no sabíamos para qué», relata un antiguo empleado de Caja Madrid cercano al presidente. Cuando llegó al edificio del banco central español, situado en la plaza de Cibeles, se encontró al gobernador, Miguel Ángel Fernández Ordóñez y al subgobernador Aríztegui de pie, y junto a ellos, pero sentado, a José Luis Olivas, presidente de la valenciana Bancaja. Fernández Ordóñez tenía de todo menos una buena opinión acerca del presidente de la caja valenciana, y veía en él un ejemplo paradigmático de los problemas de gobernanza de las cajas de ahorros españolas. En seguida fueron al grano: «Creemos que tenéis que fusionaros».

Que el estado de los balances de Bancaja era de todo menos bueno era algo que sabía cualquiera que trabajara en el sector financiero e inmobiliario español. Todos eran conscientes de la alta concentración de «ladrillo» que mantenía la entidad levantina en sus balances en relación con el conjunto del sector, buena parte del mismo dedicado a hipotecas de segundas viviendas y créditos a promotores, e incluso participaciones en las mismas. El Banco de España, que hasta hacía días había tratado sin éxito de colocar a Bancaja a Caixabank, tranquilizó a Rato. «No os preocupéis, los balances están revisados y auditados. No habrá sorpresas. Usad mi despacho y empezad a hablar», añadió MAFO. Su teoría era que Bancaja estaba mal, peor que Caja Madrid, y sin embargo no estaba en una situación «de intervención inmediata» ya que parte de las pérdidas eran «esperadas, en función de cómo envejeciera la cartera». Martínez Tello, como máximo responsable de la Supervisión del BdE, conocía bien el estado particular de la entidad valenciana: «Veíamos que tenía dificultades para que siguiera sola. El 24 por ciento de su inversión era inmobiliaria, y estaba pendiente de 900 millones de euros en saneamientos; además tenía una estructura de financiación complicada. A Olivas le dijimos que no podía continuar sola, pero no compartía nuestra opinión, así que fuimos subiendo la jerarquía para que viera que era la posición del Banco de España». El 15 de junio se anunciaba la incorporación de Bancaja al SIP liderado por Caja Madrid. Su nombre sería Banco Financiero y de Ahorros (BFA), y, para fortalecer el balance y el proceso de reestructuración, recibiría 4.465 millones de euros en la forma de preferentes convertibles del FROB. Era exactamente esa cifra porque era el máximo que legalmente podía inyectar por entonces el Gobierno.[64] Eso era uno de los mayores rescates públicos de la historia de España en aquel momento, aunque con un lado en principio provechoso para el contribuyente: las preferentes tenían que regirse por criterios de mercado si España no quería verse sancionada por proporcionar ayudas de Estado irregulares. Las preferentes tendrían que rendir unos intereses anuales al Gobierno: nada menos que un 7,75 por ciento, unos compromisos que acabarían por resultar letales para la entidad y su cuenta de resultados en el futuro.

Bancaja, nombre comercial de la Caja de Ahorros de Valencia, Castellón y Alicante, era una entidad con más de 130 años de his-

64. La normativa de ayudas de Estado de la Unión Europea no permitía inyecciones de dinero que superaran el 2 por ciento de los activos ponderados por riesgo de la entidad.

toria y la principal caja del Levante español, todo un poder fáctico en la región, y estaba presidida por José Luis Olivas, un político de la primera línea del Partido Popular valenciano: había sido consejero de Economía, vicepresidente e incluso presidente de la Generalitat Valenciana entre julio de 2002 y junio de 2003. Precisamente dejaría su puesto —había hecho de puente entre Eduardo Zaplana y Francisco Camps— a cambio del compromiso de que le nombrarían presidente de Bancaja. Si Esperanza Aguirre consideraba Caja Madrid como «una extensión de su brazo» durante la presidencia de Miguel Blesa, algo parecido podía expresarse sobre lo que suponía Bancaja para los políticos y empresarios de la Comunitat Valenciana. Tanto Bancaja como el Banco de Valencia —del que la primera era máximo accionista y ejercía una posición de control— eran quizá los mayores financiadores de todo tipo de proyectos en el Levante español, en dura competencia con la Caja de Ahorros del Mediterráneo (o Caja Mediterráneo, CAM). ¿Que el Valencia Club de Fútbol quería tener el estadio más moderno del mundo? Sin problema, ahí estaba Bancaja para prestarle 300 millones de euros más todo el dinero circulante que pudiera necesitar. Dicho club de fútbol estaba «en quiebra técnica» ya en el año 2008, y el 90 por ciento de su deuda era de Bancaja. O como señalaría en un artículo el economista Carlos Sánchez Mato,[65] «el Banco de Valencia se embarcó en los últimos años en operaciones de muy dudosa utilidad para la entidad, solamente explicables desde la actuación culposa o quizá dolosa de sus directivos». Unas operaciones que acabarían siendo una ruina, que serían aprobadas pese a su complicada viabilidad económica y que, en muchas ocasiones, se realizaban mano a mano entre ambas entidades; como era el caso por ejemplo de la adquisición, a mediados de 2009, de la inmobiliaria especializada en promociones de sol y playa Costa Bellver, propiedad entonces del empresario Eugenio Calabuig, reconocido amigo personal del entonces consejero delegado del banco. En una operación que posteriormente acabaría siendo investigada por la justicia, Banco de Valencia y Bancaja pagaban más de cien

65. Actual concejal de Economía y Hacienda en el Ayuntamiento de Madrid.

millones de euros a Calabuig por el 83 por ciento del accionariado de Costa Bellver, una entidad que, en opinión de los auditores, disponía de un patrimonio de apenas tres millones de euros y unos activos de alrededor de diez millones de euros.

Tanto Rodrigo Rato como José Luis Olivas declararían posteriormente que la decisión de fusionarse no fue libre, sino condicionada por un Banco de España que prácticamente les habría obligado a formar el SIP contra su voluntad. Esta posible responsabilidad de MAFO y los suyos la matiza un antiguo jefe de supervisión de la institución: «El Banco de España no podía tomar las grandes decisiones, como era decir qué dos entidades se tenían que fusionar, pero sí que podía forzar informalmente a que hubiera estas fusiones». Es decir, que no decidía a efectos legales qué fusiones se iban a producir, pero sí que presionaba y decidía —al menos en parte— desde un punto de vista práctico. El Banco de España, en su calidad de supervisor, «decía, entidad por entidad, cuál podía seguir en solitario y cuál no, por lo que pedía una fusión inmediata pero sin dar nombres».

Quizá por prudencia bancaria, quizá por desconfianza, quizá porque habían rumores desde antes, lo cierto es que la relación de Caja Madrid y Bancaja fue tensa y poco fluida desde el comienzo, tal vez porque los gestores de la entidad levantina eran conscientes de que con esta operación estaban cediendo una cuota muy considerable de su poder. No por casualidad, la integración de los sistemas (informáticos, de riesgos, etc.) sería un proceso complicado y tedioso, que sin duda afectaría a la gestión diaria de una entidad nacida desde la urgencia, la improvisación y una cierta negación de la situación por parte de todas las partes implicadas. Por parte de Rato y los gestores de Caja Madrid, porque aceptaban la incorporación de una entidad con un riesgo mucho mayor que el resto; tanto que potencialmente podía llevarse por delante al conjunto, que tampoco es que fuera boyante. Por parte de Olivas, porque, pese a lo verdaderamente complicada que era la situación en Bancaja —vencimientos agolpados en 2012, alto nivel de refinanciaciones, cada vez mayor volumen de activos adjudicados...—, gestionaba la caja como si de una entidad sana se tratase. Y por parte del Banco de España, porque su negativa radical a poner dinero en el sector financiero le llevaría a impulsar y avalar proyectos que quizá no hubieran tenido lógica económica. ¿Podrían generarse las sinergias y las economías de escala que hicieran de la nueva entidad un negocio próspero? ¿Se abrirían los mercados mayoristas a una entidad fusionada sólo en algunas partes, sin historial crediticio y con un número de oficinas muy por encima de lo que la economía real era capaz de digerir?

El plan pasaba, una vez alcanzado el acuerdo inicial, porque todas las entidades del SIP firmaran un acuerdo para ceder la mayor parte de sus activos (en esencia, toda la actividad bancaria) a una sociedad central que tomaría el nombre de Banco Financiero y de Ahorros (BFA). El tema a negociar, un asunto clave para cada uno de los «cajeros», era la cuota de poder que tendría cada caja dentro de la nueva entidad. Caja Madrid era aproximadamente el doble de grande que Bancaja (el resto de entidades tenían un tamaño anecdótico en comparación), pero los gestores de ésta esperaban que las cuotas de poder se acercaran más a un reparto de mitad y mitad. Los responsables de Caja Madrid no querían ceder un reparto de poder que entendían que les correspondía en gran medida, así que se producirían unas tensas negociaciones para determinar el peso de cada caja en el accionariado de BFA. Rodrigo Rato sería el presidente ejecutivo de la nueva entidad, y José Luis Olivas el vicepresidente. Para el conjunto de los consejeros de las siete cajas iba a ser una escabechina: «Se pasó de siete cajas con unos 140 consejeros a sólo 21 consejeros en BFA», señala uno de los altos cargos de Caja Madrid que sí que conservaría su puesto tras la integración, en este caso consensuada con el Banco de España, que era quien decidía si los nombramientos se ajustaban o no a los requisitos mínimos de profesionalidad y experiencia. Los responsables de la caja madrileña sí que concederían que, a nivel simbólico, la sede social de la nueva entidad estuviera en Valencia, aunque la sede central operativa seguiría en la Torre KIO, en la plaza de Castilla, en Madrid. En este tipo de operaciones, las entidades de valoración independientes juegan un papel clave, ya que son éstas las que hacen números y llegan a cifras que han de ser de consenso para el conjunto de las entidades. En el caso del SIP que acabaría siendo BFA, las entidades que pondrían negro sobre blanco el valor de los activos de la nueva entidad eran Analistas Financieros (AFI)[66] y Deloitte, compañía esta última que ejercía además de auditora tanto para Caja Madrid como para Bancaja.

¿Cómo se realizaban estos informes previos? Se basaban sobre todo en premisas sobre cómo se iba a desarrollar la economía en el medio y largo plazo. Forzados o no por los acontecimientos y las autoridades, el caso es que los números salían, y recibían el visto bueno tanto del Ministerio de Economía como del Banco de España. Las proyecciones de Deloitte y AFI contemplaban una recesión económica en forma de «V» hasta un 25 por ciento más grave que la del consenso de analistas: fuerte caída y recuperación. Nadie esperaba en ese momento que no pudiera haber una recuperación económica, ni mucho menos una segunda recesión. De todas formas, la desconfianza (o la prudencia) de unos y otros les llevaba a buscar una tercera opinión independiente. Como detallaría dos años después el propio Rodrigo Rato en sede parlamentaria,[67] «se contrató a PwC [Price Waterhouse Coopers] para que hiciera un cálculo más estresado y riguroso de las posibles pérdidas esperadas y no cubiertas hasta el momento». La economía estaba atravesando una crisis sin precedentes, así que se establecerían unas premisas muy duras: un saneamiento de las carteras de 9.200 millones —casi 3.000 millones de euros por encima de lo que exigía el Banco de España— y la imposición de un recorte en las valoraciones de todos los activos de un 40 por ciento con cargo a las reservas de las antiguas cajas. Es decir, que si el valor contable de todos los activos de las siete cajas sumaba 100, al traspasarlos directamente a BFA pasarían a estar valorados como 60. ¿Por qué se hacía esto? ¿Qué efectos tenía? Era, en teoría, una medida de prudencia, sobre la premisa

66. Consultora dirigida por el economista Emilio Ontiveros, especializada sobre todo en el sector de las cajas de ahorros.

67. Durante su comparecencia en la comisión de investigación sobre la crisis de BFA-Bankia y el conjunto del sistema financiero español.

de que la economía atravesaba por unos momentos de grandes incertidumbres y el valor en libros de los activos (créditos, participaciones en bolsa, viviendas, etc.) podía no reflejar el valor que en ese exacto momento daba el mercado a los mismos. Apoyados en la inyección de dinero que suponían los 4.465 millones en preferentes y con la esperanza de generar las mayores sinergias y economías de escala en un plazo medio, Caja Madrid y el resto de entidades aplicaban un tijeretazo a sus balances que en la práctica suponía perder un 40 por ciento de valor.

Tras meses de negociaciones y puntos de conflicto, finalmente, el 3 de diciembre de 2010, las siete cajas de ahorros firmaban el acuerdo para aportar de forma solidaria la práctica totalidad de sus activos y pasivos al Banco Financiero y de Ahorros. Apenas se quedarían con un 1 por ciento, lo mínimo para seguir gestionando las obras sociales y poco más. Era la entidad con mayor volumen de negocio en territorio español: 485.000 millones de euros, por encima de Banco Santander, BBVA y Caixabank, que tenían sus actividades más diversificadas territorialmente. El 95 por ciento de lo que generaba, vendía, compraba y negociaba BFA estaba residenciado en España; desde el punto de vista del riesgo era una concentración muy poco razonable, pero, si se lograba salir de la recesión con vida, la posición competitiva de la nueva entidad sería inmejorable, con posiciones de dominio en plazas tan decisivas como Madrid y Valencia.

También se juntaban en BFA las enormes estructuras de costes heredadas de las cajas; todo un elefante en la habitación, que a la vez suponía un inevitable problema —reducir altos cargos siempre genera tensiones— y una oportunidad, toda vez que los posibles ahorros y ganancias en eficiencia eran mayores que en otras entidades. Entre los 3.700 empleados que perderían su trabajo con la integración de las siete entidades, algún directivo había. En teoría era sólo una de las muchas posibilidades de las que disponía la entidad para reforzar la situación y mejorar en rentabilidad, su gran desafío. El plan parecía claro, y sólo haría falta tiempo y algo de viento de cola para llevarlo a cabo con éxito; aunque, por desgracia para el Banco Financiero y de Ahorros, no habría nada de eso.

10

La salida a bolsa y la segunda recesión

Apenas seis días después de la firma del acuerdo de integración por parte de las siete cajas, el equipo de inspección del Banco de España ya elaboraba un primer informe sobre la situación del Banco Financiero y de Ahorros (BFA), una entidad que lo era sólo en el nombre, ya que ninguna de las partes integrantes compartía nada en común con el resto en aquellos primeros momentos. En cada entidad, las cosas eran distintas, a su manera: sistemas y plataformas informáticas, protocolos de riesgo y de clasificación de los mismos..., hasta los convenios colectivos y las cestas de Navidad que recibían unos y otros trabajadores eran distintos. Una integración que pudiera considerarse mínimamente operativa para toda la entidad tardaría meses en conseguirse. Según las estimaciones reflejadas en el informe del 9 de diciembre de 2011 por parte de los inspectores instalados en la primera planta de la torre de plaza de Castilla, la nueva entidad presidida por Rodrigo Rato se enfrentaba a unas pérdidas esperadas —con una cierta probabilidad de producirse— de hasta 4.900 millones de euros en sus carteras crediticias. Apenas cinco días después, sin embargo, el Comité Ejecutivo del BdE —el que tenía que enviar requerimientos oficiales al banco— reducía esta cantidad de deterioros futuros a apenas 3.000 millones de euros. ¿Por qué los responsables del BdE aminoraban los posibles quebrantos de la recién creada entidad? Conviene explicar antes cómo funcionaba la inspección del Banco de España.

Para las entidades consideradas sistémicas —y BFA lo era— el Banco de España llevaba a cabo lo que en el argot financiero se llamaba supervisión in situ. Es decir, que un grupo de inspectores y técnicos del BdE —entre una docena y quince— trabajaban diariamente dentro de la propia entidad, con acceso a todas las operaciones y departamentos, todos los documentos, todas las actas y todas las decisiones. En potencia, nada se les podía escapar. Tal como señala José Antonio Casaus, jefe de inspección en Caja Madrid y, luego, en BFA, «los equipos de seguimiento estaban desplazados en la entidad y tenían una cabecera que era yo; el resto eran miembros del equipo [...]. En los equipos de inspección, nuestra función es analizar y diagnosticar. Pero la parte de la prescripción del tratamiento es del mundo de Cibeles. Es un esquema que es así, y que además creo que debe ser así, porque en Cibeles es donde se reúne la experiencia y todos los informes, y donde se pueden valorar más acertadamente las decisiones que tomen. Eso se tiene que hacer a nivel colectivo», opina.

Al contrario de lo que ocurría en el caso de la Agencia Tributaria, donde su equipo de inspectores —funcionarios con plaza— emitían y firmaban actas que tenían validez de documento oficial y de prueba en un posible juicio, sus homólogos en el Banco de España gozaban de un estatus mucho menor a pesar de que su prestigio era equivalente. Un cambio legal introducido en 2003 en la Ley de Autonomía del Banco de España había determinado que sus inspectores dejaban de ser funcionarios del Estado y pasaban a ser simples contratados laborales por parte de la administración; por ello no gozaban de la condición de autoridad pública, ni sus actos tenían el carácter probatorio ni valor jurídico. «Son empleados a los que se puede despedir si su jefe no está de acuerdo con su trabajo», señala un inspector para quien el gobernador Fernández Ordóñez es «uno de los personajes más nefastos de la historia del sector financiero» por eliminar, en 2008, el sistema mediante el cual los equipos de inspección elaboraban actas. Desde entonces, tan sólo firmarían informes reflejando opiniones, que podían —y en efecto lo eran— ser enmendadas o matizadas por los dirigentes del Banco.

La idea detrás de esta aparente desautorización de los inspectores del Banco de España era su falta de perspectiva global, algo que sí tenían en teoría los miembros de la Comisión Ejecutiva. Es lo que en supervisión bancaria se conoce como el enfoque macroprudencial[68] en la supervisión. Los inspectores, rigurosos y metódicos hasta el extremo, trataban, en algunos casos, con entidades sistémicas —y el BFA lo era—, y, por lo tanto, a juicio de quienes gobernaban el supervisor bancario español, la estabilidad del sistema bancario español no podía depender del criterio de una persona o un grupo de personas empotradas en una entidad sin más información del exterior. Las conclusiones de estos inspectores eran esenciales y se tenían en cuenta, pero primaba por encima de ellos la visión macro de los equipos ejecutivos del Banco de España, que, además de por la solvencia de cualquier entidad concreta, tenían que velar por la solvencia y la estabilidad de todo el sector en su conjunto.

Con o sin enfoques macroprudenciales, la situación del BFA al nacer era de todo menos cómoda. En el primer trimestre de 2011 se publicaban las primeras cuentas anuales de la entidad —unas cuentas proforma—[69] que aparentemente mostraban unos beneficios de unos cuatrocientos millones de euros. Pero, si se entraba a analizar esos resultados, se veía la realidad: eso era, por encima de todo, un resultado contable, ya que la entidad recién creada había cargado contra reservas (es decir, había reducido su patrimonio neto) más de 8.000 millones de euros para realizar saneamientos en su mayoría vinculados al «ladrillo». El BFA podía tener mucho potencial, pero eso era algo que estaba por ver, y, a inicios de 2011,

68. La supervisión macroprudencial es una estrategia seguida por los bancos centrales modernos según la cual se tienen en cuenta aspectos no sólo individuales de una entidad en concreto, sino de todo el sector financiero y de la economía en su conjunto.

69. Quiere decir que, como el BFA no había tenido una actividad anterior como entidad individual, lo que hizo el auditor Deloitte fue una simulación combinando los resultados de las siete cajas como si el BFA realmente hubiera existido en 2010, para que los inversores tuvieran una guía desde la que partir.

los mercados internacionales vivían una situación especialmente convulsa.

La crisis de Grecia, que estaba llevando el proyecto del euro como moneda única al límite, había desembocado en toda una retahíla de reuniones multilaterales, cumbres y encuentros al más alto nivel. Uno de ellos sería el celebrado en Deauville en octubre de 2010, de especial incidencia para el sector financiero. Allí, Angela Merkel y Nicolas Sarkozy —líderes de dos países que habían gastado enormes cantidades de fondos públicos en salvar a sus bancos— declaraban su determinación respecto a no volver a cargar sobre los hombros de los contribuyentes el coste de los rescates financieros. Serían, por tanto, los inversores y el mercado quienes correrían con al menos una parte de los rescates a partir de ese momento. «Esto mandó un mensaje de pánico al mercado», opina un antiguo alto ejecutivo de Caja Madrid y BFA-Bankia. «Las reglas sobre lo que se podía y no se podía hacer en los rescates había ido cambiando con la crisis. Hasta la crisis de Dexia,[70] las autoridades europeas e internacionales aceptaban ayudas como los SIP, a cambio de ajustes. Pero, a partir de Deauville, ya no iba a destinarse más dinero público a los bancos sin causar pérdidas a bonistas, preferentistas... A partir de aquella decisión, y con la mecha de la crisis de deuda soberana en Grecia,[71] se dispararían las primas de riesgo en los países de la periferia europea, entre ellos, España y su sistema financiero.

La segunda mitad de 2010 y la primera de 2011 era una época un tanto alocada en la economía de Occidente. Por un lado existían amenazas reales (e imaginarias) a casi todos los niveles: alto desempleo y niveles de deuda y déficit público, dudas so-

70. Dexia era una entidad bancaria francobelga que, en 2008, tuvo que ser rescatada por los gobiernos de Francia y Bélgica, que inyectaron en la entidad más de 6.400 millones de euros en capital y 150.000 millones en garantías.

71. La imposibilidad del Gobierno griego de atender a sus obligaciones y su incapacidad de ajustar gastos e ingresos, así como la falta de acuerdo en la Unión Europea para rescatar al país, llevarían a los mercados a temer durante meses una posible ruptura desordenada de la moneda única europea.

bre la limpieza de los balances del sistema financiero... Pero, por otro lado, los datos macroeconómicos mostraban una innegable recuperación del producto interior bruto (PIB). Las medidas de estímulo impulsadas en todos los países europeos y en Estados Unidos habían supuesto un aldabonazo para los indicadores, que mostraban un tímido pero esperanzador crecimiento. Lo peor había pasado y los gobiernos hablaban metafóricamente de los «brotes verdes» que alejaban de forma definitiva el fantasma de la recesión. Este optimismo creciente se reflejaría en las previsiones de organismos internacionales como el FMI o la Comisión Europea, que planteaban un regreso a tasas positivas en el PIB, tanto en 2011 como en 2012. Si todos coincidían, quizá era verdad que lo peor de la crisis había quedado atrás. Pero no todos los indicadores eran positivos, ni todos los asuntos problemáticos estaban solucionados: los mercados mayoristas seguían cerrados para la banca española, que dependía cada vez más del apoyo del BCE y de la administración para poder acceder a la liquidez. Y un problema de liquidez, si se sostenía en el tiempo, podía acabar resultando en un problema de solvencia; es decir, de falta de capital. A la vista del empeoramiento de la situación, el gobierno daba luz verde a un nuevo real decreto para el sector financiero específicamente pensado para las cajas de ahorros, el cual venía a complementar el aprobado a mediados del año anterior. Si antes se había forzado a las cajas de ahorros a unirse y crear bancos, ahora estos bancos tendrían que cotizar en bolsa.

Cotizar para inspirar confianza

En febrero de 2011, la ministra de Economía, Elena Salgado, y su secretario de Estado, José Manuel Campa, presentaban un nuevo decreto de reforma del sistema financiero español ante la evidencia de que el anterior no había sido suficiente como para apaciguar a los inversores internacionales. Y otra vez el nuevo decreto iba especialmente dedicado a las cajas de ahorros, percibidas ya por los mercados como todo un problema por su (en la mayoría de casos) alta exposición al «ladrillo», escaso nivel de diversificación y extrañísimo sistema de propiedad.[72] Tal vez durante más de una década, los mercados mayoristas habían estado concediendo todo tipo de financiación a las cajas, especialmente a las dos grandes. Quizá por aquel entonces no existían dudas sobre el gobierno corporativo o la estructura accionarial; pero habían llegado los nuevos tiempos «pos-Lehman», mucho más exigentes y desconfiados, y estaban aquí para quedarse.

El Gobierno, en su análisis de la situación, creía que los mercados desconfiaban de las cajas en la medida que las percibían como entidades opacas —no rendían cuentas ante propietarios—, pero también porque, según los informes de sus analistas, eran entidades en buena medida infracapitalizadas, sin los suficientes recursos propios para afrontar una crisis más larga, algo que en ningún caso se podía descartar pese a los «brotes verdes». En realidad el enfoque crítico respecto al verdadero estado de las compañías bancarias y financieras no se centraba solo en las cajas españolas, sino que tenía un alcance mucho más global.

La normativa internacional vigente respecto a los requisitos de capital mínimo durante los años de bonanza —las llamadas normas de Basilea II— habían demostrado ser un fracaso a la hora de contabilizar los recursos propios con los que una entidad en problemas podría afrontar por sí sola los mismos. Se había sobreestimado la cualidad como capital de primera calidad —es decir, el que de forma más inmediata se puede usar— de productos como las preferentes o la deuda subordinada, ya que, en la práctica, luego no absorbían las pérdidas que se suponía que tenían que absorber. El nuevo enfoque de los banqueros centrales variaría de forma radical: era necesario más —mucho más— capital de primera calidad. Y eso sólo se conseguía o bien apelando a los mercados o bien solicitando un rescate público.

72. Las cajas, en la medida que no eran de nadie, pero tampoco eran entidades públicas al uso, constituyen una *rara avis* para los analistas del mercado. Si algo iba mal, ¿quién sería el que perdería? Y ¿quién disciplinaba a las cajas para que fueran rentables?

El real decreto aprobado por el Ministerio de Economía —conocido como FROB 2, y el primero sin consenso de los dos grandes partidos—, inspirado en la nueva realidad surgida a raíz de las nuevas normas de Basilea III, instauraba nuevos requisitos de capital para el sector financiero español, y marcaba dos umbrales nítidos para mandar una señal clara como el agua al BFA: las entidades que tuvieran una parte sustancial de su capital cotizando en mercados regulados —es decir, en las bolsas— tendrían que cumplir con un *core capital* (capital principal o básico)[73] mínimo del 8 por ciento. Aquellas que no cotizaran al menos un 20 por ciento en bolsa y tuvieran una dependencia de financiación mayorista de al menos un 20 por ciento, por su parte, no podrían situarse por debajo de un 10 por ciento de *core capital*. Es decir, que la nueva normativa penalizaba a las cajas que no se atrevieran a salir a bolsa, ya que, de no hacerlo, tendrían que captar o generar mucho más capital hasta alcanzar esos dos puntos porcentuales de más que las autoridades exigirían. En el caso del BFA, sufría un déficit de capital de 5.800 millones de euros si no salía a bolsa, y de unos 1.800 millones si decidía privatizarse parcialmente.

El mensaje era claro para el Banco Financiero y de Ahorros: habría que salir a bolsa y captar capital suficiente entre los inversores como para alcanzar los nuevos niveles reclamados. Al menos una parte de la entidad, que durante más de doscientos años había permanecido en el terreno de lo público o semipúblico, pasaría a formar parte de personas e instituciones particulares, las cuales esperarían por parte de sus gestores una prioridad clara: que la entidad ganase dinero y fuese rentable. «El Banco de España dijo que no había otro remedio. Se buscaron en un primer momento inversores institucionales con el apoyo del supervisor, pero no los encontramos; así que tuvimos que organizar una colocación pública en el peor momento», explica un exconsejero de la entidad. Y el momento, justo es decirlo, era terrible. En apenas unas semanas, el clima económico en Europa —que

73. Se trata de una de las metodologías más usuales para calcular el nivel de solvencia de una entidad bancaria. Esto es, el porcentaje o ratio de recursos propios de primera calidad (capital) en relación con el total de los activos.

estaba enrarecido, pero optimista de cara al futuro— daba un giro de 180 grados, lo que llevaba a los mercados del continente a sufrir un bloqueo casi total a cualquier tipo de operación financiera. «Incluso grandes compañías como Telefónica, que nunca habían tenido problemas pese a la crisis, se vio obligada a retirar una emisión de deuda», señala un antiguo directivo del BFA. Los inversores sospechaban que, al contrario de lo que decían las previsiones económicas oficiales, el ejercicio 2011 iba a ser mucho peor que 2010, y 2012 mucho peor que 2011. Y en este escenario, Rodrigo Rato y los suyos tendrían que montar una operación pública de venta (OPV) y sacar una buena tajada del banco a cotizar en el Ibex 35. El plan inicial del Gobierno pasaba porque todos o casi todos los SIP salieran a bolsa, pero la situación de los mercados era tan mala, y España despertaba por entonces tanta desconfianza, que apenas lograrían salir BFA-Bankia y Banca Cívica.

El Banco Financiero y de Ahorros se ponía manos a la obra y organizaba en apenas unos meses una de las mayores, más precipitadas y, a posteriori, más catastróficas salidas a bolsa de la historia financiera española. Prueba de ello es que «Rato esperó hasta el último momento para dar el paso efectivo de salir, a la espera de un gran inversor institucional», señala un alto cargo del banco. Una verdadera operación de riesgo y todo un examen para España en su conjunto; tanto es así que el Gobierno, el Banco de España e incluso las entidades competidoras de la antigua Caja Madrid arrimarían el hombro para que la operación saliera adelante. Si no salía la OPV, se tendría que rescatar con dinero público a la entidad y, con mucha probabilidad, a unas cuantas más.

Como en muchas otras operaciones analizadas durante aquel primer año de Rato en la entidad, el presidente decidía contar con el asesoramiento del banco Lazard, que se ponía manos a la obra para crear un grupo interdisciplinar que coordinara y organizara la salida al mercado. También estaba desde un principio en las reuniones el auditor Deloitte, que en este caso desempeñaría unas labores distintas: las de asesoría y consultoría. La firma estadounidense era la encargada, entre otras cosas, de proponer un diseño societario que permitiera al BFA salir a bolsa a un precio atractivo tanto para la entidad como para los inversores nacionales y extranjeros a los que, en principio, se quería seducir. ¿Qué proponía Deloitte? En esencia lo que pedían los bancos de inversión: eliminar en lo posible toda la inversión en suelo que inundaba el balance del grupo. Así, se opta por crear dos sociedades: una, la nueva entidad, que se llamaría Bankia y sería un banco cotizado y privado a todos los efectos.[74] La otra sería la matriz BFA, que mantendría los activos inmobiliarios más deteriorados, así como la participación accionarial del banco filial y las participaciones preferentes emitidas por la entidad (entre ellas los 4.465 millones del FROB). En resumen, se lanzaba al mercado lo mejor del BFA, su negocio bancario, sus participadas, su red de oficinas..., y se dejaba apartado, en la forma de matriz del grupo, una suerte de «banco malo». Esta aparente solución permitía a las antiguas cajas miembros mantener una posición dominante en el nuevo banco y, al mismo tiempo, asegurarse un dividendo suficiente, en teoría, para sufragar la Obra Social y, a la vez, pagar los intereses de las preferentes. En teoría...

Ambas entidades estarían presididas por la misma persona —Rodrigo Rato—, pero tendrían consejos de administración distintos y, en principio, independientes: en el BFA, que no tendría una actividad bancaria, se sentarían la mayoría de los representantes de las cajas que habían sobrevivido a la limpia sufrida durante la integración en el SIP. Por su parte, en Bankia se crearía un Consejo de Administración más profesional y presentable de cara a los mercados, con algunos de los antiguos «cajeros», sí —Arturo Fernández, vicepresidente de la patronal madrileña; Virgilio Zapatero, exministro socialista; José Antonio Moral Santín, representante de Izquierda Unida en el Consejo de Administración—, pero con una mayoría de consejeros independientes de reconocido prestigio —Claudio Aguirre, ex de Merrill Lynch y Goldman Sachs

74. De hecho se aprovechó la vieja ficha bancaria que el SIP tenía de Altae y se le cambió el nombre comercial.

o Alberto Ibáñez, ex de Citigroup, entre otros—, y sobre todo, con un consejero delegado de renombre, tal y como le pedía a Rato el Banco de España.

Tras llamar a la puerta de Goirigolzarri y recibir un no por respuesta, el elegido era Francisco Verdú, un banquero alcoyano que tras su paso por el BBVA y el Banco Santander había alcanzado las más altas cotas de poder en un pequeño pero prestigioso banco privado: la Banca March, una de las entidades con ratios de solvencia más elevados de toda la zona euro.

Con estos mimbres, la dirección de BFA-Bankia iniciaba una gira de presentaciones internacionales (o *roadshows*) en las que explicaba a cualquiera que pudiera estar mínimamente interesado en escucharles los detalles y el buen negocio que a su juicio era invertir en la cuarta entidad financiera española. La verdad era que el BFA había echado el resto al fichar a su equipo de bancos colocadores, aquellos que ayudarían a la entidad a dar a conocer Bankia dentro de los mercados: JPMorgan era la entidad que actuaba como coordinadora de toda la operación, en la que también participaban otras entidades internacionales de primer orden, como Merrill Lynch, BNP Paribas, Deutsche Bank, UBS y Barclays.

«Todos pusieron de su parte para que la operación saliera bien, aunque era evidente que no estábamos en una buena situación», recuerda una antigua responsable del Ministerio de Economía, que sostiene que en ningún momento cree que se falsearan las cuentas ni se «doblegaran voluntades». A pesar de que la mayoría de las autoridades y las grandes empresas españolas remaban a favor de que la salida a bolsa de Bankia resultara bien —un buen puñado de ellas comprarían participaciones—, no todos actuaban así. Había representantes de bancos españoles que, durante sus salidas al extranjero y en sus encuentros con inversores internacionales, no perdían la oportunidad de darle una colleja al BFA y mostrar sus más profundas dudas sobre el modelo societario de la entidad. «Días antes de la salida a bolsa, Rato nos dijo que había un problema y que alguien estaba propagando la idea de que era difícil de entender por parte de los inversores qué eran exactamente los bancos de las cajas», rememora un antiguo consejero del BFA. «Alguien iba comentando por ahí que estos nuevos bancos no eran creíbles, que no se entendían... Eso fue creando un clima negativo hacia nosotros que se sumó a la situación ya negativa que vivían los mercados por entonces. Así, a pesar de que teníamos multitud de precontratos de compra, luego hubo un repliegue generalizado y radical de los inversores extranjeros», señala, al tiempo que reconoce que, a la vista de la caída inesperada de compras, se tendría que recurrir aún más a inversores nacionales, algo que en principio no entraba en los planes de los gestores de BFA-Bankia.

Lo cierto es que, desde el principio, cuando se empezaba a plantear siquiera la operación de salida, en seguida surgían voces críticas acerca de la idea misma de sacar al mercado una entidad con los problemas del grupo BFA. «Entonces mantuve la tesis de que no se podía sacar a bolsa un banco con patrimonio neto negativo; lo lógico hubiera sido sanear primero y, luego, vender por mucho que no le gustara al Gobierno ni al Banco de España», señala un veterano jefe de inspección del BdE. Por mala que fuera la situación, lo cierto es que tanto las autoridades como los reguladores y los auditores daban su visto bueno a la salida a bolsa y a las cuentas con las que Bankia saltaba al mercado. ¿Cómo de fiables podían ser las cuentas? Bueno, todas las cajas estaban desde hace años supervisadas y auditadas, aunque es cierto que, tal y como reconocería el director general financiero Ildefonso Sánchez Barcoj, la integración de las siete entidades no se había producido, por lo que las cuentas de BFA-Bankia de marzo de 2011 que se adjuntaron a los folletos de la OPV eran, en parte al menos, un ejercicio de abstracción: «Por aquel entonces, no existía aún la integración, ni siquiera informática [algo que, en el caso de Bancaja, no se produciría hasta casi un año después, en abril de 2012]. Por eso hablamos de hacer unas cuentas para la salida a bolsa, [algo] planteado con la CNMV, basándonos en la información que reportaban las siete cajas de ahorros. El Banco de España lo sabía, y estaban las cuatro grandes auditoras, y no había salvedades». No todos en el mercado creían que los balances del sector financiero español reflejasen su verdadera situación, pero los números eran los que eran: Bankia, aunque tenía problemas, era rentable, y con la inyección de capital de la OPV superaría con creces los nuevos mínimos regulatorios de solvencia exigidos por el gobierno.

«En mayo teníamos la prima de riesgo española en 200 puntos básicos, y días antes de la salida a bolsa se había duplicado hasta los 400», recuerda Jorge Dajani, director de relaciones con los inversores de Bankia. A medida que iban pasando las semanas y se acercaba la fecha de la salida a bolsa —salida que no sería aprobada por el Consejo de Administración hasta pocos días antes de que fuera efectiva—, las condiciones del mercado español y la imagen de su sector financiero empeoraban progresivamente, lo que iba reduciendo el precio máximo al que estaban dispuestos a entrar los inversores en Bankia. Eran precisamente los institucionales los que seguían dando malas noticias al banco a medida que le iban forzando a rebajar el precio de la acción al que estarían dispuestos a comprar. Frente al objetivo inicial de la entidad y los colocadores de vender cada acción en el entorno de los 5 euros, el mercado sólo estaba dispuesto a hacerlo a 3,75 euros la acción. Eso suponía un descuento del 74 por ciento sobre el valor en libros de la entidad. El porqué de esta caída sobre los objetivos la explicó Jorge Dajani:[75] «La fijación del precio es algo que hacen los bancos colocadores con los bancos asesores. Son ellos los que obtienen el *feedback* de las operaciones, en la medida que son ellos los que garantizan su éxito. La entidad, en este sentido, es *precio-aceptante*. [...] Evidentemente, a media que caía el precio de venta en la Bolsa, lógicamente el valor de lo que el BFA iba a tener era menor. Es una ecuación muy directa». A pesar de la sensación dentro del Consejo de Administración y de la alta dirección de que a esos precios se estaba «regalando» la entidad, la prioridad era completar la OPV, así que se daba luz verde a la operación a pesar del fuerte descuento; la aceptación de este descuento supondría una entrada directa de la matriz BFA en una situación insostenible debido a *impairment*, pero en ese momento nadie, ni siquiera la auditora Deloitte —que había diseñado la estructura del grupo— parecía reparar en ello.

75. En declaraciones como testigo ante el juez Fernando Andreu.

Y luego estaban los pequeños ahorradores; la red comercial clásica de Caja Madrid y Bancaja, entonces BFA-Bankia. La entidad tenía una gran experiencia adquirida con el paso del tiempo en la colocación acelerada de todo tipo de productos y promociones. Habían *triunfado* colocando entre sus clientes las participaciones preferentes, las hipotecas o las tarjetas de crédito. Las acciones de la propia entidad sólo serían un producto nuevo más; un producto que se vendería incluso con más convicción como una inversión a largo plazo y que iba a dar un suculento dividendo durante años; prueba de que esto había sido así era el gran número de empleados de la propia Bankia que serían accionistas de la misma.[76] Durante unas semanas, todo aquel que entraba por la puerta de una oficina del grupo era seducido y condicionado a comprar. Algo así como: «¿Quiere usted un crédito? Se lo concedemos, pero tiene que comprar 1.000 euros en acciones».

Es probable que los comerciales del banco hubieran podido colocar todo el papel que hubieran querido entre sus clientes; pero no habría la opción, ya que, ante las prisas, y como medida de garantía de que se estaba fijando un precio objetivo adecuado, la Comisión Nacional del Mercado de Valores (CNMV) obligaba al banco a cubrir un tramo de inversores institucionales muy por encima de lo habitual: un 40 por ciento de accionistas, como mínimo, tendría que ser institucional (grandes empresas, fondos de inversión, etc.). No era la única exigencia del regulador de los mercados por encima de lo común en estos casos, lo que demuestra sus prevenciones respecto a la viabilidad de la operación: se obligaba a Bankia a emitir un folleto informativo y un tríptico de obligada difusión por las sucursales, en los cuales se detallaban los riesgos a los que se enfrentaba un inversor que metiera su dinero en acciones del banco. Uno de los riesgos contemplados era, con algo de profecía, el de una hipotética nacionalización. «La CNMV nos exigió mucho más de lo normal», explicaría ante el juez Andreu el director general de Bankia, Ildefonso Sánchez Barcoj. «Como el BFA no tenía recorrido [se pedirían cuentas] proforma, estados financieros... Se

76. Llegarían a ser tantos que formarían una plataforma de afectados para defender sus intereses tras la nacionalización de la entidad.

hizo un grupo bastante amplio de externos e internos; era un tema del máximo nivel, de presidencia, ya que era algo muy estratégico. A mí se me asignó la responsabilidad de las relaciones institucionales con la CNMV y con el Banco de España.»

La desbandada de inversores extranjeros forzaba a Bankia a ser imaginativa y a buscar hasta debajo de las piedras, de forma que varias entidades pertenecientes al propio grupo, o bien socios estratégicos como Mapfre comprarían paquetes muy sustanciales de acciones en la salida a bolsa. También lo harían entidades vinculadas a Caja Madrid —no orgánicamente—, como la Cámara de Comercio de Madrid, entre otras. Esta última compraría de forma exprés, ya que en menos de una semana se había deshecho de las acciones compradas en la OPV. El éxito o fracaso de la salida a bolsa de Bankia era percibido ya por todos, tanto dentro como fuera de España, como un examen para medir la credibilidad del país, lo que conduciría a las autoridades y a buena parte de las grandes empresas españolas a forzar la máquina en esta operación pública de venta, convirtiéndola en toda una «operación de país». Y el examen se aprobaba. Raspado, pero se aprobaba: el 20 de julio, Rodrigo Rato hacía sonar la campana de la Bolsa de Madrid en medio de una inmensa expectación mediática, brindis con espumosos y alivio general. La entidad, que había sacado finalmente un 55 por ciento de sus acciones a bolsa, lograba recaudar 3.092 millones de euros en el mercado —el mínimo exigido para poder seguir en solitario eran 1.700— en las peores condiciones imaginables. No era el objetivo máximo; ni siquiera era el objetivo deseable, pero permitía aprobar los test de estrés y sobrevivir sin la necesidad de recurrir a un rescate a cargo del contribuyente.

La gran recesión

«La salida a bolsa de Bankia se hizo bien, con todos los informes favorables. Lo que nadie esperaba era una segunda recesión tan profunda como la que se mostraría en el segundo trimestre del año», señalan fuentes cercanas al ya por entonces flamante consejero delegado de Bankia, Francisco Verdú. Se habían cubierto con suficiencia las necesidades de capital y la entidad aprobaría los siguientes test de estrés del Banco de España con cierta holgura. Pero el problema de fondo, con la crisis agravándose por momentos, persistía. Tres días después de la salida a bolsa, un informe de seguimiento del BdE reincidía en que el problema principal de BFA-Bankia era su falta de rentabilidad. «Entendíamos que, para hacer frente a ese gran problema, debía gestionarse como una entidad en crisis, y que no era tiempo de repartir bonus», explica el responsable de inspección, José Antonio Casaus. Pero, a pesar de que el proceso de integración avanzaba —tal como reconocía el propio supervisor en sus informes—, no lo hacía tan rápido como los acontecimientos.

El ciclo económico cambiaba mes a mes durante la segunda mitad de 2011, casi siempre en el sentido negativo. Lo que ocurría por entonces lo sintetiza Francisco Celma, auditor de BFA-Bankia, en su declaración como testigo en la Audiencia Nacional: «A partir de agosto de 2011 hay una serie de meses en los que se concatenan circunstancias imprevisibles: crisis de la deuda griega, caída de las bolsas... El negocio bancario en España, en el segundo semestre, decreció en su valor». La imagen del país evolucionaba a negativo, y eso se mostraba de forma gráfica en señales como la evolución de los CDS[77] de la banca española o el cierre completo del mercado de *repos*.[78] Pese al rechazo inicial que había despertado la acción de Bankia entre los inversores extranjeros, y por sorprendente que parezca, la posición internacional del banco iba mejorando en los meses posteriores a la salida a bolsa, pasando de un 18 por ciento en la OPV a casi un 40 por ciento apenas unos meses después. Es cierto también que durante esos primeros meses el valor de la acción se mantenía estable, una característica que se volatilizaría en la primera mitad de 2012.

77. Los *credit default swap* (CDS) son instrumentos financieros que hacen las veces de un seguro ante el impago de un determinado acreditado o cliente.

78. Las *repos* son un tipo de préstamos entre entidades financieras. Se puede usar como señal del grado de confianza del mercado respecto de una entidad concreta.

Mientras la tormenta se recrudecía, Bankia trataba de seguir adelante con sus planes de integración. No era fácil, ya que las resistencias y suspicacias tanto de consejeros como de directivos procedentes de entidades diversas complicaban la toma de decisiones. Y esta desconfianza se iba incrementando por parte de los equipos procedentes de Caja Madrid a medida que iban conociendo más en detalle lo que les había llegado con Bancaja. Desde el momento de la fusión, y a medida que pasaban los meses, habían ido aflorando problemas y más problemas desde la entidad levantina. Uno de los más graves, y que acabaría provocando la dimisión de su vicepresidente José Luis Olivas, sería la intervención del Banco de España en el Banco de Valencia (BdV).

Si el estado de BFA-Bankia era complicado, el del BdV —una entidad anómala dentro del grupo, ya que al poseer sólo un 28 por ciento de la misma no estaba consolidada en las cuentas de BFA-Bankia, sino que era independiente— estaba al borde de ser insostenible. Al menos así lo creía el Banco de España, que en sucesivas reuniones le reclamaba a José Luis Olivas cambios radicales en la gestión del BdV, así como una contundente recapitalización de la misma de al menos 800 millones de euros, bajo la amenaza de una nacionalización expeditiva por parte del supervisor. Consciente o no de la gravedad de la situación, los cambios exigidos no llegaban, y la dirección del banco se veía incapaz de presentar un plan de viabilidad, lo que empujaba al BdE a efectuar la intervención en la entidad ante la constatación de que la situación y el deterioro de la misma eran ya insostenibles. Precedida de la dimisión de Olivas, la toma de control por parte del BdE, en noviembre de 2011, conllevaba la pérdida del mismo por parte de Bancaja y, por lo tanto, por parte de BFA-Bankia: unos 350 millones de euros de agujero para la matriz. Esto provocaría toda una crisis en el seno de la entidad, con sospechas de falseamiento de las cuentas de los valencianos incluidas. «Rato llegó a encargar una auditoría independiente [a la firma PwC] sobre qué había pasado en Banco de Valencia, lo que cabreó tanto a los "cajeros" de Bancaja como al auditor del grupo [Deloitte]», asegura un exconsejero de Bankia presente en aquellas discusiones. Los análisis concluirían que, a pesar de que la entidad necesitaría después más de 3.000 millones de euros de capital público para sanear sus balances, no era posible determinar con certeza si el deterioro de las carteras del BdV se había producido antes o después de la integración en el BFA.

No sólo a nivel de consejeros existían suspicacias. La integración de «los fenicios» —así es como se conocía, no sin cierta ironía, a los empleados y directivos de Bancaja— en el conjunto de BFA-Bankia estaba resultando mucho más complicada de lo que se pensaba. La entidad levantina y sus empleados traían consigo una cultura corporativa, unas metodologías e incluso unos sistemas informáticos y de riesgos ciertamente incompatibles con los que Caja Madrid trataba de imponer en la entidad. Y eso provocaba fricciones en unos y otros. Tantas fricciones que Rato enviaría a su mano derecha (José Manuel Fernández Norniella) destinado a Valencia con un equipo de *special situations*[79] durante meses con el fin de tomar el control, levantar las alfombras y comprobar el verdadero estado de la entidad. Lo que allí encontrarían no sería precisamente bueno.

Una de las operaciones más ruinosas de la corta vida de BFA-Bankia como entidad privada tendría su origen en un acuerdo firmado a tres bandas en 2008 por Bancaja, Deutsche Bank y el fondo de inversión Picton. Lo que buscaba en teoría la caja valenciana era diversificar el riesgo que asumiría con la salida a bolsa de BISA, su filial de inversiones: ésta le vendía una opción de venta de una parte de sus acciones a Deutsche Bank, que, por su parte, adquiría el derecho a que Bancaja le recomprara esta participación (un 7,7 por ciento) a un precio prefijado si finalmente la salida a bolsa no se producía; además, la caja valenciana firmaba a la vez con Picton una permuta por la que ésta cedía los dividendos obtenidos por su participación en BISA (un 22,27 por ciento) a cambio de un interés fijo. Pero, en realidad, se acabaría convirtiendo en un juego de suma cero en la que tanto Deutsche Bank como Picton aportarían inicialmente 1.355 millones y reci-

79. Un equipo multidisciplinar de directivos y empleados encargados de revisar operaciones, renegociar cláusulas y destituir a altos cargos si fuera necesario.

birían 1.750 dos años después, una plusvalía obtenida a costa de Bancaja (entonces ya dentro de BFA-Bankia).

La constatación de que se habían encontrado varias irregularidades y agujeros fuera de toda lógica en Bancaja llevaba a Norniella y su equipo a contratar a varias firmas de *forensic*[80] para delimitar las posibles responsabilidades penales de las mismas. «Se iniciaron con firmas habituales como PwC, pero había operaciones tan complicadas que hubo que contratar a firmas especializadas en espionaje como K2 Intelligence, porque había entramados de sociedades tan complejos que eso una *big four* no te lo sabe hacer», explica Jaime (nombre ficticio), uno de los directivos de Bankia, conocedor de aquellos movimientos. Eran meses en los que la integración informática y de sistemas de Bancaja aún no se había consumado, por lo que las cuentas y los estados contables estaban en manos de muy pocos. «Iba a Valencia todas las semanas y el nivel de trapicheo era increíble. Es increíble que el Banco de España pensara que podríamos solucionarlo solos. Cuando dimitió Olivas, en otoño de 2011, se nos abrieron las puertas y pudimos ver el entramado societario de Bancaja, que era tremendo.»

Uno de los ejemplos paradigmáticos es, en su opinión, el de Sercapital, una compañía participada que contaba con millones de metros cuadrados de suelo logístico en Hungría. Para Bancaja, una inversión de cerca de mil millones de euros en territorio húngaro era, cuanto menos, una operación peculiar, dado el escaso conocimiento que podía tener una caja valenciana acerca del negocio promotor en Centroeuropa. El problema mayor, tal como cuenta Jaime, es que ese suelo ni siquiera era logístico. «Cuando nos pusimos a revisar la operación vimos que, en realidad, el suelo estaba calificado como agrícola. Habíamos comprado mil millones de euros en suelo agrícola con la esperanza de que nos lo recalificaran a industrial. También teníamos allí un circuito de motos. Pregunté: "¿Y cómo está este circuito?". "Está prácticamente acabado ya. Las gradas son portátiles y el

80. Son firmas de consultoría especializadas en la investigación de operaciones comprometidas o con posibles hechos delictivos.

trazado está todo diseñado; solo falta asfaltar". No nos lo podíamos creer», reconoce. Otro de los auténticos marrones con los que se encontrarían los equipos enviados por Rato sería el caso de un alto directivo de Habitat, la filial inmobiliaria de Bancaja —llamado «el Pluma, porque prácticamente se dedicaba solo a firmar cosas»—, un tipo que estaba presente en nada menos que 63 consejos de administración. «Durante todas las semanas que estuve allí con él creo que no sonó el teléfono de su despacho ni una sola vez; no sé, me pareció raro para ser consejero de tantas compañías participadas», recuerda Jaime. En otra ocasión, el Pluma llegaría a una reunión en Bankia con sus jefes conduciendo un deportivo Lexus último modelo. «Le dijimos medio en broma: "Joder, cómo te cuidas"; y nos contestó: "Sí, la verdad es que ha sido un esfuerzo familiar, pero merece la pena". Unas semanas después nos enterábamos de que Bancaja era quien pagaba en realidad ese deportivo por medio de un *leasing*. Ese tipo de mentiras eran constantes, y yo, claro, me enfadaba con él. "¿Cómo es posible que me mientas así?". Me llegaba a sentir mal por las broncas que le echábamos, pero la verdad es que estaba todo podrido por allí.» Un antiguo consejero de Bankia ratifica esta percepción tan negativa: «Norniella volvió horrorizado, y haría un informe de situación desolador».

Bancaja no era la única entidad que deparaba sorpresas negativas una vez que se hubo firmado el SIP. El equipo de *special situations* se tendría que trasladar también con frecuencia a Mataró a revisar las operaciones de Caixa Laietana, donde también se encontrarían «cosas muy feas; era el caso, por ejemplo, de un crédito de 30 millones de euros que habían concedido al carnicero del pueblo, que se había metido a promotor inmobiliario. Cuando revisamos la operación, no había devuelto nada».

A la vista de los agujeros que iban emergiendo en la entidad, se iban incrementando los ratios de morosidad del banco, aunque no lo hacían ni mucho menos de forma homogénea. La investigación llevada a cabo por Norniella y su equipo daban como resultado un informe interno que se distribuiría entre los consejeros en febrero de 2012. Los datos que mostraba eran reveladores: en apenas unos meses, el aumento de la morosidad se había disparado en Bancaja, muy por encima del conjunto de las seis cajas restantes. Entre diciembre de 2010 —cuando se firmaba el SIP— y diciembre de 2011, la morosidad de la cartera crediticia de BFA-Bankia se había incrementado en 4.094 millones de euros, de los que 3.155 millones (el 77 por ciento) procedían en exclusiva de la caja valenciana. En ese mismo periodo, Caja Madrid, que era más del doble de grande, había presentado una morosidad de 292 millones de euros. El conocimiento de estas cifras motivaría no sólo un agrio debate en el seno de la entidad, sino la sospecha de que, o bien Bancaja había engañado a todos falseando las cuentas, o bien el Banco de España le había pasado una entidad en una situación mucho peor de lo que se estimaba a priori. Es decir, que BFA-Bankia era también más frágil de lo que se pensaba a priori. El Banco de España estaba al tanto de la situación: si se afloraban todas las pérdidas encontradas, la entidad tendría que presentar pérdidas en el ejercicio 2011, el primero de su historia. Quizá por ello, el supervisor se mostraba de acuerdo en negociar una forma de ir aflorando y saneando esos deterioros a lo largo de 2012. Pero, claro, entonces el problema estaba en 2012.

11

Negociando un plan de rescate

Al margen de los devaneos del sector financiero español, el último tercio del año 2011 se vería marcado por las elecciones generales, adelantadas por el presidente José Luis Rodríguez Zapatero a la vista del desgaste sufrido —tanto fuera como dentro de su partido— y ante la constatación de que no le iba a quedar más remedio que seguir aplicando las recetas marcadas por Bruselas, el BCE y el FMI. En mayo de 2010, ante la escalada de la prima de riesgo española, se había consumado la intervención de facto en España por parte de los países del núcleo europeo, en especial, Alemania. El propio Barack Obama, presidente de Estados Unidos, había telefoneado a Rodríguez Zapatero para asegurarse de que tomaría las decisiones adecuadas por muy impopulares que fueran. Reforma laboral para abaratar el despido, cambio exprés en la Constitución para introducir la regla de oro[81] presupuestaria...

Merkel y Trichet (entonces presidente del BCE) habían forzado tanto al Gobierno socialista a virar tanto en sus políticas que, por un lado, las aplicaba sin convicción, y por otro veía desplo-

81. Se trata de fijar por ley la obligatoriedad de que el gasto público crezca por debajo de la deuda y de que se priorice el pago de la misma antes que otros gastos.

marse su popularidad entre sus electores por el cambio radical de criterio. A la vista del panorama, tras menos de ocho años en el gobierno, Rodríguez Zapatero renunciaba a una nueva reelección y a agotar su mandato. Así, sin un competidor con verdaderas posibilidades de disputar la contienda enfrente —el vicepresidente Rubalcaba era el cabeza de cartel del PSOE—, el 20 de noviembre, Mariano Rajoy se hacía con la presidencia del Gobierno. A la tercera iba la vencida para un líder popular que, tras ser nombrado a dedo por el expresidente Aznar como su sucesor, perdía hasta en dos ocasiones la carrera por ocupar la Moncloa. Poco importaba ya. Rajoy entraba por la puerta grande, con una mayoría absoluta que le permitiría llevar a cabo su programa de máximos si así lo quisiera. Los mercados y los organismos internacionales esperaban de él que llevara a cabo un fuerte ajuste presupuestario, así como las reformas y modernizaciones institucionales que todos venían reclamando para sacar a España de la crisis; y, en concreto, para el sector financiero se esperaba sobre todo que el presidente asumiera que sería necesario rascarse el bolsillo.

A pesar de que Rajoy guardaría con celo la lista de los nombres que formarían su primer gabinete, había un candidato —al margen de su mano derecha, Soraya Sáenz de Santamaría— de quien parecía cantado su nombramiento: Luis de Guindos. El expolítico y banquero madrileño aparecía como el número uno en las quinielas para ocupar la cartera de Economía. ¿Quizá también la de Hacienda? ¿Una vicepresidencia económica? Las expectativas eran altas respecto a este exdirectivo de Lehman Brothers y antiguo responsable del Sector Financiero en PwC, por lo que, cuando se confirmaba que finalmente sólo se ocuparía de las áreas de Economía y Competitividad, a los medios casi que les parecía poco. La vicepresidencia económica no la ocuparía nadie más que el presidente Mariano Rajoy, quien tomaría personalmente las decisiones más relevantes en cuanto a la estrategia y las políticas a emprender para salir de la crisis que por entonces sufría España. El hecho de que Guindos no alcanzara la categoría de superministro en un contexto necesitado de estrategias claras y acciones decididas comportaría no pocos problemas en el futuro; ante todo, por el hecho de que tendría que compartir cuota de poder en el área económica no sólo con Rajoy, sino también con Cristóbal Montoro, que ocuparía la cartera de Hacienda.

Se avecinaban momentos decisivos para España, y el encargado de pensar en buena parte de las soluciones no tenía la llave de la caja donde se guardaba el dinero. Uno de los primeros contratiempos que vivían De Guindos y el presidente Rajoy vendría a cuenta del conocido como «banco malo». El nuevo ministro de Economía se había dedicado a postular esta solución —segregar los activos tóxicos del ladrillo en una entidad con financiación pública para, luego, o bien venderlos o bien guardarlos hasta que la banca pudiera recomprarlos— en foros de debate y periódicos; una reiteración que había dado a entender a los agentes económicos que se trataba entonces de una medida consensuada con el líder del Ejecutivo. Pero no. Rajoy tenía su propia agenda, y no pasaría en ningún caso por emplear dinero público para pagar la fiesta de las entidades financieras; ni para un «banco malo», ni para nada.

Uno de los primeros ejecutivos de BFA-Bankia recuerda que se quedó «pegado» cuando escuchó al nuevo presidente del Gobierno negar rotundamente la posibilidad de crear una entidad pública en la que agrupar el ladrillo de los bancos. «También dijo que no pensaba solicitar ningún rescate», y que España era soberana para decidir qué nivel de déficit público le resultaba aceptable. Las improvisaciones estratégicas del PP en sus primeros meses dejaban desconcertados a propios y a extraños. Una de las más desconcertantes sería la denuncia velada acusando al anterior ejecutivo socialista de haber escondido facturas en los cajones y de poco menos que haber falseado los datos de déficit público hasta apenas tres meses antes de irse del Gobierno. Tal como señalaría el exministro Jordi Sevilla en su libro *Seis meses que condujeron al rescate*,[82] el nuevo ejecutivo popular cometía

82. Jordi Sevilla, *Seis meses que condujeron al rescate: crónica de un rescate que Mariano Rajoy no supo evitar, noviembre 2011-mayo* 2012, Deusto, Barcelona, 2015.

la torpeza y la deslealtad de insinuar que las cuentas públicas en España no eran de fiar. Algo que las autoridades y cancillerías europeas se tomaban muy en serio desde el escándalo ocurrido en Grecia con la contabilidad «creativa» publicada durante los gobiernos de Nueva Democracia.[83] Quizá la señal de firmeza e independencia enviada por Rajoy no sería percibida como él se pensaba, porque sus primeros meses de gobierno registrarían una auténtica escalada de la prima de riesgo de la deuda española, así como una cada vez mayor salida de capitales y depósitos. Por primera vez desde el inicio de la crisis se hablaba en serio de la insostenibilidad de los bonos del Tesoro, y la prensa económica internacional abría sus portadas con las turbulencias financieras en España, al igual que antes lo habían hecho en los casos de Grecia, Irlanda y Portugal.

El problema para la zona euro es que España era bastante más grande que todos aquellos países juntos; era la cuarta economía del euro, y por sí sola podía provocar una crisis financiera internacional en el momento que se viera impedida para atender a sus pagos y sus obligaciones. España era demasiado grande para dejarla caer, y también para auxiliarla económicamente. El Gobierno de Rajoy, ante la presión cada vez mayor de los mercados, se dedicaba a intentar convencer a Mario Draghi —recién nombrado nuevo presidente del BCE— para que anunciara un programa de compra ilimitada de deuda que permitiera a España contener los ataques de los inversores bajistas que tanto daño y tanto provecho estaban sacando de la difícil situación financiera. Pero, para Alemania y otros países del norte de Europa, la sola idea de que un banco central comprara deuda pública de un Estado miembro resultaba repulsiva e inaceptable. Los representantes alemanes en el BCE estarían dispuestos a bloquear las veces que hiciera falta cualquier intento de los países del sur encaminado a lograr que, de una forma u otra,

83. Cuando el socialista Yorgos Papandréu llegó al poder en Grecia destapó que el anterior Ejecutivo conservador había falseado sistemáticamente las cuentas desde su entrada en la moneda única, algo para lo que había contado con la ayuda del banco de inversión estadounidense Goldman Sachs.

el prestador de última instancia europeo hiciera precisamente esta labor con los Estados.[84]

Otro de los episodios turbulentos del Partido Popular durante sus primeros meses al frente del Gobierno —y uno de los que más fue criticado, por su visión cortoplacista y partidista— fue el del retraso deliberado para no tramitar ni publicar el anteproyecto de Ley de Presupuestos relativo a 2012. La situación, lamentable, era ésta... En la primavera de ese año se celebraban las elecciones autonómicas en Andalucía, un territorio en el que los populares nunca habían logrado gobernar, un objetivo que, en esta ocasión, creían rozar con los dedos. Por otro lado estaba la certeza indefectible de que los Presupuestos Generales del Estado que preparaba el ministro Montoro conllevarían unos fortísimos recortes de gasto, así como varias subidas de los principales impuestos. Era algo que todo el mundo esperaba y temía, aunque el Partido Popular se dedicaría a negarlo durante el periodo electoral y preelectoral andaluz —como había hecho también el PP durante la campaña electoral de las generales—, con la complicidad de un Gobierno de España que retrasaba a propósito la tramitación de una ley de presupuestos que se antojaba esencial para poder demostrar a los socios europeos que la convicción de España para cumplir con el déficit era total. La ausencia de presupuestos, las sospechas de contabilidad falseada y la imparable subida de la prima de riesgo situaban toda la presión sobre España y sus cuentas públicas. El mundo y los inversores cada vez descontaban más un rescate en España.

84. El mandato del BCE, al contrario que el de otros bancos centrales, está centrado casi en exclusiva en el control de los precios. Eso impide legalmente que su presidente (actualmente, Mario Draghi) pueda financiar de forma directa a ningún Estado comprándole deuda; primero, porque no tiene ese madato; y segundo, porque implicaría un aumento de los precios debido a la creación de nuevo dinero.

Un problema con la deuda pública

La inestabilidad sobre la deuda soberana europea desatada tras la crisis de Grecia, con efectos posteriores en las primas de riesgo de Irlanda, Portugal, España e Italia, había llevado a los inversores internacionales a preguntarse, por primera vez desde la creación del euro, si efectivamente la deuda pública en euros era un activo libre de riesgo. Hasta el momento, así la habían tratado más o menos los mercados e inversores, pero la costosísima negociación que acabaría en una quita de deuda griega rompía en añicos esa verdad incontestable hasta entonces.

Si la deuda de los países del euro efectivamente podía generar impagos y era cada país el que tenía que arreglárselas más o menos como pudiera para responder ante los mercados, entonces, los inversores dirigirían su mirada y pondrían la lupa en las cuentas públicas y el déficit de cada Estado. Y en eso España batía récords, pero en negativo. El desplome de la recaudación pública y el incremento del gasto provocado sobre todo por los llamados estabilizadores automáticos[85] habían agudizado los desfases entre ingresos y gastos públicos de forma alarmante para los mercados, algo que se reflejaba en la cada vez mayor prima de riesgo. El problema principal es que, cuanto mayor es la prima de riesgo —entendida como el sobrecoste que ha de pagar un país por endeudarse respecto de los países más seguros— es cuando también más posibilidades hay de que se produzca un impago, ya que el pago de los intereses es cada vez más alto. Si en España crecía el riesgo-país, también lo hacían los riesgos en los balances de los bancos. Ya no tenía sentido seguir tratando los bonos del Tesoro como un activo ciento por ciento libre de peligros, pero eso afectaba especialmente a los bancos europeos y, con ellos, a los españoles.

85. Se les llama así a los mecanismos que tienen los países para contrarrestar los efectos negativos de las recesiones. Por ejemplo, la prestación por desempleo es un estabilizador: cuando crece el paro, aumenta el gasto de esa partida.

En la segunda mitad de 2011, las autoridades regulatorias en materia de solvencia bancaria —la Autoridad Bancaria Europea (EBA, por sus siglas en inglés) y, en menor medida, el BCE— habían llevado a cabo un nuevo test de estrés a los principales bancos sistémicos en Europa, entre ellos BFA-Bankia. El objetivo principal, además de conocer el estado general de las mayores instituciones financieras, era someter a un ejercicio hipotético de tensión las carteras de deuda soberana en euros y obligar a recapitalizarse —esta vez sí, en la realidad— a aquellas entidades que a raíz de estos ejercicios presentaran un déficit de recursos propios. BFA-Bankia sería una de las más afectadas por esta nueva improvisación regulatoria que, una vez más, obligaba a levantar 1.300 millones de euros de nuevo capital con el que provisionar en este caso su cartera de deuda pública antes del 30 de junio. «La EBA nos obligó a conseguir más de mil millones de euros de capital a cinco bancos, cediendo así a la presión de la banca de inversión internacional. Hubo muchos cambios de criterio», lamenta un antiguo alto ejecutivo de la entidad con sede en la madrileña plaza de Castilla. La entidad aprobaba muy justo el examen, pero la autoridad europea exigía a partir de entonces unos mayores ratios de capital para cinco de las consideradas entidades sistémicas españolas: un mínimo de un 9 por ciento de capital principal, nada menos que un punto porcentual más que las exigencias que en primavera habían empujado a BFA-Bankia a salir a bolsa. Demasiadas exigencias sobrevenidas para un banco de facto intervenido y que se había acostumbrado a ir aprobando los distintos exámenes que se le habían presentado, cada vez más ajustados. «Lo de la EBA era alucinante, y fue una de mis grandes críticas al Banco de España. Nos estábamos enfrentando a una crisis de caballo, y, por un lado, nos decían que compráramos deuda soberana todo lo que pudiéramos, pero luego, por otro lado, nos penalizaban si la comprábamos teniendo que provisionarla», critica.

En realidad, la metodología de los test de resistencia europeos había logrado cabrear a toda la banca española, que sentía que la Autoridad Bancaria Europea no reflejaba los verdaderos esfuerzos de prudencia que había llevado a cabo el sector, y que, por lo tanto, distorsionaba los resultados perjudicando a España. La causa original de esta distorsión se encontraba en la forma misma mediante la que el Banco de España regulaba el cálculo y el reflejo de las tan alabadas provisiones genéricas, esas que habían permitido a la banca española aminorar el golpe del estallido de la burbuja, al menos en un primer momento. De forma resumida: en el sistema de contabilidad español (diseñado por el BdE) se asimilaban las dotaciones por provisiones regulatorias a las pérdidas por deterioro de los activos. Es decir, que, en la práctica, y a efectos contables europeos, el hecho de que un banco español provisionase, por ejemplo y debido a una exigencia del Gobierno, unos cien millones de euros para una cartera de (otro ejemplo) créditos a carpinteros, era lo mismo que si ese mismo banco declaraba que la morosidad en sus créditos a los carpinteros le había provocado un agujero y unas pérdidas reales de cien millones de euros. Pero no era, ni mucho menos, lo mismo. El hecho de provisionar se hacía precisamente como un esfuerzo previo (una pérdida esperada) para evitar tener que conseguir ese capital en el momento en el que la pérdida fuera un hecho (una pérdida incurrida). Sin embargo, la EBA no permitía contabilizar esas provisiones como reservas a disposición de la entidad. Simplemente eran pérdidas.

Esto lo explicaría con más detalle la catedrática y exconsejera independiente de Bankia Araceli Mora en un artículo publicado en febrero de 2014 en la revista *Consejeros*. «[En la banca española] el saldo acumulado de la denominada "provisión genérica", cuyo importe estaba perfectamente identificado por los bancos, se presenta minorando el importe de los activos en los balances, en vez de figurar dicho importe en el patrimonio neto contable. Desde luego, la situación real de los bancos es la misma, independientemente de cómo se presente: se trata de recursos retenidos. Sin embargo, no es eso lo que dicen las cuentas. Las cuentas de los bancos españoles dicen que ese importe "se ha perdido". Sin embargo, para el cálculo del capital regulatorio que se utiliza en los test de estrés, se parte de la cifra que aparece en el patrimonio contable de las entidades, a la que se aplican determinados ajustes», tal como escribe Mora en su artículo. Es decir, que a las entidades españolas que llevaban años reteniendo parte de sus beneficios para conseguir un colchón de capital precisamente para usar en los malos momentos, la EBA les decía que no pensaba contar con ese colchón; pero no se tenía en cuenta porque de manera voluntaria el Banco de España llevaba años ignorando la normativa internacional de contabilidad financiera (las llamadas NIIF), de forma que había instaurado su propia reinterpretación prudente de la misma. Así, según la catedrática de contabilidad, «de haber seguido la NIC39 [una de las normas concretas de contabilidad internacional], ese importe habría estado en una cuenta de reservas del patrimonio neto contable, del que se parte para el cálculo del capital regulatorio. Costó algunos meses explicar y hacer entender lo que, si bien era cierto, no era lo que reflejaban las cuentas de nuestros bancos», concluye. ¿Por qué actuaba así el Banco de España? Resulta obvio que no quería perjudicar a las entidades bajo su supervisión; la discrepancia procedía en origen de la vieja disputa entre contables y supervisores. Lo explicaría de forma sencilla Jerónimo Martínez Tello ante el juez Andreu: «Un plano es el contable y otro es el de evolución económica y prudencial. Hacemos una labor similar a los auditores, pero, a partir de entonces, vemos cómo van a "envejecer" esos balances». El motivo era loable, pero... ¿entendían estos aspectos sutiles las autoridades europeas y los inversores internacionales? Por suerte o no para España, había llegado al Ministerio de Economía uno de los ministros con más tendencia a escuchar a los mercados.

Y De Guindos sacó su fusil

Si para BFA-Bankia ya se planteaba como un auténtico esfuerzo cumplir con los nuevos requerimientos de la EBA, la situación se convertiría en límite con las primeras decisiones ya en el poder del ministro de Economía, Luis de Guindos. Antes incluso de llegar a ocupar su cartera ministerial, el todavía no por entonces máxima autoridad económica en España había manifestado de viva voz y también por escrito que en su opinión existía un problema fundamental en el sistema financiero español, que no era otro que la existencia de bancos que se negaban a reconocer el verdadero deterioro de sus balances —por medio de refinanciaciones, con valoraciones antiguas, etc.—, pero cuya verdadera situación era tan crítica que, en la práctica, actuaban como zombis. Es decir, que tan sólo se mantenían en pie, pero ni eran capaces de conceder crédito, ni eran rentables, de modo que dedicaban todos sus esfuerzos a continuar dando «patadas a seguir». Y, en opinión de De Guindos, probablemente BFA-Bankia era el gran banco zombi español.

Así que la primera medida legislativa que promulga el ministro es un real decreto en febrero —conocido desde entonces como Guindos I— cuya finalidad era forzar a las entidades financieras a reconocer las verdaderas valoraciones de sus activos más deteriorados: el «ladrillo» y los promotores inmobiliarios. ¿Cómo actuaba esta normativa? Básicamente imponía a todas las entidades financieras unas nuevas y mayores provisiones relacionadas con estas actividades crediticias. Se obligaba al sector a dotar al menos un 7 por ciento sus carteras inmobiliarias en situación normal, otro 7 por ciento las promociones inmobiliarias terminadas, un 7 por ciento las que estuvieran en curso..., y así hasta llegar a un 80 por ciento de cobertura para el suelo adjudicado (aquel que habían recibido como garantía de las promotoras morosas). ¿Qué pretendía en concreto De Guindos con estas medidas? Lo cuenta Martínez Tello, del Banco de España: «Los decretos tratan, por un lado, de poner a valor contable lo que sería el valor de mercado que se estimaba; segundo, de dar saneamiento suficiente para que los mercados consideraran que los bancos estaban suficientemente saneados; y tercero, alcanzar precios contables que pudieran suponer precios de venta que revitalizaran el mercado inmobiliario». En total, el ministro esperaba que las cajas y los bancos incrementaran en al menos 52.000 millones de euros sus provisiones del «ladrillo». Según su teoría, de esta forma se reconocería la verdadera situación de deterioro de los balances de cada entidad, ya que cada una tendría que levantar más o menos capital para cubrir carteras en función de si estaban más expuestas o no al ladrillo. En el caso del BFA, el efecto era de unas necesidades de 4.000 millones de euros, y en Bankia, de entre 5.000 y 6.000 millones de euros. Es decir, que la aprobación misma del decreto suponía poner en duda la viabilidad del banco, al que los reales decretos afectaban tres veces más que al resto de los competidores. Para una entidad que apenas era capaz de ganar 400 millones de euros el año anterior, el decreto supondría —o al menos ésta era la expectativa del ministro De Guindos— la petición de un rescate público más pronto que tarde.

A la dirección de BFA-Bankia, sin embargo, ni se le pasaba por la cabeza la opción. Había que sobrevivir sin intervención del Estado, aunque para ello hubiera que unirse a un competidor. El decreto Guindos I daba también la posibilidad de postergar los saneamientos durante un año completo en el caso de que una entidad estuviese o iniciase un proceso de integración con otra. Esta medida buscaba proseguir con el proceso de ajuste de sobrecapacidad del sector financiero español que, si bien afectaba tanto a los bancos como a las cajas, hasta entonces sobre todo había afectado a estas últimas. Si los bancos y las cajas tenían una cuota del 50 por ciento (aproximadamente) del mercado en España, quizá lo lógico sería que el ajuste de capacidad recayera en ambas; sin embargo, la patronal bancaria, la AEB, llevaba desde el inicio de la crisis movilizando sus recursos para que el ajuste no se planteara así, sino que recayera casi por entero en las cajas. Bien era cierto que habían sido éstas las que más se habían expandido en los años de bonanza, pero también lo era que la banca privada había cometido sus excesos en paralelo a los de las cajas.

Ya que el ministro daba la opción de que las operaciones de fusión dieran un margen mayor de tiempo a las entidades para encontrar el capital que les faltaba, Bankia sondearía la oportunidad. Rato y Fainé volverían a sondear la posibilidad de una fusión entre Bankia y Caixabank, pero, una vez más, la operación no vería la luz, debido en parte a los altos costes de la misma (despidos y cierres de oficinas) y, en parte, por la falta de voluntad política por parte de las autoridades autonómicas madrileñas y catalanas. Habría que buscar otra opción. «El grupo BFA empezó a trabajar para cumplir el real decreto, y, adicionalmente, se organizó un grupo de trabajo con el Comité de Dirección, asesores de Lazard, Clifford Chance y nosotros», explica Francisco Celma, socio de Deloitte y auditor del banco. «Se pensaron dos direcciones: 1) una operación corporativa que podía ser una fusión con otra entidad o incluso la compra de Unnim; 2) una inyección de capital de 7.000 millones de euros.» La adquisición de Unnim —banco resultante de la unión de las cajas de ahorros de Manlleu, Terrasa y Sabadell—, nacionalizado y saneado recientemente por el FROB, era una de las posibilidades que se planteaba Rato y su equipo, ya que, según sus planes ideales, esta operación le permitiría postergar los ajustes de capital al menos un año más, y quizá incluso podría recibir una ayudita en forma de EPA,[86] tal y como las habían recibido en su momento el Banco Sabadell, tras adquirir la CAM, o Caixabank, tras quedarse con el Banco de Valencia.

Rodrigo Rato y los consejeros de BFA-Bankia se quejaban amargamente ante quien les quisiera escuchar de que, mientras entidades como el Banco Sabadell o Caixabank se habían quedado con entidades saneadas con dinero público a precios irrisorios (ambas por el precio simbólico de un euro), y además se les habían concedido cuantiosos esquemas de protección, en el caso de la entidad madrileña habían tenido que «tragar» con una entidad en tan mal estado como aquéllas (Bancaja), y no sólo no contaban con una ayuda pública del estilo de una EPA, sino que se les habían prestado apenas 4.465 millones (menos de lo que recibiría un banco quince veces más pequeño, como el BdV), cuyos intereses anuales eran del 7,75 por ciento, obligación de pago que estaba ahogando a la entidad. Una hipotética fusión de Unnim —se decían— serviría para redimir parte de este agravio. Pero no hubo la opción, ya que, finalmente, quien se quedaría con el banco de cajas catalanas sería el BBVA de Francisco González. Tocaba, pues, pensar en el plan B.

Tras la iniciativa política que suponía la aprobación del Guindos I, quien tomaba el mando entre febrero y marzo de 2012 era

86. Un esquema de protección de activos (EPA) es un tipo de programa acordado entre el FROB y los bancos que adquirieron entidades nacionalizadas. En esencia, se trata de que el Estado se hace cargo (y no el banco adquiriente) de un porcentaje determinado de las pérdidas que pudieran producirse en una o varias carteras de créditos.

el Banco de España, ya que era el supervisor el que tendría que aprobar los distintos planes de cumplimiento con los que cada entidad explicaría cómo pensaba hacer para llegar a final del año con los requisitos exigidos por De Guindos cumplidos. No era nada fácil, ya que, lo que a finales de 2011 era una seria amenaza de vuelta a la recesión, en el primer trimestre de 2012 ya era un hecho consumado. Y una segunda recesión significaba una caída de las valoraciones de los activos en poder de los bancos, una mayor morosidad, caídas en las bolsas..., malas noticias en síntesis.

Se crea entonces un equipo de crisis con las más altas instancias del banco. Estaba presente incluso Deloitte, la firma auditora del banco, que en esta ocasión hacía las veces de asesor respecto a los cambios a tomar. Hacían falta ideas, palancas comerciales y decisión para salvar este jaque. Tras muchas e intensas semanas había por fin un plan. La idea planteada pasaría por llevar a cabo un cambio societario profundo y que, en la práctica, hiciera más «sencillo» el grupo BFA. Por un lado, se traspasarían a Bankia todo tipo de activos (fiscales, inmobiliarios, etc.), dejando sólo en la matriz la participación en Bankia. Es decir, el Banco Financiero y de Ahorros dejaría de ser un banco en la práctica, una circunstancia que se había evidenciado problemática en la medida que la entidad tenía que afrontar unos grandes gastos cada año (preferentes del FROB y particulares, Obra Social, etc.), y sin tener más vías de ingresos que unos activos en su mayoría tóxicos y dependiendo del dividendo de una Bankia con serios problemas por sí misma. Por tanto, resultaba mejor traspasar todo a Bankia, una entidad que tendría más potencial de negocio para generar bases imponibles positivas con las que usar los activos fiscales. En cuanto a las preferentes, la idea pasaba por finiquitarlas mediante canjes voluntarios. Esta medida, por un lado, aportaba una solución para los cientos de miles de preferentistas afectados por el corralito,[87] y, por otra, permitía a BFA-Bankia recapitalizarse por medio de

87. Las autoridades cerraron de facto los mercados internos de case de preferentes en 2011, dejando a casi un millón de afectados sin posibilidad de hacer líquidos sus ahorros invertidos (en su mayoría de forma irregular) en un producto perpetuo.

la conversión en acciones de un producto que por entonces ya no contaba como capital regulatorio de primera calidad. Con el compromiso de que se tendría que profundizar en otras materias como la mejora del gobierno corporativo y la llegada de un nuevo consejero delegado, el Banco de España aprobaba el 17 de abril de 2012 el plan de saneamiento presentado por Rodrigo Rato y su equipo ejecutivo. Todas las necesidades lograrían cubrirse entre ese año y el siguiente, según las estimaciones del propio BdE, que trataba de ayudar al banco a que el Gobierno admitiera su cambio societario —traspasar activos del BFA a Bankia— como una de esas operaciones de fusión que permitían extender los plazos del Guindos I un año más, hasta diciembre de 2013.

«Veíamos que nosotros no podíamos dejar de aprobar el "plan Rato I", que conllevaba una dinamización de ingresos, reorganización societaria y racionalización del negocio, y que incorporaba simplemente los saneamientos del Guindos I», rememora el inspector del BdE José Antonio Gracia. Este visto bueno al plan no implicaba que la entidad tuviera que tumbarse a descansar; al contrario: «Se necesitaba un golpe de efecto mejorando el gobierno corporativo, y les dijimos además que había que emprender aún más saneamientos, cosa que acabarían incluyendo en el llamado "plan Rato II". Pero es verdad que les pedíamos un giro en la gestión, porque el mercado lo estaba demandando», explica, a la vez que reconoce que, en ese momento, BFA-Bankia no necesitaba ayudas públicas: «En función de los planes de saneamiento probablemente sí, pero estábamos a la espera de que nos los presentáramos». Cuando el Gobierno aprobaba el Guindos I, ellos esperaban así un reconocimiento por parte de los mercados, pero, con lógica o no, estaba ocurriendo justo lo contrario, y la prima de riesgo y las salidas de capitales y depósitos crecían cada mes. «De Guindos dijo, en el *Financial Times*, que hacían falta 50.000 millones, y entonces, claro, el mercado acto seguido pedía más. Es el primer ministro de la historia que hace algo así», señala un antiguo ministro del Partido Popular.

El FMI da el golpe de gracia

A mediados de abril, las agencias de calificación, alarmadas ante el imparable ascenso de la prima de riesgo y los rumores alrededor de un posible rescate a España, decide bajarle dos escalones de golpe la calificación crediticia al Reino. Esta rebaja tenía a su vez un efecto inmediato en todas las entidades financieras españolas, y situaba a BFA-Bankia en los entornos del bono basura. Si los mercados mantenían dudas sobre la fortaleza del proyecto, la caída del *rating* de España no ayudaba en absoluto a resolverlas de forma favorable a la cuarta entidad bancaria del país.

Los mercados miraban hacia España como nunca, y no para bien. Los editoriales de los principales medios económicos e internacionales abrían día sí y día también con noticias y especulaciones sobre posibles rescates a la economía española, a su sistema financiero o a ambos. Día a día, la prima de riesgo seguía escalando, y pese a las súplicas del ejecutivo de Mariano Rajoy, ni Alemania ni el resto de países miembros cedían respecto a la idea de que el BCE comenzara una compra masiva de deuda y activos que rompiera el vínculo vicioso que unía —a ojos de los inversores— al Estado español con sus bancos. Los mercados tenían todavía demasiado presente el caso irlandés, en el que los problemas de endeudamiento y solvencia de sus bancos acabaron llevándose por delante las finanzas públicas. Eso podía pasar en España, sospechaban los inversores, si no se abordaba cuanto antes una solución expeditiva de la crisis española.

Lo que el Gobierno quería —y debía— evitar, según su criterio, era el rescate total a la economía española. Quizá, si se emprendiera un rescate parcial, circunscrito al sector financiero, los mercados se calmasen. Era una idea que podría funcionar. Pero las grandes entidades financieras españolas estaban todas sanas, según reflejaban los distintos test de estrés, y sus planes de viabilidad acababan de recibir el respaldo del Banco de España. No había justificación para tomar el control de una o varias entidades de forma atropellada; hacía falta un catalizador para actuar de forma tan radical. El catalizador llegaría desde Washington.

El 25 de abril de 2012 se difundía públicamente un adelanto de las conclusiones que la misión del Fondo Monetario Internacional (FMI) había extraído tras su visita y la inspección al sistema financiero español. Entre otros análisis, el FMI constataba que la vuelta a la recesión para España era un hecho. Pero había un párrafo en concreto que suponía romper con varios precedentes: los representantes del FMI en España aludían a un grupo de entidades financieras que necesitaban abordar cuanto antes fuertes recapitalizaciones debido a su grave situación. No la nombraba explícitamente, pero cualquiera que tuviera ojos sabía que, cuando se referían a «la de mayor tamaño», de quien hablaban era de BFA-Bankia. Las palabras del FMI en referencia casi explícita al banco presidido por Rato, alentadas y aplaudidas por el Gobierno, suponían una bomba incendiaria en las entidades aludidas y allanaban el camino para la toma de cualquier decisión radical respecto a BFA-Bankia o a cualquiera de las entidades en situación de mayor debilidad. El Banco de España había aprobado el plan de viabilidad y saneamiento para Bankia hacía días, pero, para el ministro De Guindos, eso era poco. Relata aquellos días el director financiero, Ildefonso Sánchez Barcoj: «El consejero delegado [Francisco Verdú] me dijo que le acompañara a una reunión interna. Al parecer, al Ministerio de Economía le parecía que el plan de Rato se iba a quedar corto y que no iba a convencer a los mercados, así que había que pedir otros 7.000 millones de euros. "¿Y según qué norma?", pregunté. "El Ministerio [de Economía] tiene el pulso con el mercado y cree que el plan no va a calmarlos, y por tanto hay que pedir más"», tal y como cuenta ante el juez Andreu.

Para el inspector destinado en Bankia, José Antonio Gracia, era «insólito» que se señalara directamente al banco por sus problemas. «El FMI, en su visita a España, había tenido reuniones en el Banco de España con distintos organismos tanto de política económica como a nivel de dirección general de supervisión y con el Tesoro. Se cubre un espectro muy amplio. Pero, a mi juicio, es muy sorprendente el informe», destaca.

Merece la pena resaltar cómo se elaboran este tipo de informes tras la visita del FMI. Tal como cuenta un alto cargo del sector financiero, «el borrador del comunicado se hizo con la autoridad española». En su opinión —y en la de numerosas fuentes que han hablado para este libro—, ésta fue una excusa impulsada y aprovechada por De Guindos para poder tomar la iniciativa en una reestructuración financiera que, en su opinión, iba demasiado lenta, y en la que creía que «era necesario coger el toro por los cuernos». De hecho, es el Ministerio de Economía el que da difusión a este borrador de informe, algo tan inusual como que el FMI haga alusión a entidades concretas (aun sin nombrarlas) en sus textos. «Eso podía estar pactado —según manifiesta un antiguo asesor de Moncloa— porque todo el mundo sabía que había que vestir el tema. Me parece normal, porque es cierto que el mercado había perdido la confianza. Nadie se creía nuestras cuentas, y había que buscar la forma de salir. Quizá la instrumentación no se hizo bien, y hubo cierta falta de finura política», opina. Sea como fuere, con su informe, el FMI dejaba a Bankia a los pies de los caballos.

Las cuentas de 2011: asignatura pendiente

En paralelo a los planes de viabilidad de cara al futuro, a BFA-Bankia se le había abierto otro frente que acabaría resultando fatal para la entidad: las cuentas anuales auditadas correspondientes al ejercicio 2011. Entre toda la vorágine de urgencias regulatorias, caídas del rating y reuniones con las más altas instancias, la aprobación de unas cuentas podía parecer un asunto menor, pero lo cierto es que en este caso distaba de serlo, sobre todo porque éstos serían los primeros resultados como tal publicados por la entidad desde su salida a bolsa. Había presentado ya un adelanto en febrero y anunciado unos beneficios para el grupo de 309 millones de euros, pero era un adelanto provisional; nada asegurado hasta que no hubiera cuentas publicadas en la CNMV y con informe de auditoría. Todo un examen de cara a los mercados. ¿Se habría estado a la altura? ¿Identificarían los inversores las progresivas ganancias de eficiencia y los esfuerzos de provisiones? ¿O por contra penalizarían el incremento imparable de activos adjudicados y créditos morosos? El verdadero problema del grupo era el Banco Financiero y de Ahorros, la matriz. Aunque Bankia tenía problemas muy serios, eran salvables en teoría, ya que era la entidad que tenía toda la actividad bancaria y la potencia comercial para ganar dinero. No era el caso del Banco Financiero y de Ahorros, que, en la práctica, actuaba más como la matriz de un *holding* y como un «banco malo» que como una entidad crediticia. El Banco de España tenía claro cuál era el problema. «En enero de 2012 hablamos con el auditor y le decimos que estábamos viendo que la rentabilidad del BFA no era la esperada, y que cerraría el año con pérdidas.»

En Bankia, por su parte, creían tener claro que se lograría presentar beneficios en el banco cotizado. Unos resultados muy ajustados y apelando en parte al consumo de reservas, pero beneficios al fin y al cabo. Sin embargo, esos resultados tendrían que contar con el aval del auditor, Deloitte, y, por varios motivos, estaba resultando problemático. El primero de ellos se había generado en la salida misma a bolsa: Al sacar la mitad de sus acciones al mercado, la valoración que el BFA tenía de Bankia en su balance se había deteriorado de forma inmediata, ya que no recibiría el ciento por ciento de su dividendo, sino alrededor de la mitad. La situación era compleja, pero no insalvable, tal como reconoce el interventor general del banco, Sergio Durá: «Deloitte nos manifestó que era necesario un informe independiente para valorar la participación de Bankia en el BFA. [...] No se llegó a realizar», admite.

El socio de la firma Deloitte Francisco Celma había hecho saber a los gestores tanto del BFA como de Bankia que existían problemas y asuntos pendientes para que las cuentas pudieran contar con su visto bueno. Había problemas pendientes desde antes del 31 de diciembre —los créditos fiscales— y, tras el decreto de febrero, auténticas dudas sobre la viabilidad de la entidad, que el auditor consideraba que debía incluir como dudas o salvedades. La calificación de si esos asuntos eran menores o muy graves provocaría tiempo después una agria disputa entre Celma y los por entonces consejeros de ambas entidades, que manifestarían repetidas veces que nadie les transmitiría la supuesta gravedad de la situación.

¿Y cuál era la situación? Según manifestaría Celma en sede judicial, le faltaba, por un lado, documentación e información relevante, que había estado llegando con retraso desde inicios de año. «No entendíamos los retrasos y [les dije] que eso conllevaría una limitación al alcance.[88] Adicionalmente, les informamos que, a 31 de diciembre de 2011, había una cantidad de activos fiscales que alcanzaba los 3.200 millones de euros, y para cuya recuperabilidad hacían falta bases imponibles de 8.000 millones de euros. Hacía falta justificarlo con proyecciones», reclamó. Es decir, que el auditor durante años de Caja Madrid tenía serias dudas de que el banco fuera capaz de generar los beneficios suficientes como para justificar nada menos que 3.200 millones de euros. Pero había más problemas: «Debido a la EBA y al decreto Guindos I, había unas necesidades de entre 5.000 y 6.000 millones de euros. Si sumamos los saneamientos pendientes y los activos fiscales, estamos hablando de un 60 por ciento del patrimonio neto contable individual de Bankia. Como todo el mundo que sabe de contabilidad, eso suponía caer en causa de disolución». Para resolver ese agujero hacía falta una ampliación de capital, algo que por entonces Bankia negociaba con las autoridades y el Banco de España. Las negociaciones no eran bastante para dar luz verde a las cuentas; hacía falta algún tipo de documento que garantizara que la entidad tendría capital y recursos para seguir adelante. Esa documentación nunca llegaría durante la restante presidencia de Rato.

«En principio, nosotros hubiéramos emitido nuestros informes con párrafos de énfasis.[89] Pero nunca pudimos emitir legalmente nuestra opinión de auditoría antes del 25 de mayo,

88. Se trata de una indicación de los auditores en su informe, en la que señalan que han tenido problemas para hacer una valoración determinada debido a la imposibilidad de acceder a la información necesaria para ello.

89. En jerga de auditoría, se refiere a problemas detectados por los auditores durante la elaboración de su informe y que creen necesario dar a conocer al mercado.

porque necesitábamos antes las cuentas anuales firmadas por los consejeros. Si nos las hubieran dado antes, las hubiéramos emitido con las salvedades mencionadas, pero no fue posible. Nunca nos fueron facilitadas las cuentas anuales firmadas por los consejeros porque se estaban negociando», asegura Francisco Celma, quien, sin embargo, reconoce que, de haber tenido que emitir un informe, lo hubiera hecho con «una salvedad y una duda sobre la viabilidad como consecuencia de los reales decretos». La fecha límite para entregar las cuentas acababa el 30 de abril de 2012 y el acuerdo de Bankia con las autoridades seguía sin llegar, por lo que el informe de auditoría no se emitiría finalmente a tiempo para que la entidad presentara sus cuentas anuales ante la CNMV. El banco las presentaría —tan salvados por la campana que tuvieron que llevar los documentos de forma presencial— sin el informe de auditoría, algo de lo que se daría cuenta la opinión pública pocos días después. ¿Qué había pasado? ¿Por qué Bankia no tenía el visto bueno de auditoría? ¿Había problemas en las valoraciones? ¿Había que intervenir cuanto antes en Bankia?

Bonus track

Es ya mediados de 2015, y BFA-Bankia todavía sigue bajo control mayoritario por parte del FROB. Éste tiene de plazo hasta 2017 para finalizar la desinversión completa de una entidad que ha recibido un apoyo público total de más de 30.000 millones de euros (según las cuentas de Bruselas) y que se ha visto golpeada por uno de los mayores daños reputacionales que alguien pueda imaginar. Desde la nacionalización, y a raíz de todos los escándalos relacionados de una u otra manera con la entidad (preferentes, tarjetas *black*, salida a bolsa, correos de Blesa, etc.), la imagen que se ha ido consolidando de Bankia es por completo negativa. ¿Por completo? No del todo; el nuevo equipo gestor, con Goirigolzarri a la cabeza, ha tratado y trata de reconstruir la imagen del banco, incidiendo sobre todo en las ideas de prudencia bancaria, austeridad y profesionalidad. Todos esos atributos son más bien ciertos, y el mercado se lo está reconociendo al banco en su cotización bursátil, que ha crecido de forma considerable desde que se efectuara la operación «acordeón». Es obvio que ninguna entidad financiera, por muy sólida que sea y por muy bien gestionada que esté, es capaz de aguantar muchos años consecutivos de crisis y recesión económica. El cambio de coyuntura en España evidenciado a partir del año 2014 también ha supuesto todo un alivio para el banco, en la medida en que se ha contenido la sangría de la morosidad mientras la depreciación de los activos se ha detenido y ha dado paso a una progresiva revalorización de los mismos. Aún queda mucho camino por recorrer, y nada garantiza que el futuro vaya a ser amable sí o sí. Pero BFA-Bankia afronta el futuro en una posición envidiable respecto a cómo era su situación a mediados de 2012.

Los años de pérdidas récord para BFA-Bankia motivados por los pésimos ejercicios registrados en 2011 y 2012 dieron pronto paso a la senda de los beneficios, superando ampliamente los objetivos contemplados a priori. De la mano de una fabulosa recapitalización de 22.424 millones de euros que permitió cubrir carteras dañadas, tóxicas e incluso sólo sospechosas, el primer año de Goiri al frente del banco se completaría con un resultado anual de 818 millones de euros para el grupo (608 millones para Bankia en solitario). Merece la pena detenerse aquí y reflexionar sobre las causas y motivos que permitieron esos estupendos resultados precisamente en el año en el que la economía tocó fondo en España. Es decir, en el año en el que mayores fueron los niveles de paro, de morosidad bancaria (no sólo para BFA-Bankia, sino para todo el sector) y de restricción en los tipos de interés, el banco nacionalizado, sin embargo, logró unos resultados por encima de lo esperado y comparables a los mejores años de Caja Madrid durante la burbuja. Otro «milagro»: Bankia logró pasar de unas pérdidas multimillonarias de 19.098 millones de euros a unos beneficios de 608 millones en un año en el que, en cambio, el margen de intereses —es decir, el negocio recurrente de un banco— cayó un 19,7 por ciento de 2012 a 2013. Y, por si fuera poco, esto se logró en un año en el que la entidad cerró el 38 por ciento de sus oficinas (de unas 3.000 a unas 1.900) y se pagaron decenas de millones de euros en indemnizaciones por despido. ¿Cómo es posible?

Más allá de la innegable profesionalidad del nuevo equipo gestor —que la tiene—, más allá de las palancas comerciales y de eficiencia que se puedan haber activado —que también las hay—, una de las claves obvias señaladas por analistas y bancos de inversión para explicar los grandes resultados de BFA-Bankia en el peor año de la crisis económica en España es el alto nivel de saneamientos y provisiones llevados a cabo gracias al rescate público en los dos años anteriores, referido a todo tipo de carteras, en especial la inmobiliaria —que fue traspasada al Sareb— y las participadas, las cuales fueron todas puestas a precios de mercado precisamente en el peor momento que atravesaban las bolsas desde el inicio de la década, con buena parte de los valores en mínimos.

Académicos como el profesor de contabilidad Salvador Climent (actualmente en la Universidad Internacional de la Rioja) y José Manuel Pavía (de la Universitat de València) defienden en un estudio[90] que cada vez son más claras las evidencias respecto a una operación de *big bath*[91] en BFA-Bankia. Es decir, que se provisionaron y sanearon las carteras a tope para poder garantizar en los futuros ejercicios una rentabilidad vía reducción de costes e incremento de los ingresos por venta de activos. «En este caso se están viendo evidencias a favor de este hecho en las plusvalías que se han producido en la venta de activos en circunstancias muy negativas para la entidad. Como ejemplos se pueden citar: IAG [la fusión de Iberia y British Airways], con unas plusvalías de 167 millones de euros; Indra, con 43 millones; Abertis, con 3 millones; Iberdrola, con 270 millones; CNBF [¡el banco de Florida!], con 180 millones; e incluso 10,6 millones por la participación en Deoleo, que generó más de un 16 por ciento de plusvalía a pesar de haber sido vendida por 72,4 millones de euros. Con este mismo precio de venta, 0,38 euros por acción, Unicaja [que también tiene una participación en la aceitera] hubiera sufrido unas minusvalías del 28 por ciento», señalan estos dos autores.

No son los únicos académicos y profesionales de la contabilidad y las finanzas que, desde que se produjo la nacionalización de BFA-Bankia, investigan las causas y hechos posteriores relacio-

90. Salvador Climent Serrano y José Manuel Pavía, «Bankia: ¿Para qué sirven los estados contables y los órganos de control?», *Estudios de Economía Aplicada*, vol. 33, núm. 1, enero-abril, 2015, pp. 259-300.

91. *Big bath* es una operación contable mediante la que se empeoran las cuentas de una entidad en el presente, de forma que los resultados del futuro parezcan mejores todavía.

nados con el sector. Es el caso también de Pedro Juan Beneyto, presidente de la Asociación Española de Auditores, y accionista de Bankia, que lleva desde 2012 tratando de explicar a la ciudadanía dispuesta a escucharle o leerle que en realidad nadie podía prever que la situación llegara donde llegó, así como promoviendo, además, un análisis crítico sobre lo que en realidad era el llamado «agujero» de la entidad. «Lo que no es de recibo es culpar a los profesionales por el brutal empeoramiento de las evaluaciones y presunciones. Dos decretos de saneamiento del sector en tres meses que fuerzan un sacrificio en dotaciones extraordinario [...], seamos realistas, de la quema sólo se están salvando aquellas entidades con una diversificación internacional muy mayoritaria, que reduce las consecuencias de las mutaciones en la actividad española», opina. Según el relato de este profesional de la auditoría, no es correcto en ningún caso hablar de un agujero en los balances de Bankia tras la nacionalización y reformulación de cuentas. «No estamos hablando de pérdidas o agujeros. El resultado operativo es el mismo, lo que cambia son las estimaciones de futuros deterioros [...] con estas imposiciones evaluativas, y al cargar al valor actual los posibles deterioros futuros se está perjudicando a los actuales propietarios solo para beneficiar a aquellos que compren la entidad en su momento a ese valor de saldo», asegura.

Es decir, que, tras la nacionalización de BFA-Bankia, sus activos para la venta fueron valorados a tan bajo precio —esas devaluaciones que provocaban pérdidas contables eran cubiertas después con el capital público— que, en la práctica, se han podido vender prácticamente todos los activos y obtener plusvalías por ellos. Daba igual que fueran participaciones accionariales, créditos promotores vinculados a hoteles en la costa o el servicio de gestión de la plataforma de venta de pisos online. BFA-Bankia estaba preparada para vender, y ganar con ello, casi en cuanto apareciera un comprador. A pesar de que la práctica totalidad de las operaciones de venta de activos y participaciones accionariales por parte del BFA y de Bankia tras la nacionalización se realizaban en la parte más baja del ciclo en cuanto a precios, todas las ventas suponían, aun así, una ganancia para el banco, que presenta un balance a prueba de bombas.

Lo explicaba también el analista de Morgan Stanley Álvaro Serrano en un informe de 2014 del que daba noticia el 12 de mayo Eduardo Segovia en *El Confidencial*: «El nivel de provisiones triplica el de sus competidores, y la morosidad reconocida es el doble, con una exposición no significativa al *real estate* [inmobiliario, por el traspaso al Sareb], el exceso de provisiones sería de 3.000 millones de euros [...] cuando concluya completamente la reestructuración, Bankia tendrá la mayor productividad del sector», auguraba. Incluso en 2015 la relativa mayor prudencia de los actuales gestores de Bankia sorprendía a los mercados: un informe emitido en primavera por el banco de inversión suizo Credit Suisse reflejaba que los niveles de cobertura de Bankia ante posibles impagos futuros (los que fueran) y la llamada mora subjetiva (el 45 por ciento de la mora reconocida por Bankia era subjetiva) estaban por encima de cualquier entidad competidora.

La entidad lo ha reconocido en cierta manera a raíz del informe de los dos peritos designados por el Banco de España para opinar sobre las cuentas de BFA-Bankia durante su salida a bolsa. El informe de estos dos inspectores —que en esencia concluía que las cuentas formuladas y auditadas en 2010 y 2011 no reflejaban la imagen fiel de la entidad— supuso todo un cataclismo en la causa judicial que se investiga en la Audiencia Nacional, así como una revolución para las miles de causas civiles que los accionistas afectados habían abierto. Tras la difusión de los informes, los juzgados de lo civil han venido aceptando los mismos como prueba concluyente, a pesar de que la causa penal aún está en fase de aportación de otras pruebas periciales y del sometimiento de las mismas a contradicción. Partes implicadas, como la propia BFA-Bankia, ha presentado sendos informes encargados a prestigiosos técnicos y académicos en contabilidad financiera en los que se concluye lo contrario: que las cuentas de 2010 y 2011 estaban bien formuladas y, en efecto, reflejaban fielmente la imagen de la entidad. Estas conclusiones contradictorias con los peritos, además de descargar de una hipotética responsabilidad al BFA y a Bankia en cuanto a las pérdidas sufridas por accionistas y preferentistas, abundan en una idea clave: si las cuentas estaban bien, entonces, el rescate y la recapitalización posteriores no tapaban un agujero del pasado, sino posibles pérdidas ocasionadas en el futuro.

Que estos saneamientos multimillonarios implicaran la entrada en pérdidas por parte de la entidad durante dos años seguidos se presenta como el daño colateral de una operación que, en 2012, tenía el objetivo principal de hacer un ejercicio de realismo con las valoraciones de BFA-Bankia de cara a los mercados, mantener la estabilidad y confianza del sistema financiero y ahuyentar el fantasma del rescate al país en su conjunto. ¿Valió la pena? ¿Tenemos hoy un sistema financiero más sólido? ¿Es más competitivo? ¿Ha logrado reducir el riesgo de sus balances? Eso, desgraciadamente, lo sabremos sólo cuando se desate la próxima crisis.

Había riesgos futuros, como que la Comisión Europea o el BCE limitaran la utilización de activos fiscales diferidos (DTA)[92] como capital regulatorio, algo que había motivado, en abril de 2012, la reformulación de las cuentas durante la presidencia de Rato, si bien quedaría solucionado meses después gracias a un cambio legal introducido por el Ministerio de Hacienda, que, básicamente, garantizaba de cara a los mercados que esos activos fiscales serían cobrables incluso aunque la entidad no generase beneficios. La decisión tomada por Montoro suponía una suerte de nuevo rescate al sistema financiero español en su conjunto, ya que los balances del mismo estaban cargados de miles de millones de DTA. La Autoridad Bancaria Europea y el BCE ya no admitían estos instrumentos como capital regulatorio a no ser que estuvieran asegurados; si el gobierno no hubiera accedido a convertir aquellos activos fiscales en créditos fiscales *garantizados*, mas de la mitad de las entidades se habrían encontrado en una situación de práctica insolvencia regulatoria.

Por último, cabe mencionar la revolución que ha supuesto para bien y, sobre todo, para mal la progresiva toma de conciencia por parte de los afectados y la ciudadanía en general sobre el verdade-

92. Los *deferred tax assets* (DTA) son derechos que se generan en el presente debido a pérdidas contables que permiten pagar menos impuestos en ejercicios futuros. Para poder activar los DTA, se han de generar unas bases imponibles mínimas; es decir, que sólo son aplicables si la empresa genera beneficios.

ro alcance de las malas prácticas llevadas a cabo por el conjunto del sector financiero en cuanto a la comercialización entre su clientela de productos financieros complejos o, como los denominan las asociaciones de usuarios como Adicae, «tóxicos». La venta entre la red minorista de instrumentos de ahorro más propios de inversores expertos —preferentes, subordinadas, cuotas participativas, valores, hipotecas con cláusulas suelo, hipotecas referenciadas en yenes, etc.— ha dejado un reguero de miles de causas judiciales escandalosas ganadas por los afectados, y la consciencia, entre la ciudadanía en general, de que los bancos no son tan de fiar como quizá se pensaba antes de la crisis. Valgan los datos globales de comercialización irregular de participaciones preferentes y deuda subordinada entre clientes de tres de las cajas nacionalizadas —BFA-Bankia, NCG (Novagalicia) y Catalunya Caixa— para hacernos a la idea del alcance masivo de unas malas prácticas reconocidas implícitamente por las propias entidades. Tras dos años de procesos arbitrales en los que un experto independiente determinaba si en efecto se había registrado una comercialización incorrecta o no se había trasladado al cliente la información adecuada sobre riesgos y consecuencias del producto, las cifras hablan por sí solas: alrededor de 300.000 laudos arbitrales favorables a los afectados; es decir, seis de cada diez posibles reclamantes. Solo en BFA-Bankia ha habido más de 133.000 devoluciones del dinero invertido por preferentistas y dueños de subordinadas. Y eso sin contar el goteo incesante de victorias judiciales logradas por despachos de abogados y asociaciones de consumidores por la vía civil.

Tal ha sido el daño reputacional sufrido por el sector entre la opinión pública durante esta crisis que ahora las entidades financieras participan activamente en la difusión de la cultura financiera entre la ciudadanía, por medio de sus propios programas educativos y de la promoción de una campaña (llamada «Finanzas para todos») impulsada por el Banco de España y la Comisión Nacional del Mercado de Valores. Es probable que estas medidas no eviten que en el futuro se vuelvan a cometer los abusos y malas prácticas vividos durante los años de la burbuja económica española, pero, al menos, los ciudadanos tendrán en general un mejor y más completo acceso a las herramientas que ayudan a entender la complejidad y los riesgos de cada inversión. Es también probable que los directivos y gestores comerciales de las entidades bancarias sigan teniendo incentivos tan a corto plazo que los objetivos de estabilidad y sostenibilidad pasen a un segundo plano, siendo éste el caldo de cultivo perfecto para la proliferación de nuevos productos financieros complejos comercializados entre clientes no adecuados, sistemas de gestión del riesgo demasiado poco prudentes o supervisores que prefieren optar por dar una patada adelante antes que afrontar desde un primer momento los problemas que se puedan plantear de una forma incipiente en el sector financiero; es probable, pero al menos algo ha cambiado tras la crisis, tanto en la opinión pública como en la ciudadanía en su conjunto. Quizá lo aprendido del pasado pueda ayudar para prepararse de cara al futuro.

Agradecimientos

Este libro nunca hubiera visto la luz sin la ayuda desinteresada, el asesoramiento, los ánimos y la buena voluntad de muchísimas personas. El sistema financiero, en la medida en que se basa en la confianza y la fe en su funcionamiento, adolece por ello de una gran falta de transparencia. La banca y las cajas han estado acostumbradas a vivir tranquilamente, en general de espaldas a los medios, y llevando a cabo sus negocios a su aire. Es por esto que valoro muy especialmente el paso que dieron todas estas personas del sector —en muchas ocasiones fuentes anónimas, para evitar represalias o problemas legales— que han confiado en mí para contar su visión de lo ocurrido en Bankia y las cajas de ahorros. Gracias también por aguantar esas interminables e intempestivas reuniones, y también por las preguntas impertinentes, que seguro que las hubo.

Quiero agradecer también muy especialmente a mi amigo y también periodista David Fernández, que fue quien primero me dio la idea y me animó a escribir un libro sobre el tema Bankia. Ver su ejemplo (en 2012 presentó el inmenso libro-reportaje *Los de la ETA han asesinado a tu hijo*, Libros del KO) me sirvió de modelo y me dio el coraje necesario para meterme de lleno en el proyecto. No puedo dejar de agradecer tampoco a mi exdirector, Arsenio Escolar, y a *20minutos* en general, por las facilidades que me dieron para que pudiera acabar el libro. Desde aquí mi reconocimiento y gratitud.

No puedo olvidarme tampoco de otros colegas periodistas y amigos en general como Francisco de la Torre, Pablo Rodríguez Suanzes, Jorge San Miguel y Ramón González Férriz, por sus ideas, sugerencias y opiniones sinceras. Sin ellos, este libro no sería lo mismo.

Un agradecimiento especial también para mi editor, Roger Domingo, y todo el equipo de Planeta y Deusto. De verdad que es difícil ponérselo tan fácil a un escritor *procrastrinador* como yo. Su absoluta profesionalidad y sus sabios consejos han sido claves para entender el resultado final de este libro que tienen en sus manos.

Y muy especialmente quiero agradecer a Rosa, mi media naranja, todo su cariño, su apoyo incondicional, sus ánimos y sus consejos durante el largo proceso de preparación de este libro. Gracias de verdad por su comprensión y su paciencia. Solo ella sabe todas las horas y jornadas empleadas en *Bankia confidencial*. Desde aquí, mis gracias infinitas por estar ahí en cada ocasión.